RETOUR

Né en 1933 à Dakar, Claude ( ) notamment publié La Sou célibataires *(Gallimard),* Le *(Flammarion),* Demain la *(Belfond). Son roman,* Retour à Malaveil *(Belfona), a obtenu le Prix R.T.L. Grand Public 1982.*

Quand « le Petit », après quinze années, sort de prison et revient à Malaveil, chacun devine, au village, qu'il va se passer quelque chose. Car « le Petit », pendant ces quinze années, il a eu le temps de se poser des questions et il s'est peut-être fait une idée de celui — ou de celle — qui lui a collé sur le dos ce crime atroce qu'il n'a pas commis. A Malaveil, il y a de drôles de jours qui se préparent...

Mais le roman de Claude Courchay n'est pas seulement le récit d'une vengeance. C'est, avant tout, et paradoxalement, l'un des plus beaux livres qu'aient inspiré l'amour maternel et l'amitié, un livre tout de douleur et de tendresse.

Quelquefois, il ne faut pas avoir honte d'être bouleversé au plus profond de soi, il ne faut pas avoir honte, lorsqu'il s'agit d'une œuvre qui vous marque, qui vous broie, d'une œuvre dont on ne sort pas indemne. Et c'est le cas avec *Retour à Malaveil.*

CLAUDE COURCHAY

Retour
à Malaveil

PIERRE BELFOND

A Josette, à Jo.
A l'amitié...

L'essentiel, ce n'est pas la mort;
ce qui compte,
c'est la tranquillité de la mort.

ANTHONY BURGESS,
Les Puissances des ténèbres

①

LE vent a commencé dans la nuit à s'escrimer sur les dernières feuilles des platanes.

Je suis bien, au lit, à rêvasser. Marie dort encore. Elle n'est pas du matin. Elle prétend que je ronfle. Depuis trente ans, elle aurait pu s'habituer.

Elle, elle dort comme une marmite. Le jour où les Russes s'amèneront, elle ne les entendra même pas. Parce que j'ai confiance, ils viendront. Ils ont 50 000 tanks, et pas de blé. Ils ne vont sûrement pas troquer leurs tanks contre des biscottes, ou en faire des moissonneuses-lieuses. Non, un jour, ils vont foncer dans le tas, droit sur l'Atlantique. Ils s'installeront chez nous, tranquilles, et notre pain blanc, on est en train de finir de le manger. Après, une fois que les Cosaques seront là, on pourra se faire de l'infusion de chenilles. De tank.

Quand je dis ça, personne ne veut me croire. On me répond :

« Coco, tu galèjes... »

Espérez un peu, si je galèje. La dernière fois, je sais bien comment ça s'est passé, au Kremlin. Il y avait Brejnev et les autres. Brejnev a dit aux autres :

« Tovariches, nous avons tous ces tanks, des tanks extra, et nous n'en faisons rien. Alors ? »

Ils ont réfléchi un moment. Les Russes, ce ne sont pas des rapides. Et puis ils ont décidé d'attaquer. En grand ou en petit ? Ils ne savaient pas trop... Ils ont tiré au sort avec un rouble. Pile, c'était Paris, et face

Kaboul. Ce n'est pas tombé pile, mais la prochaine fois, vous verrez...

Je suis descendu me faire un café, puis j'ai ouvert le bar. J'ai rentré le paquet de journaux que Bastien avait posé devant la porte. Sept heures. Le jour ne s'annonçait pas bien fameux. D'ailleurs, ils l'ont dit hier, à la météo : s'il ne tombe pas des cordes, il risque de faire pas trop vilain. Leurs prévisions, j'en raffole.

Je me suis avancé vers le milieu de la route, pour voir ce que ça donnait sur les Cévennes. Nous sommes juste en face. Il n'y a que la plaine entre Saint-Ambroix et Aubenas à traverser. Ça n'avait pas l'air engageant, avec ce ciel plombé. Mais si ça crève là-bas, ici, nous avons une chance d'avoir les pieds au sec.

A dire le vrai, je m'en moque. Je ne vais pas à la chasse. J'ai un peu ma patte folle, ces derniers temps, avec cette sciatique qui revient. Je préfère ne pas le dire à Marie, elle s'arrangerait pour me prouver que c'est encore de ma faute, et que si je mettais les caleçons longs qui lui restent de son oncle Auguste je ne craindrais rien.

Ces caleçons, elle peut s'en faire des bandes molletières, moi j'ai envie de respirer. J'ai lu quelque part que c'est mauvais de se serrer, ça finit par t'amoindrir le système.

J'ai arrangé les journaux sur le présentoir. Je reçois *Le Provençal, La Marseillaise, L'Equipe*. J'aime bien leur odeur d'encre quand ils sont frais. Les Messageries les envoient comme ça leur chante. L'été, j'ai droit au grand jeu, il y a même *Libération*, et un canard hollandais, à cause des campeurs de Vallon-Pont-d'Arc.

Je me suis fait un petit casse-croûte avec des anchois et du beurre, et je suis allé le manger devant la porte. Rirette, la femme de Zé, m'a demandé : « Tu as pas vu Zé ? »

Non. Elle est toujours en train de le chercher, son Zé, la terreur des mouches, notre fada. Je ne me suis

10

pas inquiété. Une fois les estivants partis, il n'a plus guère l'occasion de faire des couillonnades. Zé, il doit rôder du côté du Mas. Depuis que GMC est arrivée, il y est fourré plus souvent qu'à son tour. Elle est gentille avec lui, elle invente des petits travaux, histoire de lui donner quatre sous. Rirette a secoué la tête, elle est partie en trottinant, pauvre vieille...

Finalement, il ne fera pas vilain, ça s'éclaircit.

Comme j'allais rentrer, j'ai vu foncer une grosse voiture. Il n'y a guère de trafic en cette saison, on connaît qui passe. Ça, c'était une Mercedes énorme. Elle roulait en codes, ce qui fait que je n'ai pas pu voir si c'était un Martien qui la conduisait, ou une chèvre. J'ai regardé machinalement le passager, il m'a semblé que c'était le Petit. J'ai jeté un œil sur la plaque arrière : 06.

Le monstre a enfilé la route du Mas et je me suis dit : C'est lui, c'est le Petit... J'étais tout content.

Puis j'ai réfléchi que le Petit, c'est en 85 qu'il sort normalement, pas en 80. Ce n'est pas demain la veille. Donc, ça ne peut pas être lui. Ce sont des givrés de Niçois qui vont aux escargots. En Mercedes? Les escargots n'ont rien contre.

Ce genre d'erreur, ça arrive tout le temps. Comme en bas de la route, ce n'est pas marqué que c'est un cul-de-sac, régulièrement un pingouin l'enfile. Il déboule sur les volailles du père Poulag et il ne lui reste plus qu'à manœuvrer pour redescendre comme un grand.

Dans dix minutes, ta Mercedes, tu vas la revoir.

Je pensais au Petit, je me disais qu'il fallait que je lui prépare un beau colis pour Noël, lorsque la voiture est revenue. Le conducteur était seul. Il a pris la route de Bagnols-sur-Cèze, comme s'il allait sur Nice.

J'étais en train de calculer ce que ça voulait dire, quand Marie s'est amenée, les poings tout faits :

« Comme ça, tu as juré de prendre la crève ?

– Ecoute, Marie, je prends pas la crève, je prends l'air.

– Et la mort avec. Mais ne compte plus sur moi pour te soigner. Tu n'as même pas mis ton pull. Tu le fais exprès ou quoi ? »

Je n'ai rien répondu. Marie, quand elle s'y met, je laisse dire. Elle est revenue me poser ma canadienne sur les épaules. Brave bête...

« Ah ! Marie, tu es la meilleure !

– Tu as déjeuné ?

– Oui, mais tu peux me refaire un café. »

L'hiver, je n'allume pas le percolateur, ce n'est pas la peine. Les habitués préfèrent leur pastis froid. Je suis rentré. Cette histoire de voiture me travaillait. Je ne lui en ai pas parlé. Le Petit, elle en est jalouse. Elle trouve que je l'aime trop.

Nous n'avons pas d'enfants. Au début de notre mariage, je n'en voulais pas. J'ai les nerfs à fleur de peau, je ne peux rien supporter. Et les gosses, s'il y a un truc pour te pomper l'air, c'est bien ça. Après, quand je me suis décidé, Marie nous a offert une fausse couche, une vraie.

Les docteurs, par ici, si c'était des génies, ça se saurait. Le nôtre ne s'est pas inquiété qu'elle perde du sang. Pas la peine de le déranger, il nous a dit. La même nuit, elle en pissait par tous les orifices. Au bout de trois cuvettes, j'ai fini par lui téléphoner. Il était furieux. Je lui ai dit :

« D'accord. Bouge pas. Le temps de remplir la quatrième cuvette et j'arrive. Je te la fais bouffer. »

Alors, monsieur s'est quand même pointé. Quand il a vu le carnage, il est devenu vert. Il s'est réveillé. Il a trouvé une ambulance. Ils lui ont tout de suite commencé une transfusion, et ils l'ont emmenée à l'hôpital d'Alès. Ils lui ont retiré tout ce qu'ils ont voulu. Elle ne s'en est jamais remise. Bien sûr, elle s'active encore, seulement, ce n'est plus la locomotive que c'était.

Marie ? Il ne fallait pas lui en promettre. Elle commençait dix choses, elle en finissait vingt. Increvable. Rien que de la voir, ça te fatiguait.

Chez elle, depuis cet accident, je crois que c'est le moral qui flanche. Elle garde toujours ce regret de ne pas avoir de gosse à elle. Je sens qu'elle m'en veut. Elle s'imagine que si je m'étais décidé avant... Si ça se trouve, elle aurait eu son pépin plus tôt, voilà tout.

Alors, un jour, je lui ai raconté que la prochaine fois, dans une autre vie, on serait peut-être des lapins, et je lui ferais toutes les portées qu'elle voudrait.

Ce coup-là, elle était en train de hacher du persil et des oignons, pour faire des boulettes. Quand on a eu le pot-au-feu, le lendemain on a droit aux boulettes. En plus, elles sont très bonnes. Ce devait être un lundi, parce que le pot-au-feu tombe le dimanche. Marie, c'est une femme d'habitudes. Elle aime bien hacher son persil avec la planche et le vieux hachoir à deux poignées et à lame courbe, comme dans le temps. La planche, à force, on finira par voir le jour à travers, tellement elle a servi. Sûr que si on avait eu un gosse, il lui aurait acheté un hachoir Moulinex en plastique, pour la Fête des Mères. Finalement, ç'a du bon, le plastique, parce que Marie m'a offert son hachoir antique, sans emballage-cadeau, à la volée. Elle m'a raté d'un rien, le hachoir est allé se planter dans le buffet, profond, on voit encore la marque. Et puis elle s'est mise à pleurer, pauvre femme, je ne savais plus quoi inventer pour la consoler.

Je lui ai dit que peut-être on pourrait adopter un petit boat-people, mais ça n'a rien arrangé, au contraire. A croire que je lui avais proposé un mongolien. Cette fois, elle n'avait rien sous la main, alors je n'ai rien pris, sauf la porte. Comme Marie, à part les boulettes et la daube, elle ne s'intéresse pas à grand-chose – ce n'est pas un reproche, c'est une constatation – eh bien, nous allons vers une vieillesse prometteuse.

Puis j'ai trouvé. J'aurais dû y penser plus tôt. Il lui fallait une bestiole. Un chat? C'est trop indépendant, ces monstres. Il n'y a guère que les chiens pour aimer les gens à fond et à crédit.

J'ai pensé au vieux Poulag, seulement, ses chiennes, il en est jaloux. C'est un vrai harem, jamais un mâle ne s'en approche, elles ne font pas de petits.

Je n'ai pas de voiture parce que, outre mon infirmité, je n'en ai guère l'usage. Un été, ça doit faire trois quatre ans de ça, j'ai prétexté une course, et j'ai demandé à Gaby de m'emmener à Vallon. Ils ont un refuge de la S.P.A. Ce n'est pas un refuge, c'est un camp de la mort. Les pauvres bêtes, ils doivent leur donner des os en fer forgé, on jurerait des squelettes. Sûr qu'ils n'ont pas de problèmes de cholestérol, ces toutous. J'en ai repéré un, un petit épagneul bravounet. Il avait encore le poil brillant.

J'ai expliqué à Marie qu'on l'avait trouvé sur la route, on avait failli l'écraser. C'est encore un de ces pourris de vacanciers qui abandonnent leur bête n'importe où dans le paysage, j'ai dit. Un de ces quatre matins, tu vas voir, c'est leurs vieux qu'ils vont larguer dans la nature. On va se retrouver avec des meutes de vieillards affamés en train de ravager les champs.

Ce chien, il valait mieux le porter au vieux Poulag, qu'est-ce qu'elle en pensait?

Que ce n'était pas la peine. Le vieux, ses chiens, c'étaient des chiennes. Il en avait déjà bien assez comme ça.

Nous avons calculé. Du temps, le petit épagneul regardait Marie avec des yeux à faire fondre trois glaciers. Elle n'a pas pu s'empêcher de le prendre dans ses bras. Depuis, elle ne l'a plus lâché.

Nous lui avons cherché un nom. Le vrai casse-tête. Pour une merveille pareille, il fallait quelque chose de rare. Rien ne collait. On a tout essayé, depuis Clafoutis jusqu'à Zazou. Finalement, j'ai dit : « J'arrête, sinon je vais être obligé de prendre un Gardénal. »

14

Du coup, Marie l'a appelé Gardénal. Elle trouve ça original...

L'été, elle tremble qu'il se fasse écraser, alors elle l'enferme. Mais en cette saison, ça va, il peut barouder comme ça lui chante. Il a déjà repeuplé la moitié du village en bâtards d'épagneuls.

J'étais en train de calculer les cigarettes à commander quand j'ai repensé à cette Mercedes. Ce n'était peut-être pas le Petit, mais qui diable pouvait bien aller au Mas en cette saison? Un ami de GMC?

J'ai décidé d'aller voir. Par la route, ça fait six kilomètres, tellement elle vire. L'ingénieur qui a inventé le tracé devait être payé à la longueur, ce n'est pas possible autrement. Mais en prenant le raidillon qui part après le garage de Serpolet, ça en fait tout juste deux. J'ai dit à Marie que j'allais promener Gardénal, j'ai sifflé le chien, et en route mauvaise troupe.

Il est raide, ce raidillon. Avant, on ne voyait que des champs de lavande, dans ce secteur, ou des vignes. Et puis des vacanciers ont commencé à faire bâtir. De chouettes baraques. Des chalets suisses style aztèque. Chaque fois, ça me fait un saisissement de les voir. Il est temps que les Russes arrivent, il n'y a plus qu'eux pour arrêter le massacre.

Gardénal flairait droit devant, en zigzaguant d'un bord à l'autre. Ce chien, pendant que tu fais cent mètres, il fait dix kilomètres. Il a pissé deux ou trois petits coups, puis nous avons piqué sur la gauche, par un chemin de terre entre deux murets.

Je commençais à voir la pointe du cyprès du Mas. Il pousse dans le jardin de GMC, on l'aperçoit de loin.

Brusquement, j'ai entendu un froufrou sec, comme un déchirement d'étoffe. Trois perdreaux ont décollé en rase-mottes à rien, de belles bêtes lourdes qui frôlaient le sol.

Je possède un fusil, c'est toujours bon à avoir, pour le respect, mais je ne chasse pas. Je ne suis pas écolo,

Dieu garde. Au village, tout le monde chasse. Je ne chasse pas parce que je préfère rêver quand j'en ai l'occasion.

Quand les perdreaux sont partis, Gardénal regardait fixement de l'autre côté. Ce chien, s'il s'intéresse d'un bord, tu peux être sûr que le gibier est de l'autre.

Je l'ai sifflé. Il restait de la gelée blanche le long des sillons de lavande. Le paysage semblait peigné en blanc, par places. Nous avons continué.

Une fois arrivé au Mas, j'ai ralenti. J'ai fait celui qui promène.

Le Mas, c'est seulement trois baraques, mais alors, des morceaux. La plus longue, c'est celle de la Noire, la mère du Petit. On dirait une forteresse. C'est une ancienne magnanerie, avec des murs massifs. On y pénètre par le côté. Il faut franchir un porche, passer dans une cour. De la route, on ne peut pas voir ce qui s'y passe. Pas question d'appeler, je ne voulais pas déranger.

Un peu plus loin, en montant, le père Poulag a installé un hangar. Il y stocke ses deux tracteurs, les sacs d'aliments pour ses poules, et tout le bazar. Sa ferme occupe l'angle que fait le chemin, à trente mètres. C'est une bâtisse de toute beauté, en pierre. Personne n'y met jamais les pieds. Il séquestre ses chiennes dans la cour. Il dit qu'il les garde parce qu'il aime la chasse. Tu parles... Il ne chasse pas. Ceux qui le connaissent, les vieux du village, disent même qu'il n'a jamais chassé. Cette manie que les gens ont de se trouver des excuses, quand on ne leur demande rien...

En face, à cent mètres, en tirant vers le sommet de la colline, c'est la maison de GMC. Le père Poulag la lui loue. Il l'a rachetée, après-guerre, à une famille qui avait eu du malheur. Il n'en faisait rien. Ce qui l'intéresse, ce sont les terres, c'est tout.

La route goudronnée ne va pas plus loin. Un sentier

bordé de haies ou de murets redescend vers le village.

De l'autre bord, en dessous de chez la Noire, on tombe sur la ferme des Desmichels, de braves gens.

C'était calme. Personne. Heureusement, Gardénal était là pour un coup. Il a vu un des chats du père Poulag. Il en a deux ou trois, qui s'abritent dans le poulailler. De temps en temps, les poules essaient de les lyncher. Quand elles en repèrent un en terrain découvert, elles se déplacent en masse vers lui, d'un bloc. C'est impressionnant, cette marée roux et blanc hérissée de becs. Le chat se retire en vitesse.

Ces chats, ce sont de vrais monstres. Il font des petits qui ont des gueules tordues, incroyables. Je me demande bien la race que c'est. Gardénal ne peut pas les encaisser. Il a foncé comme un bolide sur le chat, en hurlant. L'autre s'est sauvé. Il a pu se glisser dans des ronces.

Gardénal, c'est un kamikaze. Il ne sait pas freiner. Il a pilé dans les ronces, il fallait l'entendre... La meute au père Goulag s'y est mise. On devait profiter du raffut jusqu'à Uzès.

J'ai rappelé mon chien pour voir les dégâts. Rien de grave. Il était surtout vexé. Pendant que je l'examinais, j'ai entendu quelqu'un sortir de chez la Noire. Je ne me suis pas retourné: le vrai promeneur, pas curieux. Ce quelqu'un a dit :

« Salut. »

C'était la voix. C'était le Petit.

Je me suis redressé, je lui ai fait face. Je l'ai reconnu, mais c'était un autre. Il n'avait plus rien à voir avec le jeune homme de vingt ans qu'on nous avait pris. On aurait dit son père. Pas le vrai, pas Pivolo. Je veux dire qu'il ressemblait à ce qu'aurait pu être un père qui lui aurait ressemblé, je ne sais pas si je suis clair. Ça m'a fait tout drôle. D'émotion, il m'est venu les larmes aux yeux, et j'ai dit :

« Comme ça, tu es là?

– Oui, tu vois bien. »

Il était sur la défensive. Je me suis approché. Je l'ai serré dans mes bras. Ce petit, j'ai été son parrain, et maintenant, et maintenant... Je l'ai senti se relâcher, oh! deux secondes, puis il s'est durci. Il m'a dit :

« Ne parle pas. Surtout ne dis rien. »

Il était en bleu de travail. Il m'a expliqué que Dédou, le fils Desmichels, venait de l'embaucher. J'ai remarqué :

« Tu ne perds pas de temps...

– Il faut.

– Si tu as besoin de quoi que ce soit...

– Ne t'inquiète pas. Je te remercie. »

Il a essayé de sourire, je voyais bien qu'il se forçait. Il a même plaisanté. Enfin, il a fait son possible. Il m'a accompagné un moment, passé le poulailler, sur le chemin qui redescend vers Malaveil. Vers l'endroit du malheur. Je lui ai proposé :

« Tu viens à la maison? Marie a fait la daube.

– Merci. Une autre fois. Je viens juste d'arriver, tu sais.

– C'est vrai, je suis bête. »

Il avait le teint gris, et l'air tendu d'une bête qui se méfie. Gardénal n'était pas fier. Lui qui vient toujours mendier une caresse se tenait à distance, la queue entre les pattes. Ce chien n'est pas sensible au perdreau, mais la violence, il la flaire de loin.

Nous nous sommes séparés. Il m'avait mis mal à l'aise.

Pauvre gosse. Le malheur qui est arrivé, ce touriste massacré, je n'ai jamais cru que ça pouvait être lui le responsable, ce n'est pas possible. N'importe qui, moi si vous voulez, mais pas lui. Pas tel qu'il était alors. Il était gentil.

Il ne savait pas quoi inventer pour que tu l'aimes. Aucune raison qu'il tue cet étranger, aucune. Ce n'est pas pensable. Pourtant c'est lui qui a payé, ne venez pas me parler de justice, j'ai les lèvres gercées.

Je l'appelle le Petit, mais son nom, c'est Noël Roux. Noël parce qu'il est né vers la Noël, en 43.

Quand cet abruti de Pivolo est allé le déclarer, il ne savait pas quel prénom lui donner. Normalement, c'est l'habitude de donner celui du père au premier fils. Pivolo, son prénom, c'était Germain. Pendant la guerre, ça ne paraissait pas trop indiqué. Alors la secrétaire de mairie a proposé Noël, vu l'époque. Va pour Noël... Comme il était le seul gosse au Mas, tout le monde l'appelait le Petit.

Il adorait sa mère. Il ne la quittait jamais. Il l'aidait tant qu'il pouvait. Il était sérieux, renfermé. Les filles? Il n'aurait eu qu'à se baisser, quand il a eu atteint l'âge. Il était beau comme un astre. Ça ne l'intéressait guère. Sa passion, c'était la chasse, et il chassait seul. C'était un garçon différent, pas seulement à cause de sa beauté, mais aussi par une espèce de tristesse qui ne le quittait pas. Avec ça, timide comme une biche.

Je suis revenu au bar. Marie est partie ranger.

Ce bar, je l'ai gardé en l'état, tel que je l'ai repris au père Jaume, dans les années 50. Jaume, jamais il n'aurait laissé sa marchandise virer à l'aigre. Il préférait se sacrifier. Quand il a eu tout bu, il a mis en vente. J'avais quatre sous à l'époque. Nous avons topé.

Je n'ai pas eu envie de moderniser, de mettre du Formica, des flippers ni rien. Les flippers, ça me rend malade. Il y a encore quatre vieilles tables à dessus de marbre, avec des pieds comme les machines à coudre Singer. La glace, derrière le comptoir, on ne se voit plus guère dedans, un peu le temps, un peu les mouches.

Je ne tiens pas une boutique de mode. Je tiens le tabac et les journaux, c'est déjà beau. Et je me tiens à la disposition du premier jobard qui ne sait pas quoi faire de son temps et qui a décidé d'investir dans un pastis. Au fond, si on cherche bien, je suis une assistante sociale, et les gens s'imaginent qu'ils me font vivre. Ils me font rigoler, oui.

Je n'ai pas mis la télé, sinon j'en connais qui ne seraient pas souvent chez eux. Et puis, nos âneries, autant qu'on fasse l'effort de se les inventer.

Je ne garde pas des masses de bouteilles. Pour quoi faire? Ici, c'est le pastis qui marche, ou un coup de vin, pas la peine de se casser la tête.

Je ne risque pas non plus de refaire les peintures. L'été, les estivants, plus ça semble vieux, plus ils se régalent. Marie, elle serait pour rapproprier. Comme ça coûte les yeux de la tête, elle n'insiste pas trop. Ça servirait à quoi?

Si, fin juin, je collais un tas de fumier dans un coin, avec une fourche dedans, les estivants seraient encore plus contents.

Ecoute, Gardénal, va promener, va, il fait beau. Cherche-toi une petite chienne, ne reste pas dans mes jambes. Peut-être qu'il en reste une de la ville, de cet été, va voir. Va causer avec. Mais reste correct, fais-nous honneur. Et laisse-moi. Tu vois bien que je calcule.

J'essaie de comprendre... Et pour ça, ce n'est pas seulement ce village qu'il faut voir, c'est tout le pays. Nous, ici, nous sommes entre les Cévennes et le Rhône, nous tirons plus vers les Cévennes. Nous sommes des gens des collines.

Personne ne nous connaît. Pour les étrangers, nous sommes restés des espèces de sauvages, dans nos vallées perdues. Un peu comme une réserve d'Indiens. On ne nous a pas encore mis des barbelés, mais ça viendra. C'est en bonne voie. Ils ont déjà récupéré la moitié des Cévennes pour en faire un parc national. Là, ils interdisent aux habitants de toucher aux champignons et aux fleurs. Une chance, ils ont encore le droit de respirer. Tout ça pour préserver le décor.

Tu es déjà revenu, Gardénal? Tu n'as pas le moral? Il faut te secouer, mon joli.

20

J'ai servi un casse-croûte à des routiers. Les routiers sont givrés. Se faire secouer dans un camion toute la sainte journée, à la fin, tu dois avoir la cervelle comme du fromage blanc. Leur truc, c'est de se voir en aventuriers, les chevaliers du bahut. Ils ont tous besoin de se raconter des histoires.

Pas nous. Dans ce village, on ne s'ennuie pas.

Il est venu des habitués, prendre leur journal. Je n'avais pas envie de plaisanter, ils ne se sont pas incrustés. Cafetier, c'est un métier tout en finesses. Ce n'est pas de la limonade que tu vends, c'est de l'atmosphère. Les gens viennent chez toi pour se détendre. Ils te prennent pour un comique. S'ils sentent que tu tiens la forme, alors ils restent et ils boivent le pastis. Sinon, adieu Berthe.

Quand je suis né, ce pays était déjà mort.

Je suis né en 20. Lui, venait juste de mourir, entre 14 et 18. Nos braves gens sont allés à la guerre ensemble, comme on va à la noce, et ils y sont restés. Il est rentré quelques estropiés, qui ne savaient plus parler d'autre chose. Les autres? Vous trouvez leurs noms sur cette pyramide usée, avec quatre obus peints en gris aux quatre coins, en face l'église. Misère...

MALAVEIL A SES ENFANTS

Des noms qui étaient là depuis toujours. Ils ont réussi à les déraciner. Tous des noms de chez nous...

Des Malaval, par exemple, il n'y en a plus. Leur ferme a été reprise par des hippies, qui font des fromages pure fièvre de Malte, avec leurs chèvres. Et des tapisseries.

Si le père Malaval voyait ça, il se flinguerait. Ses terres sont retournées à l'abandon.

Avant, ici, peu que peu, les anciens arrivaient à gagner leur pain, en s'acharnant. Ça ne paraît pas vrai, et pourtant. A présent, la terre, ce n'est plus au paysan à décider ce qu'elle doit devenir, c'est à ceux des ministères.

Nous, nous sommes de pauvres types, nous ne savons rien de rien. Et je suis là; à ruminer... Non, je ne suis pas agressif... Disons que je m'y perds un peu.

Ce village, il existe encore. Si on veut. C'est devenu une crèche. Nous sommes restés là, à quelques-uns, comme des santons. Le Petit Jésus, nous ne l'attendons plus. Nous n'y croyons plus. Nous ne croyons plus à rien.

C'était déjà comme ça quand je suis né. Un temps, la vie a continué sur sa lancée. Les gens attendaient, comme si les morts allaient revenir. Ils attendaient un miracle. Puis ils n'ont plus rien attendu...

Ils ont vécu au large, comme ces malades fondus d'un coup après une grosse fièvre qui flottent dans leurs habits. Ensuite, ils ont serré les rangs. Ils ont continué à vivre dans un village fantôme. Ils pensaient que ça repartirait un jour.

Des catastrophes, nous en avons connues. Le choléra ne nous avait pas fait de cadeaux, le siècle dernier. Même du choléra, le pays s'en était remis. Il s'était toujours remis de tout. Les gens, ici, c'est comme un amandier dans le vent. Il se tord, mais il s'accroche, c'est le vent qui s'use les dents. L'arbre tient.

Nous survivons à cause de l'autoroute du soleil et des voitures. Nous sommes devenus territoire de vacances. Comme les abeilles, nous faisons notre miel l'été. Mais nous savons que nous n'avons pas d'avenir.

La guerre de 14, ce village ne s'en est jamais guéri. J'ai vécu au mitan. Nos santons, pour les connaître, je les connais. A les voir, ce sont de braves gens. Ce sont aussi de braves fils de pute. Suffit qu'ils trouvent l'occasion. Oh! ils ne la chercheront pas, pas la peine. Ce n'est pas leur genre. Quand elle se présente, ils ne la ratent pas.

Ceux qui sont là maintenant, soit nous avons grandi ensemble, soit je les ai vus naître. Je peux en parler. Il commence à nous manquer des accessoires, peu que peu.

De capélan, nous n'en avons plus. Quand notre curé est mort, il n'a pas été remplacé. D'un temps, il en venait un, de Vallon. Et puis lui aussi s'est fait vieux. Il ne s'est plus dérangé, Les bigotes, leur messe, elles l'ont à la télé. La vieille Rosalie apprend encore le catéchisme aux quelques gosses qui en ont l'âge. Ils vont faire leur communion à Vallon.

Notre cimetière n'est pas fermé. C'est la dernière chose qui prouve qu'un village est encore vivant. Il y a même un Marseillais qui s'est fait enterrer chez nous, il ne faut pas désespérer...

L'église ne rajeunit pas. Il commence à y avoir des infiltrations dans le toit. On a posé une bâche, une fois. Tu parles... Au premier mistral, elle a mis les voiles, elle a dû filer jusqu'au mont Aigoual. Alors, on laisse courir. La commune n'a pas un sou, ce n'est pas elle qui va payer une toiture neuve. Et puis, elle n'a rien de bien rare, cette église.

Décidément, ça ne passe pas. Le retour du Petit me fait remonter toute l'histoire, ça me ronge, et pour un peu je me causerais tout haut, comme un qui vit seul. Ce n'est pas le cas, Dieu garde... Quand j'ai envie de causer, je suis servi. J'ai tous les bras cassés du village, dans mon bar. Ils viennent reluquer les fesses de Fanny, l'image pour le jeu de boules. Ou alors, les nénés du calendrier des machines agricoles. Il ne nous faut pas grand-chose pour rêver, à nous autres.

Et puis j'ai Gardénal. Il comprend tout, ce monstre. Sauf les excités de la ville. Il ne peut pas les encadrer. Au début, quand les vacanciers débarquent, je suis obligé de l'attacher, sinon il en mangerait un. Ils sont tellement bourrés d'angoisse que ça le rend fou.

Qu'est-ce qu'il y a, mon chien? Tu as faim? Tu as raison, c'est midi passé. Je vais m'occuper de toi. Moi, je ne me sens pas trop de manger, en ce moment. Misère... Il faut, quand même, parce que sinon Marie va se faire du mauvais sang. Mais si ce n'était que de moi, je me ferais juste un café.

Tiens, voilà Zé qui revient. Zé, il est né fada. Il est gentil et pas compliqué. Ici, c'est lui qui habille tout le monde, il donne les surnoms. D'un sens, il est malin, et en même temps il ne peut rien faire.

Quand l'histoire est arrivée, il y en a eu pour se demander si ce n'était pas lui qui aurait fait le coup. Et puis non, ça n'était pas possible.

Tant que Rirette lui fera la soupe, il ne sera pas trop malheureux. Après? Oh! après, on verra. Il a un grain, mais il n'est pas méchant. Il bade, c'est tout. Il se raconte des histoires. Des fois, il s'invente un métier. Il balaie la rue pendant huit jours, il fait passer la poussière d'un bord sur l'autre. Quand il en a assez mangé, il s'arrête. Ou alors il rêve qu'il est un nuage et il traverse le village comme s'il naviguait en plein ciel. C'est un poète. Seulement, il ferait mieux de rêver qu'il est un trottoir, parce que la dernière fois, il y a un Marseillais qui a manqué de l'emboutir. Ils confondent le klaxon avec les freins, et notre nuage n'est pas passé loin. Le Marseillais non plus. S'il avait esquiché Zé, on le lynchait.

Je ne sais pas pourquoi je repense à ce Marseillais. C'est peut-être pour pas penser au Petit. Qu'est-ce qu'elle a dû ressentir, sa mère, la Noire, quand il a fait surface? On l'appelle la Noire parce que, un jour, elle s'est mise tout en noir, comme si elle portait le grand deuil. Ça lui a pris vers la fin de la guerre.

Elle était magnifique, étant jeune, mais pour lui parler, macache. Pas moyen de l'approcher. Et puis, un beau jour, brusquement, elle a épousé Pivolo.

Là encore, personne n'y a rien compris. Lui, c'est une brèle finie, le genre qui se casserait les deux bras, crainte d'en faire trop. Il n'y a qu'un outil qui ne le fatigue pas, c'est la bouteille. Aussi bien, on aurait pu l'appeler Picolo. De son nom, il s'appelle Roux. C'est Zé qui lui a trouvé ce surnom, parce qu'il avait la manie de tout faucher, à part les tracteurs. Il fauche, il planque et il oublie. Et des fois, mettons en nettoyant une vieille bergerie, tu tombes sur une bassine en plastique remplie de trucs à moitié rouillés ou moisis, selon. Tu sais que c'est un coup du Roux. Alors Zé l'a baptisé la Pie qui vole, à cause de celle des caramels, et c'est devenu Pivolo.

La Noire l'a épousé pendant la guerre, et ils ont eu un enfant, le Petit. Il paraît que l'amour est aveugle. Il ne doit pas avoir d'odorat non plus, parce que Pivolo on pourrait le suivre à la trace par vent contraire. Enfin, ne disons pas trop de mal des chrétiens.

Avec ce genre d'oiseau rare, ou tu suces les cailloux, ou tu travailles. Sauvage ou pas, la Noire a dû s'y mettre. Elle fait la plonge au restaurant des Routiers, sur la route de Saint-Ambroix. Elle refuse de servir. Elle a beau être belle, elle a l'air tellement dure que personne ne s'y frotte. Même avant le malheur, elle faisait peur.

C'est un peu comme GMC. Elle aussi, elle impressionne. GMC, ce n'est pas un camion, c'est une femme qui a dû venir vers 62. Elle était infirmière dans l'armée, à barouder au diable, l'Indo, l'Algérie. Toujours est-il qu'elle a eu un grave accident, on lui a refait le visage. Elle a une figure lisse, impeccable, pas un muscle qui bouge. On dirait un masque.

Je ne sais pas trop qui a remarqué, une fois : « Elle a dû avoir la gueule mochement cassée... » Gueule Mochement Cassée, ça donnait : GMC, et c'est resté. En plus, ça tombait bien, puisque c'est une ancienne militaire. Les GMC, à la Libération, on en voyait partout. C'était les gros camions verts de l'armée américaine. Il y avait ces trois lettres sur le capot. On les appelait comme ça.

GMC vit seule. Elle doit avoir une bonne retraite. Ce qu'elle fait toute la sainte journée? Elle marche, elle lit beaucoup, elle s'occupe de son jardin. Il y a des façons plus désagréables de vivre.

Moi aussi, on aurait pu m'appeler GMC, on s'est contenté de m'appeler Coco-Bel-Œil, puis, simplement, Coco.

A seize ans, je travaillais déjà pour un entrepreneur, un gars qui avait des petites carrières à droite à gauche, suivant ses chantiers. Ici, ce n'est pas la caillasse qui fait défaut.

Ça me plaisait bien de poser des mines et de voir la colline s'envoler... Le jour de mes dix-huit ans, on s'activait pas très loin, à Saint-Jean-de-Maruejols, le boulot habituel. Trois mines... On a entendu deux explosions puis rien... On a attendu un petit peu. Une mine se faisait prier. On n'allait pas rester là cent sept ans, non?

Bien sûr, les autres, courageux mais pas téméraires, n'ont pas bougé. J'y suis allé. Personne ne me l'a demandé, mais moi je n'avais pas peur.

A l'époque, je me tenais une forme pas possible, j'aurais mangé le monde tout cru. J'y suis allé. Je me suis penché vers le trou, j'ai vu une étincelle, j'ai juste eu le temps de mettre ma main devant ma figure. J'ai cru que ma tête explosait. Je me suis réveillé à l'hôpital d'Alès.

Ma main droite, disparue. C'était comme du steak haché, il paraît. Mais elle m'avait sauvé l'œil droit. L'œil gauche, hop! aspiré par le souffle. Je me payais une drôle de gueule. C'était en 38. Ce qui fait qu'en 40 je ne suis pas parti à la guerre. Ce n'était plus la peine, j'avais déjà mon compte.

A présent, ça s'est tassé. Les cicatrices se perdent dans les rides. Mais, les premiers temps, ils auraient pu sans problèmes me prendre dans un cirque. Et pas pour faire rire.

J'ai touché un peu d'argent. Il y en a eu pour me dire que j'avais de la chance. Je ne leur en veux pas.

S'il fallait en vouloir deux secondes à tous les imbéciles, la journée serait trop courte.

Pas question de garder cette paupière vide, à gauche. Je me suis offert un bel œil de verre. Je l'ai pris jaune, comme les chats. Ça me fait un œil bleu, un œil jaune, c'est plus gai. Quand Marie rouscaille trop, je la menace d'en mettre un rouge, je suis chiche de le faire, alors elle s'arrête.

Donc, je n'ai pas fait la guerre. Je suis allé chez mes parents. J'ai attendu que ça passe. Pour m'occuper, j'ai fait du marché noir. Ça rapportait cent fois plus que les mines, et sans danger. Les gens des villes ne pensaient qu'à manger, pendant la guerre. Un Marseillais, pour six œufs, il t'aurait donné ses grand-mères, ses cousines, sa femme et la statue de la Bonne Mère en prime. J'ai fait ma pelote. C'est ce qui me restait de mieux à faire. Parce que les cadeaux, dans la vie... Alors, quand la chance est passée, je n'avais qu'une main, mais ça m'a suffi pour crocher dedans.

La paix revenue, il fallait que je m'active. Avec une main, tu peux enfiler des perles, mais pour faire le nœud, à la fin du collier, c'est difficile. Par contre, tu peux ouvrir une bouteille, remettre le bouchon, et emplir un verre. J'aime bien les gens. Alors, j'ai pris ce bar. Ça fait trente ans.

Ce n'est pas l'affaire du siècle, mais ça suffit pour nous faire vivre, Marie et moi. On a les habitués. L'hiver, c'est le rendez-vous des chasseurs, et l'été des joueurs de boules. Puis, je m'entends bien avec le monde. On n'a pas besoin de se parler pour se comprendre. Au contraire, je dirais. Parler, c'est très bien pour embrouiller. Il n'y a qu'à prendre l'affaire du Petit. Dieu sait si on a pu en parler. Rien que les articles de journaux, mis ensemble, ça ferait une bibliothèque! Et pourtant, ce n'est toujours pas clair.

Si quelqu'un doit finir par comprendre ce qui s'est passé, c'est bien moi. Ça ne m'empêche pas de rester en plein cirage. Je n'y vois pas plus clair que voici quinze ans, quand le Petit nous a quittés pour passer en jugement.

Le voici revenu. Ils l'ont lâché. Il a purgé sa peine, comme ils disent. Il a payé pour quelqu'un d'autre, personne ne sait pour qui, et j'ai l'impression que le malheur n'est pas fini.

②

ILS m'ont relâché au matin. Ils ont claqué la porte derrière moi. Ils avaient peut-être peur que je rentre.

J'ai franchi leur mur. Ça reste le même mur. Je suis de l'autre côté, c'est tout.

Ils m'avaient redonné mes habits civils. J'ai retrouvé le ciel et la rue, mais leur ciel est gris, et la rue, je ne la connais pas. Je ne me reconnaissais pas. Mes habits ne me vont plus. Ils sont devenus trop courts et trop larges. Il paraît que je suis libre. Je me dis : c'est la liberté... La liberté, pour quoi faire ?

J'avais l'impression d'être devant le vide. J'ai fermé les yeux, un moment. Je me suis forcé à respirer posément. Leurs prisons, je ne voulais plus y penser. Quand ils m'ont pris, j'avais vingt et un ans. Je ne peux même pas dire que c'était long. Ça n'a été qu'une seule journée qui a duré quinze ans. Maintenant, j'en ai trente-six. Un compte rond. Ils ont bien fait les choses.

Jo m'avait prévenu qu'un ami m'attendrait. Jo est coiffeur. Il sait beaucoup de choses. Il fait les commissions.

Je n'ai pas d'amis. Quand j'ai ouvert les yeux, j'ai vu un type me faire signe d'une voiture garée en double file, en face. Sans doute mon ami inconnu.

J'ai traversé. Il est descendu de sa voiture pour venir me serrer la main. C'est ce qui m'a décidé. S'il était resté assis, je le plantais là.

C'était un grand type, solide, bien habillé, bien

29

nourri. Un air de famille, pourtant. Mais lui, ce n'est pas d'hier qu'ils avaient dû le relâcher.

Il s'est présenté : Paul...

Nous avons roulé. J'étais là et je n'étais pas là. J'étais là, avec ce Paul, dans cette R 6. C'est marqué dessus. Et je n'étais pas là. J'étais encore derrière le mur. De là, je nous regardais faire.

C'était comme dans un film. Moins réel, peut-être. Dans les films, tout paraît net, bien cadré. Dans la vie, c'est plus flou. Des gens marchaient. Ils pouvaient aller où ils voulaient. Pourtant, ils n'avaient pas l'air plus heureux pour ça.

Quelque chose m'a semblé bizarre. J'ai mis un moment à comprendre de quoi il s'agissait : les femmes. Il y avait des femmes partout. C'est curieux. Et les types ne leur sautaient pas dessus. Ils ne les regardaient même pas.

Paul s'est arrêté un peu plus loin, devant un café. Il a commandé des crèmes et des croissants. C'était chaud. Ça devait être bon. Je ne sais pas. Je ne sentais pas grand-chose.

Il m'a offert une cigarette américaine. Nous avons fumé. Des jeunes jouaient au flipper. Je n'avais jamais vu des engins aussi grands et aussi compliqués. Des lumières s'allumaient partout. Ça faisait beaucoup de bruit. Trop.

Paul a dû le sentir. Il m'observait sans me regarder. Nous sommes partis. Il a dit :

« Je te ramène chez toi. »

Il a ajouté :

« Si tu veux... »

Je voulais.

Il m'a demandé si j'étais pressé, parce qu'il avait un détail à régler, avant de descendre. J'ai dit non.

Pressé? Je ne savais plus ce que ça voulait dire. Nous avons traversé Paris. Les automobilistes paraissaient crispés sur leur volant. Sur les trottoirs, les passants filaient comme s'ils n'avaient pas le choix. Je n'avais pas l'impression de voir des personnes en liberté.

Je ne connaissais pas Paris. Ce n'est pas beau. C'est trop grand, c'est sale, on respire mal. J'avais mal à la tête. Trop de monde, trop d'agitation. Ça ressemblait à un cauchemar. J'ai eu peur que Paul me laisse en plein milieu.

Nous avons roulé au bord de la Seine, très vite. A un moment, Paul m'a montré une grande église. Il a dit : Notre-Dame.

Je me suis demandé si c'était celle de Victor Hugo. Je n'ai pas posé la question.

Il ne parlait pas. Nous sommes sortis de la ville par une autoroute. Ce n'était pas la campagne. Il y avait des champs, parsemés de blocs d'immeubles. Le cauchemar continuait.

Nous avons quitté l'autoroute, traversé Pontoise. Cette fois, c'était presque la vraie campagne, par moments. Nous sommes entrés dans un village. Paul s'est arrêté. Je l'ai accompagné. Il a acheté des steaks, du pain, du fromage, *France-Soir*.

Nous nous sommes rangés dans une rue à l'écart, devant un petit pavillon à un étage.

Ce devait être midi. Paul avait les clefs. Nous sommes entrés. Ça m'a paru en désordre, comme dans un endroit où les gens reviennent souvent, alors ce n'est pas la peine de ranger à fond. Il nous a servi du whisky, a fait du feu dans la cheminée du séjour, est allé brancher la chaudière à la cave, a rapporté du vin, m'a indiqué la salle d'eau. Si je voulais un bain ? Oui. Du temps, il ferait la cuisine. Bon.

J'ai pris un bain. Je croyais tomber sur un truand, je me retrouvais avec une nourrice. L'eau très chaude m'a détendu. J'ai failli m'endormir.

Quand je suis sorti, Paul m'a montré une penderie. Si je voulais des habits, je n'avais qu'à me servir. Merci. J'ai regardé. Il y avait de quoi fringuer un régiment. Pas des habits neufs. Des vêtements déjà portés, mais propres, pas voyants. J'ai pris un pantalon en velours marron et un pull de marin bleu marine. Et aussi un blouson de cuir qui m'allait. Je lui ai demandé :

« Je peux ?

– Bien sûr. »

Nous avons mangé. J'ai fait attention de ne pas vider mon verre. Je n'ai pas l'habitude du vin. Puis il m'a dit qu'il avait des papiers à trier en haut, un moment. J'avais des livres et la télé. Ça irait ? Ça irait.

Je suis sorti dans le jardin, respirer. J'ai cueilli une poignée d'herbe, je l'ai broyée entre mes doigts, j'ai senti... Ça m'a donné un léger vertige. De l'herbe, depuis le temps... Je suis rentré.

J'ai jeté un coup d'œil sur les livres. Des Série Noire. Merci bien. La télé ? Je n'avais pas envie de bruit. J'ai pris *France-Soir*. J'ai eu l'impression de sauter dans un train en marche. Non, ce n'est pas exactement ça. De reprendre pied dans une histoire qui ne me concernait plus depuis très longtemps.

J'étais devant le feu. J'ai manqué y jeter le journal. J'ai pensé que Paul ne l'avait pas lu. Alors, j'ai regardé.

Un philosophe communiste venait d'étrangler sa femme.

En dessous, j'ai vu la photo d'un gamin :

« THIERRY, douze ans, poignardé de dix coups de couteau. » Allons bon... Je suis revenu au philosophe. Il voulait aussi mettre le feu à Normale sup'.

Je n'ai pas eu envie d'en savoir davantage. J'ai posé le journal et regardé le feu. Les bûches sifflaient. Des jets de vapeur fusaient. J'avais oublié que c'était aussi beau. J'ai rajouté du bois. Ça m'a absorbé complètement. J'ai sursauté quand Paul est revenu. Il avait besoin d'un coup de main.

Nous avons chargé des caisses dans une remorque. Elles étaient à l'abri dans un hangar. Des caisses moyennes, assez lourdes. Je n'ai rien demandé. Puis

Paul a sorti du garage une énorme voiture blanche, une Mercedes. Il a mis la R 6 à la place. Ça ne me faisait rien de rouler de nuit ? Non. En ce cas...

Nous avons accroché la remorque à la Mercedes. Paul m'a expliqué qu'il préférait contourner Paris plutôt que prendre le périphérique.

La nuit était claire, les routes pratiquement désertes. La lune s'est levée, une lune presque pleine. Ça m'a fait plaisir de la revoir. Nous avons traversé des villages vides. Le pays semblait mort. Pourtant, nous étions très près de Paris.

Paul s'est arrêté dans une auberge. Je craignais que les clients s'intéressent à mes cheveux ras, mais ils se moquaient bien de ma coupe, ils regardaient un film à la télé.

J'étais là. Je mangeais une entrecôte en face d'un monsieur qui en mangeait une autre. C'était formidable, non ? Non. La prison, on n'en sort pas comme ça.

J'aurais souhaité être plus aimable avec ce Paul. Après tout... Après tout, quoi ? Il n'est pas là pour tes beaux yeux. Mange toujours. Il finira bien par te présenter l'addition.

Nous avons repris la Mercedes. Avec la remorque, elle était aussi longue qu'un camion. Je me demandais quand il se déciderait à parler. Il s'est engagé sur l'autoroute. Cette fois, elle indiquait LYON à 400 et des.

Paul a voulu savoir ce que j'avais fait en taule. Des études. Je lui en ai donné le détail. D'abord le certificat. Mention très bien. C'est ça qui m'avait paru le plus difficile. Quand ils m'ont enfermé, je savais lire et compter. Je n'aimais pas l'école.

Le certificat m'a bien pris quatre ans. Autant pour le brevet. Toujours avec mention. Puis j'avais préparé mon bac-lettres. Je l'avais eu. Sans mention.

Paul a remarqué :

« C'est bon, pour les remises de peine... »

Il devait être agrégé de psychologie, ce type. Nous nous sommes arrêtés dans une station. Elle brillait comme une galaxie. Fantastique. On y trouvait même de l'essence. Nous avons pris un café à la machine. Pour s'y rendre, il fallait traverser tout le bazar. Il y avait tout ce qu'on peut imaginer, des jouets, des pulls, des souliers, des gâteaux, des livres, de la charcuterie, des alcools. De quoi soutenir un siège.

J'ai regardé le prix d'une paire de mocassins en cuir, carrés. Il fallait avoir des pieds comme des enclumes, pour porter ça. 270 francs. Ils sont riches, dehors. Paul m'a demandé si je voulais quelque chose. J'ai pris du chewing-gum.

Nous sommes repartis. Il parlerait quand il voudrait. Je n'étais pas pressé. La nuit me paraissait immense. J'avais l'impression de basculer dedans. Il n'y avait que le ciel, quelques panneaux de loin en loin pour les sorties, et le chuintement des pneus. L'avion, ça doit ressembler à ça. Je n'avais pas sommeil. Ma première nuit...

Paul s'est décidé avant Lyon. On lui avait dit du bien de moi. Tiens donc... Je lui paraissais sérieux. Je ne posais pas de questions. Je présentais bien. Il avait besoin de quelqu'un dans mon genre. Parce que maintenant j'avais un genre? C'est vraiment tout ce que je possédais. Déjà, il voulait me l'acheter...

Je l'ai remercié de s'intéresser à moi. Il ne craignait pas que mon passé...? Au contraire, il a dit, au contraire... Et puis ça ne date pas d'hier.

Ça, je le savais. J'avais payé pour le savoir. Je ne lui ai pas demandé de détails. Je lui ai expliqué posément que ma mère m'attendait. Je devais m'occuper d'elle. Paul comprenait. Bien sûr. C'est le genre compréhensif. Avec sûrement des arguments quand il faut. Des arguments de calibres variés. Ces types-là, pas la peine de les vexer. J'ai ajouté :

« Plus tard, je ne dis pas...

– Prends ton temps. Tu ne vas quand même pas

t'enterrer dans ton trou. Ce serait dommage avec la gueule que tu as. »

Ah! c'est vrai, ma gueule. Elle attirait les amateurs. Heureusement que j'avais cette réputation de tueur. Et de fou.

Je n'ai rien répondu. Ma gueule, il ne s'y intéressait sûrement pas en tant que consommateur, M. Paul, mais en tant que patron éventuel. Il n'est pas bête. Il a senti que ça allait comme ça. Il n'a pas insisté. Il m'a dit que c'était à moi de voir. Dès que j'aurais besoin d'activité, que je lui fasse signe. Il m'a donné une carte, avec le nom d'un bar, à Nice, et un numéro de téléphone. Il suffisait de le demander. N'importe quand. J'ai pris la carte. J'ai dit merci.

Il a mis la radio. Une émission de nuit, pour routiers. Des chansons, et des vannes légères comme des semi-remorques.

Voilà. J'étais dehors. Je roulais dans la plus grosse voiture que j'aie jamais vue. Je n'avais plus le droit de voter, il me restait celui de rouler. Je n'étais plus citoyen, mais tout autour, très loin, il paraît que c'était mon pays. Pour ce que j'en savais, ç'aurait pu être la Patagonie. Je ne pouvais même pas dire si ç'avait changé. Pas seulement parce que c'était la nuit. Ce pays, je ne le connaissais pas. Je n'étais jamais sorti de mon village. Ce pays, je n'en avais visité que quelques prisons, à fond. Je les connaissais trop bien. Je n'y retournerai jamais.

Nous avons abordé Lyon par un tunnel immense, engorgé de camions. J'ai fermé les yeux. Je préférais ne pas voir ça. J'entendais un grondement de chutes d'eau. A la sortie, la ville avait une drôle de couleur, à cause de l'éclairage, et nous avec. J'ai vu le Rhône. Il semblait lourd, mort, plombé. J'aurais voulu que Paul aille plus vite.

Cette fois, les panneaux indiquaient Valence. Nous avons refait le plein, repris du café. Paul a consulté la carte. Les panneaux ont défilé. Nous avons franchi le fleuve sur un pont étroit. Pont-Saint-Esprit.

Le ciel s'est éclairci. Café. Déjeuner. Sur le cours, les marchands commençaient à monter leurs étalages. Je les entendais s'interpeller avec l'accent du pays. De mon pays. Cette fois, j'étais arrivé. J'ai proposé à Paul de me laisser là. Je trouverai bien une occasion pour remonter sur Barjac. Après, Malaveil n'est pas loin.

Non, il a dit, tu plaisantes... Je t'ai pris, je te livre.

Paul, c'est le monsieur qui fait le travail jusqu'au bout.

Au Pont, je n'y étais pas allé souvent. J'ai reconnu la fontaine avec le coq, la masse des deux églises, l'allure des gens, et, d'un coup, j'ai senti la fatigue. C'était comme si le mur qui me cernait commençait à se fissurer, et moi avec.

Les gens riaient, ils s'activaient, ils paraissaient contents d'être là et de vivre. C'était peut-être contagieux... Pour le moment, je me sentais frais comme un poisson sorti du bocal depuis... depuis pas tout à fait un jour.

On ne devrait pas nous lâcher sans préparation. Paul m'a secoué. Dernière étape. Nous avons pris la route de Barjac. Cette fois, je m'y retrouvais. C'était l'hiver. Le paysage était vide, comme ma tête. Comme moi. Mais c'était beaucoup plus supportable que l'agitation de Paris.

J'ai abaissé un peu la vitre de ma portière. La légèreté de l'air m'a frappé. Il était frais, vraiment frais, vraiment pur, un autre air, un air qui n'avait pas déjà servi dix millions de fois. Un bref moment, j'ai eu un passage à vide. C'était l'heure où l'on nous réveille, là-bas. J'ai fermé les yeux. Je les ai ouverts. La route n'avait pas bronché. Je ne rêvais pas.

Paul continuait à conduire. Bon type, ça. Il aurait pu me larguer. Non, il jouait au beau joueur. Ou alors, il veut que tu te sentes en dette.

Le jour s'est levé sur la droite. Les silhouettes des collines ont commencé à se profiler sur un fond trouble, nuageux, comme éclairé de l'intérieur. Les arbres gardaient encore toutes leurs feuilles. J'ai retrouvé les rangées de vignes dans la terre rouge, et les stries régulières, gris-vert, des champs de lavande. Mon Dieu... ne pas pleurer. Pas devant ce type.

Un vol d'étourneaux s'est éparpillé comme une volée de cendres dans le vent. Déjà, des corbeaux arpentaient les champs. Rien n'avait changé. J'avais tenu. J'étais revenu.

Nous sommes entrés dans Malaveil. J'ai reconnu Coco, sur le pas de son bar. Il a dû me voir. Il voit toujours tout. Je ne l'avais pas prévenu de ma libération, par superstition. Je ne crois aux choses qu'une fois qu'elles se sont produites. J'ai au moins appris ça.

Paul m'a laissé à l'entrée du Mas. Je l'ai fait stopper devant l'aire, pour qu'il puisse manœuvrer. Il m'a dit :

« Bonne chance. A bientôt ? »

J'ai dit :

« Merci. Oui. »

Je l'ai laissé filer.

Le Mas. Personne. La cheminée des Desmichels fumait. J'ai reconnu le vieux mûrier creux, dans le pré en face. Il n'avait pas bougé. Un peu plus creux, peut-être... J'ai entendu, en m'approchant, les moutons à l'enclos. Puis deux chiens sont arrivés. Un jeune berger tout fou, qui aboyait en remuant la queue. Je lui ai caressé la tête, il a bondi pour me lécher le visage. Et une vieille chienne au poil jaune, aux yeux jaunes, à l'air sérieux. Elle ressemblait à Bergère, mais ce n'était pas possible...

J'ai dit : « Bergère ! »

Elle m'a regardé gravement, avec cet air froid des très vieilles personnes qui en ont vu d'autres.

C'était bien Bergère. Ça devait lui faire dix-sept ans.

Elle me reconnaissait. Elle est venue me flairer les souliers.

Le jeune loup s'est calmé. J'ai entendu le chantonnement des poules du père Leblanc, dans leur poulailler. L'hiver il les fait sortir très tard. Je n'aime pas son surnom, Poulag. Quand même, c'est bizarre cette manie qu'il a d'enfermer des bêtes, ses chiennes et ses poules.

Personne n'était au courant de mon arrivée. Comment allait réagir maman? Je ne voulais pas lui causer un choc.

J'ai réfléchi un moment, en regardant la plaine. Un vent léger dissipait les nuages. Le soleil est apparu, et Bergère est allée se coucher dans le pré, pour se chauffer. Une pie s'est envolée, de la masse dorée du marronnier, à l'angle de chez Leblanc. Une autre l'a suivie. Je me suis avancé.

J'étais devant notre maison... De là, je voyais les arbres qui entourent la ferme de GMC. Tout le monde l'appelle de cette façon. Je ne sais même pas son nom.

Je me suis accroupi, le dos au mur, devant chez nous. Je peux tenir longtemps, comme ça. Là d'où je viens, on ne vous tend pas forcément un fauteuil dès qu'on remarque votre chère présence. J'écoutais. Je regardais.

Je me suis décidé. Quand j'étais petit, par plaisanterie, j'envoyais parfois une volée de gravier dans les carreaux de la salle à manger. Maman sortait. Elle jouait à me poursuivre.

J'ai jeté un petit caillou. Je ne l'ai pas entendue venir. Je n'ai eu qu'à ouvrir les bras. Elle était là. Elle me serrait comme si elle voulait entrer en moi, sa tête contre mon torse. Je l'ai bercée un moment, et puis je l'ai éloignée, à bout de bras, pour la regarder. Elle était toujours la plus belle, je l'ai embrassée et nous sommes entrés ensemble. Elle ne savait pas par où commencer, si elle devait me faire du café, ou à manger, ou du vin peut-être ? Et si j'allais rester, et si... Elle s'est mise à pleurer, je l'ai enlacée et nous avons laissé le temps passer.

Je lui ai demandé un café pour l'occuper. Je lui ai dit que je restais, qu'elle ne s'inquiète pas. J'ai ajouté :

« Tant que tu ne me chasseras pas... »

Elle a ri, elle est revenue m'embrasser, le café a débordé, nous avons bu ce qui en restait. Elle m'a fixé, elle a remarqué :

« Tu as changé. Tu es devenu un homme.

– Il serait temps, non ? »

Elle s'est remise à pleurer. Je l'ai prise sur mes genoux, j'ai posé ma tête sur son épaule, je l'ai bercée. Je lui ai dit que non, je n'étais pas un homme. J'étais resté son petit. Je resterai son petit toujours toujours toujours. Je n'étais plus seul. Cette poigne en béton, qui me serrait depuis qu'il m'avait pris, se desserrait. J'étais chez moi, avec maman, enfin...

D'un coup, elle s'est levée. Il fallait qu'elle aille faire les courses. Qu'est-ce que je voulais, pour midi ? J'ai failli répondre : N'importe quoi. Mais pour elle, ce n'était pas n'importe quoi. C'était le premier repas qu'elle allait pouvoir me donner. Alors, j'ai répondu :

« Fais-moi la polenta. »

C'est un plat de pauvres, un plat qu'elle fait avec ses mains. Elle malaxe la farine de maïs. En mangeant, j'ai l'impression de retrouver le goût des mains de maman, et je les lui ai embrassées. Nous nous sommes serrés, comme des amoureux. Elle m'a caressé le visage. Je lui ai baisé les yeux. Nous n'arrivions plus à nous séparer. Je lui ai dit :

« Fais-moi du café, tu veux ? »

J'ai quand même demandé :

« Et lui ? »

Lui, c'est mon père. Elle a haussé les épaules. Il devait cuver dans un coin sa cuite de la veille. Ou commencer celle du jour. Il serait toujours temps de le voir.

Je l'évitais, quand j'étais gosse. Il me faisait peur. Un père, c'est quelqu'un de menaçant qui frappe votre maman. Elle se laissait faire, et j'essayais de le battre. Il trouvait ça drôle. Parfois, il s'arrêtait de cogner. Jusqu'au jour où j'ai réussi à lui faire mal. J'étais petit, mais je m'étais servi du tisonnier brûlant. Il s'est avancé sur moi en levant le poing. Maman a décroché le fusil. Elle l'a mis en joue. Elle n'a rien dit. Il s'est arrêté. Il a baissé son bras. Le même soir, il est allé coucher dans la cave. Ils ne se sont plus parlé. Elle lui laissait son repas sur le coin de l'évier. Il le prenait quand il voulait. Un étranger. Mon père.

Elle travaillait toujours chez ses Routiers? Oui, bien sûr. Et sinon, au Mas? Le père Desmichels avait eu une attaque. Heureusement, Dédou était là. Je me souvenais de Dédou?

Maman ne m'a pas parlé de GMC. Elle n'a jamais eu de sympathie pour elle. Parce qu'elle doit en être jalouse. Pourtant, GMC, ce n'est pas la Belle au Bois dormant, la pauvre, avec son visage mort. Maman serait jalouse d'une morte, si je m'en approchais à moins d'un kilomètre.

Les nouvelles du Mas, on en a vite fait le tour. Elle ne m'a rien demandé. Pour qu'elle ne se fasse pas de souci, je lui ai dit :

« Ne t'inquiète pas pour moi. Ce n'est pas le travail qui manque. »

Chez nous, il y a plus de terre que de bras. Les femmes ne veulent pas rester. A la ville, l'air est sûrement meilleur. Alors, les hommes suivent, bien obligé. La terre, tu peux toujours en prendre dans une valise, tu es forcé d'en laisser. Il ne reste que les vieux, les ronces et les genêts. L'été, les touristes trouvent ça joli, les genêts. Peut-être. Ça signifie que le pays est abandonné.

Du travail? Je n'avais qu'à me montrer.

Je suis sorti devant la maison. Cette fois, le soleil chauffait bien. Je le sentais sur ma peau. Je me suis passé la main sur le visage, comme pour me savonner avec. J'ai regardé le paysage.

Nous sommes sur un plateau. Devant moi, j'avais cinq cents mètres en pente douce, des prés, des friches, des vignes. Plus loin, plus bas, la plaine un peu floue, dominée par les collines qui nous font face. Au-dessus des collines, les Cévennes, encore dans les nuages.

J'ai mieux regardé. Chaque parcelle est entourée de murets ou de haies. Des arbres y poussent. On ne les taille plus. A droite, la vue est arrêtée par le hangar, le poulailler et la maison de Leblanc. On ne voit pas celle de GMC, dissimulée dans les arbres. A gauche s'élèvent les pylônes de la ligne à haute tension qui monte de Malaveil. La maison du Belge se trouve au pied du troisième. Quelqu'un peut traverser tout le secteur, de la maison du Belge jusque chez GMC, sans avoir à se dissimuler vraiment pour passer inaperçu.

Je regardais. C'est là qu'on m'a eu. On m'a guetté. Qui? Je remuerai toutes les pierres une par une, s'il le faut, mais je le saurai. Je resterai au Mas tant qu'il faudra. On peut me surveiller, je ne broncherai pas. J'ai appris la patience. J'attendrai.

Il fallait que je me secoue. Surtout, ne pas tirer la gueule. Ni non plus faire comme s'il ne s'était rien passé. Disons que je reviens de la guerre, comme Leblanc. Une guerre privée. Juste leur montrer un brave petit qui ne demande qu'à vivre tranquille. Et voir venir.

J'ai entendu un bruit de moteur. Un tracteur bleu, avec une remorque, a débouché du chemin des Hauts, à l'angle du calvaire, sur la droite. Un jeune homme le menait. Ce ne pouvait être que Dédou. Je lui ai fait signe. Il s'est arrêté, sans descendre. Il est devenu gaillard, un grand diable souriant, presque chauve déjà, le visage rougi par l'air. J'ai dit :

« Salut, Dédou. Tu n'as presque pas changé. Moi, c'est Noël...

– Ah! par exemple... Alors, tu es revenu? Tu es bien pâle...

– On nous faisait manger beaucoup d'endives.

– Ah! par exemple... Ça fait plaisir de te revoir. Tu es arrivé il y a longtemps?

– De ce matin. Et je compte rester.

– Ah! par exemple... Si je m'attendais... »

Je l'ai fait parler du temps. Il faut toujours commencer par là, chez nous, si l'on veut parler d'autre chose.

Le temps? Il était tombé bien quinze centimètres de neige, au début du mois. Ça n'avait pas tenu, mais ç'avait fait drôlement de dégâts aux arbres, des tas de branches cassées, et à la vigne. Cette année, le raisin s'était fait prier pour mûrir. Dans les Cévennes, il y en a qui avaient vendangé sous la neige. Et en Lozère, alors, il était tombé quelque chose...

« Et qu'est-ce que tu fais en ce moment, Dédou?

– En ce moment? Je déblaie la ruine, tu sais, juste contre chez nous. Je mène les gravats à la décharge. C'est des cousins, à Alès, ils aimeraient bien venir un peu l'été. Ils pourraient loger à la maison, et profiter des vacances pour commencer à arranger tout bien. C'est commode, c'est mitoyen. »

Il m'a expliqué l'infarctus de son père.

« Tu as vu mes dindes? »

Difficile de ne pas les voir. Elles s'activaient dans la vigne, au-dessous du mûrier, à manger le verjus.

« Dic donc, ça t'en fait un paquet.

– J'en ai cinquante. J'avais commencé avec pas beaucoup. Et puis, dans la famille, au village, soit l'un, soit l'autre, il te dit : « Tu m'en mettras deux pour « Noël... » Alors, à force... Mais je ne les prends que quand elles ont le rouge. Sinon, ces bêtes, c'est très délicat. Ça chope toutes les maladies imaginaires, quand c'est petit. Le verjus, ça leur donne bon goût. La nuit, je les rentre, parce que le renard il aurait vite fait. »

Il n'avait pas coupé son moteur. Il n'était pas descendu. Il me parlait de son siège, perché comme un roi. Il a ajouté :

« Tu demanderas à ta mère s'il lui faut encore du miel.

– Tu en fais, maintenant ? »

Oui. Il a repris six ruches qui étaient retournées sauvages. Il leur a donné un kilo de sucre à chacune. Il y en a trois qui ont fourni trente kilos. Les autres, rien.

« Et qu'est-ce que tu fais pour le moment, Noël ?

– Je prends le soleil.

– Je te demande ça, parce que si tu pouvais me donner la main ça me rendrait service. J'ai pas encore commencé à labourer. »

Nous nous sommes mis d'accord. Sa ruine, j'allais la lui déblayer. J'en avais bien pour quinze jours. Ensuite, il me trouverait de quoi faire. Et cet été, je pourrai les aider à bâtir.

Bon, j'ai dit. D'accord. Je me change et j'y vais. Dédou est reparti chercher des vieilles souches dans une vigne qu'il venait d'arracher.

Quand je suis ressorti, j'ai vu Coco qui traînait avec un jeune épagneul. C'est bien ça, il m'avait repéré ce matin. Tant mieux. On serait vite au courant. Dans ce pays, pas la peine de leur installer le radar. Ils l'ont déjà.

Il est gentil, Coco. Ils sont tous gentils. On peut le dire. Tous sauf...

Je l'ai raccompagné un petit moment. Je sentais qu'il se faisait du mauvais sang pour moi. Ça m'a contrarié. Pourtant, ça me faisait du bien de revoir sa vieille gueule éclatée, ravagée, comme une grenade oubliée sur l'arbre, et son poing en cuir. C'est un drôle de bonhomme, avec un cœur gros comme une montagne. Si quelqu'un m'aime, à part maman, c'est bien lui. J'ai frotté ma joue contre son cuir piquant.

Il m'a dit que c'était le premier jour qu'il faisait vraiment beau, depuis la Toussaint. J'avais de la chance.

Le prochain qui me dit que j'ai de la chance, je le tue... Ils avaient eu du sale temps, une petite pluie fine, du brouillard. Là, avec le vent, c'était bien parti. En principe, il y en avait pour quinze jours de beau. Tant mieux.

En passant, j'ai aperçu une voiture neuve, devant chez GMC. Une bleue. Sans doute une R 5. Je connais quand même les choses nouvelles, par les images. Nous avions des vieux *Match*... Je ne sais pas si la R 5 était sortie, quand je suis parti. Je n'en avais pas vu au Mas, en tout cas.

Coco m'a invité. J'ai dit que plus tard, oui... Je l'ai laissé filer. Son chien se tenait à distance. Il crevait de peur. Si je fais cet effet aux bêtes... Il faut que je trouve le moyen de me détendre. Le pastis? Sûrement pas. Ça suffit comme ça, avec le père. Le plus sûr, c'est encore de me crever au travail. De transpirer toute cette haine.

J'ai été inspecter mon chantier. Quand je suis repassé, les poules étaient toujours bouclées. Pour de la ruine, c'était de la belle ruine. Des acacias poussaient à l'intérieur. Des bouts de poutres, des tuiles, des pierres s'entassaient à hauteur d'homme.

Dédou m'avait préparé la pelle, la pioche, une brouette, et placé la remorque tout à côté. Je m'y suis mis. Ça me changeait des pompes. Je m'y suis mis de bon cœur. En un rien de temps, j'ai eu les mains couvertes d'ampoules. J'ai continué, avec de vieux gants de laine, en attendant que ma peau s'endurcisse. J'avais les reins brisés, les bras me tiraient. Je me sentais merveilleusement bien. J'ai continué comme un enragé.

La mémé est venue me dire de ne pas me tuer comme ça. Elle m'a porté un pichet de vin, et un verre. Cette fois, j'ai bien senti son goût. C'était du rouge, de la coopérative d'Orgnac. Il avait le goût du fruit.

Elle me regardait un peu comme le chien de Coco. Elle est restée là, un moment. Je sentais qu'elle voulait parler, elle n'osait pas. Elle me fixait comme si j'avais eu une maladie. Elle n'a pas si tort. J'aurais dû lui demander des nouvelles de son mari.

Justement, il descendait, plan-plan, pour aller garder. Le malheureux ne se sent pas de rester enfermé. Pendant que la vieille lui sortait les moutons, il m'a parlé. Il souriait, comme son fils. J'ai reconnu sa voix trop douce. Son visage se défaisait, se tirait vers le bas. Il avait de grosses poches sous les yeux. Il s'était voûté.

Oui, il était fatigué. Alors il gardait pas loin, juste à côté. Il me parlait comme si j'avais dix ans. La vieille m'a fait signe de ne pas prêter cas. Elle devait avoir honte, de voir qu'il n'avait plus toute sa tête. Bergère est venue se placer à la droite du papé, le jeune chien a rameuté le troupeau, ils sont partis doucement.

Je suis retourné dans ma ruine. De m'arrêter m'avait donné un coup de barre. Ou alors le vin... J'ai ralenti la cadence.

En soulevant une pierre, j'ai manqué mettre la main sur un bourdon, un noir aux ailes bleues, engourdi par le froid. Je l'ai fait glisser sur une feuille morte, je l'ai porté au soleil. Il a mis un moment à se réchauffer. Puis il s'est envolé.

C'était presque midi quand j'ai vu la R 5 arriver d'Orgnac. Je ne l'avais pas entendue partir.

Elle a stoppé à côté du mûrier. GMC est descendue. Elle portait un manteau de cuir noir. Elle n'a pas changé... Si, ses cheveux sont gris, mais ça l'adoucirait plutôt. Elle a toujours son visage figé. Elle m'a souri de

45

ses yeux clairs, et elle m'a tendu une cartouche de Gitanes filtre.

Nous nous sommes fait la bise. Dans la vigne, en contrebas, les dindes glougloutaient. Elle m'a serré le bras. Elle m'a dit :

« Tu passes me voir, ce soir?

– D'accord. Après le souper.

– J'attendais que tu reviennes. J'ai pas mal de travaux en projet.

– Désolé de t'avoir fait attendre. »

Elle a secoué la tête, m'a encore serré le bras, fort. Elle est repartie. C'était midi. J'étais vanné. Je suis allé manger la polenta.

Maman a vu les cigarettes. Elle n'a rien dit. Elle avait dû entendre la voiture.

La polenta était brûlante. Je me suis régalé. Le père ne s'est pas montré. Maman m'a dit que c'était fréquent. Il lui arrive de ne pas faire surface deux ou trois jours de rang. Il menait sa vie surtout la nuit, de toute façon.

J'ai dû insister pour qu'elle mange. Elle me regardait faire comme si elle avait eu peur de perdre une de mes précieuses bouchées. Les mères, c'est quelque chose.

Elle m'avait pris du chèvre, des noix, des pommes, des figues sèches. D'un peu, j'avais droit aux treize desserts. J'étais calé. Je voulais juste du café. Du café, et souffler deux secondes, avant de m'y remettre. Elle m'a demandé :

« Tu ne veux pas faire la sieste? »

La sieste? Pas question. La nuit tombe trop tôt, en cette saison. Je voulais profiter du jour, et de l'air, et du soleil.

Puis ça m'a frappé, bête brute que j'étais. Et elle? Est-ce qu'elle n'avait pas besoin de moi?

« Tu as du bois, maman?

– Bien sûr.

– Fais-moi voir. »

Dans le bûcher, j'ai trouvé quatre morceaux de pin

qui se battaient en duel. Pas question de compter sur mon paternel oiseau de nuit.

« Je vais t'arranger ça. »

Dédou m'a passé la remorque et la tronçonneuse. Ce n'est pas le bois qui manque, par ici.

Ça m'a pris l'après-midi. C'était une fatigue différente. Je n'en revenais pas de me retrouver un corps. J'ai fait attention. Avec une tronçonneuse, on attrape une élongation avant d'avoir fait ouf, je ne tenais pas à être handicapé dès le début. C'est traître, comme engin. A Malaveil, un type en sait quelque chose. Pas un gamin, il avait l'habitude. Un jour, sa machine a rebondi contre un nœud, ou un éclat de ferraille, va savoir, il l'a prise en pleine tête. Ça lui a ouvert le visage en deux.

En redescendant avec mon chargement, je suis tombé sur le père Leblanc. Il allait donner à manger à ses poules et ramasser les œufs. C'est un beau vieillard. Il se tient droit. Il porte toujours la même vieille casquette sur sa tête nette. Des vieux comme ça, on n'en verra plus beaucoup.

Comment ça allait, pour lui? Ça allait. Tant qu'il pouvait travailler, s'occuper de ses bêtes, de ses chiennes et tout le diable, ça allait. Je touche du bois, il a dit. Il était lancé. Il a ajouté :

« Les lavandes ont eu la maladie, cette année. C'est une chose qui leur prend en ce moment, et qu'on ne peut rien faire contre. C'est dommage, parce que les lavandes, c'est ce qui rapporte le plus. Alors, je me demande si je ne vais pas donner des terres en fermage l'an prochain.

— Et le Belge, il passe toujours?

— Oui, mais il vient de perdre sa mère. Alors, il a fallu qu'il rentre dans son pays pour arranger ses histoires de succession et tout le diable... Mais toi, je vois que tu as déjà trouvé du travail?

— Oui. Et bien content.

– Il faudra que tu passes prendre le pastis, un soir.

– Volontiers. »

Le pastis du père Leblanc, c'est quelque chose. Il le fait lui-même. Heureusement qu'il ne le sert pas dans des gobelets en métal, ça les rongerait. Il n'en offre pas à tout le monde, et c'était une grande preuve d'estime qu'il me donnait là.

Je l'ai laissé à ses volailles, je suis parti décharger mon bois, pendant qu'il faisait encore jour. Le soleil se couchait sur les Cévennes dans une mare de sang. Mon premier coucher de soleil, chez nous. J'avais oublié que ça pouvait être aussi beau, juste des nuages et de la lumière. Maman m'a rejoint sur l'aire, devant la maison. Je l'ai prise contre moi. Nous avons regardé ensemble.

③

DIRE que le retour du Petit est passé inaperçu, ce serait exagéré. Sûrement que ç'a dû faire jaser. Seulement, comme on sait que pour moi, ce petit, c'est comme si c'était le mien, ceux qui n'auraient pas été contents ne sont pas venus le chanter dans mon bar.

Les premiers jours, il n'est pas descendu du Mas. Je le comprends. Il n'avait pas envie de venir jouer les vedettes.

Mes habitués ont été corrects. Ils m'ont juste posé la question, comme ça, si je l'avais vu, et comment il était, et puis ils sont passés à autre chose. Avec la télé maintenant, les gens n'ont plus guère de suite dans les idées : ils ont un programme. Finalement, la télé, ç'a du bon.

Je ne suis pas non plus retourné au Mas. C'était à lui à descendre. Qu'il ne se dise pas que je lui colle après. Personne n'a osé monter le voir. D'un autre côté, si le gamin s'était amené en roulant les mécaniques, on n'aurait pas apprécié non plus. C'était bien qu'il soit discret. Mais, au bout de quelques jours, les gens pensaient que ce serait normal qu'il se montre.

C'est Zé qui a eu le mot juste. Un soir qu'il regardait Zappy-Max jouer à la belote avec des collègues, il a vu passer la Noire. Il a donné un coup de coude à Max. Ils l'ont tous regardée. Elle faisait plaisir à voir. Depuis le retour du Petit, elle est radieuse.

Zappy-Max? Ce sont nos vedettes. Max a sa retraite des chemins de fer. L'autre, en vrai, s'appelle Sté-

49

phane. Il a une pension d'invalidité, il s'est bien défendu. Ce sont de vieux garçons tous les deux, inséparables. Alors, Stéphane, on l'appelle Zappy, à cause de Max. Parce que, si vous vous en souvenez, il y avait jadis, à la radio, un marrant de ce nom-là.

D'habitude, les gens ne supportent bien que le malheur des autres. Ils te trouveront plus sympathique si tu te casses une patte que si tu gagnes au loto. Mais une mère qui retrouve son gosse, ça, ils admettent encore. Le bonheur de la Noire, c'était un bon point pour le Petit. Ils étaient tous là à se demander quand ils le verraient. Zé a fini par dire :

« Il nous boude, ou quoi ? »

Quand il est descendu, la semaine d'après, dans la R 5 de GMC, personne n'y a prêté cas. Les gens ne l'ont pas reconnu. Je ne sais pas s'ils s'attendaient à le voir en pyjama rayé, avec un numéro et un boulet, comme dans Laurel et Hardy, mais il n'avait pas l'air d'un ancien taulard. Il portait des bleus, un bonnet de laine, de gros souliers pleins de terre, comme quelqu'un de chez nous. Les plus curieux se sont imaginé que ça devait être un ouvrier agricole en poste chez GMC.

Il a fait des courses, puis il est passé me voir. Il est entré, à l'aise, et m'a regardé en souriant. Il n'avait plus ce teint gris du premier jour, le grand air l'avait bronzé, ni cet air de chien méchant. Il était là comme un brave garçon, et je suis sorti de derrière mon comptoir. J'ai dit :

« O monstre, tu avais perdu le chemin ?

– J'ai pas perdu le goût de ton blanc d'Orgnac. Tu en as toujours ? »

Je l'ai présenté aux autres. Justement, M. le maire nous faisait l'honneur de sa présence. Nous autres, nous l'appelons Gaby. Pour un coup, il a été à la hauteur.

« Ça fait plaisir de te revoir, il a dit. Tu nous manquais. »

Ils se sont serré la main. Gaby a ajouté :

« C'est sincère, tu sais.

– Pourquoi? D'habitude, ça ne l'est pas?» a demandé Zé.

Tout le monde a ri. Ç'a détendu l'atmosphère. Ils étaient tous là à lui parler comme à un copain qui rentre de faire son service et qu'on est bien content de retrouver. J'ai offert la tournée. J'ai dit à Marie de descendre. J'étais heureux. Nous restions autour de lui à lui parler, à trier dans les vieux souvenirs, à lui taper sur l'épaule.

D'un coup, ça m'est revenu. C'était son anniversaire. Cette date, je l'ai assez souvent vue revenir, avec chagrin.

J'ai décapsulé une bouteille de champagne, une grosse, que je me gardais en réserve. J'ai fait ça discrètement, sous le comptoir. Quand le bouchon est parti au plafond, ils ont tous fait un saut. J'ai sorti la bouteille. J'ai éclaboussé le Petit, j'ai dit :

« Bon anniversaire. »

Nous avons trinqué avec lui. Il m'a menacé du doigt en riant :

« Mon Coco, pas moyen de t'avoir, toi...

– Quel âge ça te fait donc maintenant?» lui a demandé Gaby. Trente-sept ans... Il ne les paraissait pas. Il n'avait pas une ride. Mais les rides, ça vient beaucoup de ce que tu exprimes les choses avec ton visage. Où il était, il ne devait pas en avoir grande envie.

C'était la fête. Comme des funérailles nationales, mais en plus grandiose. Ils voulaient tous se l'approprier. Lui se laissait faire. Il n'avait pas raté sa rentrée.

Il a promis à Gaby qu'il irait à la prochaine battue aux sangliers, dans les bois de Majastre. S'il n'avait pas fait un peu frisquet, Zappy-Max l'auraient enlevé pour une partie de boules. Il a juré d'aller manger à droite à gauche, tout ce qu'on voulait.

Les gens sont fantastiques. La veille, ils se posaient encore des questions sur son compte. Là, ils l'auraient élu maire, sans isoloir, s'il l'avait voulu. C'était le champagne, d'accord, mais pas que ça. Ils avaient la grosse émotion parce que, quand même, cette affaire, ç'avait secoué le village. Et maintenant qu'il était revenu, on voyait bien que meilleur que lui, ça ne se pouvait pas. Un bandit ne se précipite pas travailler la terre. Il part retrouver les siens. Et le Petit, c'est chez nous qu'il était revenu, et c'était comme si les gens avaient un gros retard d'amour à lui donner d'un coup.

Notre tapage avait rameuté les voisins. Ceux qui passaient, on leur a dit d'entrer. J'ai ouvert toutes les bouteilles qui me tombaient sous la main. Victor est parti chercher de sa fougasse. Lui, c'est notre boulanger. Il a de belles moustaches, un peu rousses, comme si, à force, les flammes les lui avaient grillées. Les flammes ou le tabac. Victor, il chique. Je me demande où il a pris cette manie. Ça non plus, ça ne se fait plus.

Son pain est bon, il se garde bien. Attention, il ne faudrait pas s'amuser à lui faire un reproche, à Victor. Aussi bien, il s'arrêterait de cuire. Il veut qu'on sente que, s'il continue, c'est pour nous faire plaisir. Alors, nous faisons semblant de le croire. On s'est retrouvés là, peut-être la moitié du village, excités comme tout.

Zé, ça le sciait. Il ne savait que répéter :

« Ça alors... Ça alors... »

Max a lancé :

« Qu'est-ce qui se passe, Zé ? Tu es jaloux ? Fallait en faire autant ! »

Et puis il s'est rendu compte de ce qu'il venait de dire. Il a bafouillé :

« Oh ! pardon... Je voulais pas... »

Tout le monde a regardé le Petit. Gentiment, il a rectifié :

« Ni autant ni mieux. Zé, il n'est pas fou. Il ne fera rien pour partir, on est bien ici, pas vrai ? »

Ils l'ont applaudi à tout casser. Le premier qui aurait dit du mal de lui se serait fait écharper. Moi qui croyais les connaître, mes concitoyens, je ne les reconnaissais pas. Ils avaient oublié leur froideur. Le Toine reniflait d'émotion, et il n'était pas le seul. Pour la première fois, on se retrouvait d'accord. Je peux dire que j'avais vu un miracle. J'avais mangé mon bénéfice pour six mois, et bien content.

Le Petit, je le revois ce jour-là, il était rudement beau. Pas de la beauté de ces types que tu vois au cinéma, à force tu connais tous leurs tics, ça te fait autant d'effet qu'une enclume dans un cimetière de tanks. Lui, était beau parce qu'il était vrai. Il n'avait pas l'air déguisé. Il était comme nous, avec nos soucis et notre fatigue, et c'est pas la peine de se parler pour s'entendre quand on a eu mesuré une fois avec son dos que la terre est basse et qu'on a plus tôt fait de compter son argent que sa peine. Ce Petit, il était ce qu'on aurait pu être si on n'était pas des endormis de naissance. Ce n'est pas tant notre faute. On nous raconte qu'il faut courir après la sécurité. Total, on la paie cher. Une fois que tu l'as, ta sécurité, tu es fait comme un rat mort. Tu n'as plus qu'à vieillir.

Lui, il n'avait pas vieilli. Il avait grandi. Pour finir, nous nous sommes tout de même séparés. J'ai aidé Marie à laver les verres. Gardénal est revenu. La foule, ça le fait fuir. Il avait encore son air inquiet des grands jours. Ce chien, c'est quelqu'un. Dès que tu ne t'occupes plus de lui, il te tire une truffe comme s'il prévoyait un tremblement de terre.

Marie n'a rien dit. Enfin presque. Elle a juste remarqué :

« Ça lui a réussi, la prison... »

Nous avons mangé nos raviolis. Et puis j'ai décidé

de voir si je pouvais trouver des châtaignes vers Saint-André. J'ai pris mon vélo, j'ai placé Gardénal dans le cageot, derrière, il adore ça. Et faï tira.

Les châtaignes, je m'en foutais bien pas mal. J'avais envie de respirer un peu seul. J'étais content que le Petit ait fait bonne impression, pour son retour. Et quand je dis bonne impression, je suis modeste. C'était un triomphe. Seulement, les triomphes, c'est comme les feux de la Saint-Jean, ça ne dure guère.

Enfin, ce qui comptait, c'est qu'il soit revenu pour refaire sa vie, et pas pour ruminer ses malheurs. La rancune, ça ne sert à rien. Et puis, le Petit, je le connais, ce n'est pas un comédien. Si ç'a l'air de marcher, c'est qu'en vrai ça marche.

D'un coup, j'ai réalisé que je me racontais n'importe quoi. Qu'est-ce que j'en savais? Ce petit, je l'avais connu, oui. Mais à présent? Il faisait peut-être semblant d'être bien pour... Pour qui, pour quoi? L'assassin, si tous les flics de France n'ont pas pu mettre la main dessus, sur le moment, il ne va tout de même pas s'imaginer, ce petit rigolo, que quinze après, il peut... Ce qu'il s'imaginait, je n'en savais rien.

En tout cas, pour un naïf, il s'était drôlement débrouillé pour mettre le village entier dans sa poche... Ça m'a fait réfléchir. Il valait mieux que je ne m'endorme pas.

Je me suis arrêté avant Saint-André. Les châtaigniers, on les aperçoit de loin, tant qu'il leur reste quatre feuilles. Ceux-là, c'étaient des vieux de la vieille, des mastards, des survivants, avec des troncs gros comme des baleines. Plusieurs étaient creusés, vidés, noircis. C'est la foudre. Elle les brûle de l'intérieur. Ces arbres, personne ne les entretient plus.

Pour les châtaignes, je m'y prenais un peu tard. Les rares qui restaient avaient toutes le trou du ver. Mais j'étais venu là pour me promener, et pour sortir Gardénal. Il s'est mis à fouiner à droite à gauche, il a entrepris de creuser un vieux terrier à moitié éboulé.

Sûr qu'il allait tomber sur l'affaire de la saison, une portée de fers à repasser.

Je l'ai laissé creuser tranquille. J'essayais de penser à tout ça. Pas facile... D'où partir? Dans cette histoire, les victimes, d'accord, tant que vous voulez. Mais l'assassin, alors, là, plus personne.

Le Petit, c'était la dernière victime de cette affaire. Et ça n'était pas par hasard qu'on s'en était pris à lui, non, monsieur, mais impossible de voir pour quelle raison. Autant repartir du début.

D'accord. Alors, revenons en 43. La Noire a eu son bébé en plein pendant l'Occupation. On ne l'appelait pas encore la Noire, puisqu'elle ne s'était pas mise à porter le deuil. On disait : la fille du Mas. Ou : la fille Vigouroux.

Jusque-là, la guerre, pour nous autres, elle s'était passée surtout à la radio. Nous étions en zone libre, en zone nono, comme on disait, Maréchal, nous voilà, et les Allemands s'expliquaient avec les Cosaques, qu'ils s'arrangent entre eux. Bon. Et puis les Américains ont débarqué en Afrique du Nord. C'était en 42.

Le 11 novembre, les Allemands ont franchi la ligne de démarcation pour foncer sur la flotte, à Toulon. Il faut être juste, ils ont le sens des dates.

La Noire, en 43, venait d'avoir ses dix-huit ans. Pour ce que j'en sais, sa famille, c'était une de ces familles qui avaient eu beaucoup de bien et d'estime dans les temps – ça marche souvent ensemble –, et qui finissait de tomber. Son père buvait. Ça arrive. Seulement, s'il faut vingt générations pour monter un domaine, une suffit pour le ruiner. C'était le genre d'histoire qu'on nous racontait à l'école, dans nos livres de morale.

Toujours est-il que le père de la Noire a bu tout ce qu'il a pu, et vendu le reste. Il n'a pas réussi à vendre leur maison parce que, avant-guerre, des grosses maisons comme ça, personne n'en aurait voulu.

La mère n'était pas d'ici. C'était une Aixoise, elle ne se plaisait pas chez nous. Elle passait son temps à partir, elle laissait sa fille. Puis elle revenait.

Un père bourré, une mère qui bourre ses valises, pas étonnant que la Noire soit devenue sauvage. L'ancienne institutrice, Mlle Claire, m'en a parlé. La Noire, c'était la mauvaise tête, toujours dernière en classe. Elle semblait se buter. Elle appelait au secours, la pauvre, mais chez nous, tant que tu ne mets pas le feu, personne ne comprend.

Des bruits ont couru. On racontait que son père avait commencé à s'intéresser à elle dès qu'elle était devenue grande. Ça n'a rien de bien rare; seulement, de ces choses, d'habitude, on n'en parle pas. Elle avait un éclat que n'ont pas nos petites, un éclat sombre, je ne peux pas mieux dire. Les nôtres, elles sont gentilles, mais pas tellement vives. La Noire, c'était un cœur, un diamant noir. Mais avec son père, mauvais comme la gale, il valait mieux ne pas rôder autour du Mas.

On ne lui connaissait aucun petit ami, aucune camarade. Elle ne fréquentait personne. Ce n'était pas une fille, c'était un fantôme.

Puis, début 43, voilà qu'elle épouse Pivolo. Alors, là, on est tous restés babas. Sûr que si elle voulait le plus con, elle avait eu la main heureuse. Ou alors, peut-être qu'il lui fallait un mari dans le genre de son père, pour ne pas vivre trop dépaysée, va savoir...

Fils de fille mère, Pivolo avait grandi à l'Assistance, travaillé dans les fermes, et en dernier il traînait au village, où il fallait vraiment qu'on manque d'hommes pour employer une carne pareille. Et c'est lui entre tous qui mariait la Noire...

A ce mariage, je n'y étais pas, ça me faisait peine de voir un pareil gâchis. J'ai su que Pivolo tenait tout juste debout. Il avait quand même dit oui. On se demande bien pourquoi. Lui, les fillettes, il les préférait liquides.

Il est parti vivre au Mas, avec sa femme. Il n'y a pas

fait long feu. S'est-il disputé avec son beau-père, a-t-il trouvé que les cafés étaient trop loin? Mystère. Toujours est-il qu'un mois ou deux après son mariage, il a disparu.

Pour la Noire, la vie ne devait pas être facile. Je n'osais pas lui proposer de l'argent, ça ne se fait pas. Les gens, si tu leur fais un cadeau, tu les effraies. Ils calculent ce que ça cache...

Pourtant, j'aurais bien voulu l'aider. J'ai pensé que le Mas, c'était pratique, pour mes affaires de marché noir.

Un beau jour, j'y suis monté. Je leur ai demandé, à elle et à son père, s'ils voulaient bien m'élever quelques cochons, et des poules. Les caves de leur maison étaient assez grandes pour abriter un régiment de porcs. Le vieux a accepté. Elle, elle n'avait pas droit à la parole mais, vu l'état du bonhomme, c'est à elle que je remettais l'argent qui leur revenait.

Je m'arrangeais pour lui procurer du son, des betteraves, des déchets, de quoi engraisser les bestioles. Et puis, au moment où son petit devait naître, je l'ai envoyée à la maternité de Vallon. J'ai été le parrain du bébé. Ça me permettait de veiller sur la mère. La marraine? Une brave femme, une relation d'affaires. Une réfugiée. Elle est retournée chez elle, une fois la guerre terminée.

Le père de la Noire est mort au printemps 44. Je dis le printemps, mais l'hiver n'était pas fini. Un soir, il est sorti. Il a marché à travers bois, en direction d'Orgnac. La neige a recouvert ses traces. On l'a retrouvé dans un fossé, trois jours plus tard, proprement gelé.

Grâce à son élevage, la Noire a pu tenir le coup. Grâce à son élevage, c'est-à-dire grâce à moi. Pourquoi est-ce que je faisais ça? Oh! parce que... Bon, elle me plaisait, je ne lui plaisais pas, et après? Je n'avais pas grand-chose à faire de ce qui restait de ma peau, autant que cette fille en profite. J'ai toujours eu un côté

Saint-Bernard. Je voulais qu'elle s'en sorte. C'était le seul luxe que j'avais envie de m'offrir. Elle était tellement seule, dans cette immense maison.

Il y avait une autre fille à l'époque, au Mas. Elle vivait avec une vieille dame, sa tante, dans la maison qu'occupe à présent GMC. Elle était d'Aix, comme la mère de la Noire.

Au village, j'avais entendu dire que son père était docteur, et qu'il l'avait envoyée là pour des raisons de santé. Je ne sais pas si c'était pour les poumons ou les nerfs. Elle a dû arriver au cours de l'été 43, avec sa tante. Elles avaient une domestique pour leur faire les courses, le ménage et le manger.

La demoiselle d'Aix s'appelait Catherine Soleil. Au village, nous avons eu quelques détails par la bonne. Pas grand-chose. Il n'y avait rien de bien spécial à raconter. La fille était venue pour se reposer, pas pour danser le french cancan.

Au début, je me suis dit que c'était une bonne chose. La Noire et cette Catherine devaient avoir à peu près le même âge. Elles pouvaient sympathiser.

Eh bien, non. Je crois que la faute en revient à la Noire. L'autre devait l'intimider. C'était quand même une fille de bourgeois, cette Soleil. C'est une race que nous ne fréquentons guère. Je n'ai pas posé la question à notre beauté farouche, je n'étais pas son confident, elle m'aurait renvoyé à mes cochons, et elle n'aurait pas eu tort. Nous ne nous parlions pas, sauf pour nos affaires. La voir me suffisait, je n'étais pas exigeant. C'était bien beau déjà qu'elle ne se sauve pas devant ma tête éclatée, pauvre de moi.

Eh bien, oui, j'étais amoureux. L'étoile et le ver luisant, d'accord. Je me serais fait tuer pour elle, mais ça l'aurait avancée à quoi?

Donc, la Catherine est restée dans son coin. Celle-là,

on ne peut pas dire que l'endroit lui ait porté chance non plus.

A l'époque, je faisais mon commerce en utilisant un triporteur que je m'étais bricolé avec un cadavre de vieille moto, une Terrot 125, et deux roues de vélo. Comme je n'avais qu'une main, je m'étais goupillé un gant spécial, avec une encoche pour le levier des vitesses. Je faisais très attention à ce que mon bolide paraisse tomber en ruine, pour éviter sa capture par les héros d'un bord ou de l'autre.

Plusieurs fois, en montant au Mas, il m'est arrivé de croiser une auto qui en redescendait. Ça ne pouvait être que pour les Aixoises. Les Desmichels n'avaient pas de relations motorisées. A l'époque, il fallait être un notable pour rouler en voiture.

La plaque indiquait les Bouches-du-Rhône. J'ai d'abord supposé qu'il s'agissait du père de la demoiselle. Mais vu l'âge du conducteur, ça paraissait difficile. Il devait avoir la trentaine. Comme il n'avait l'air ni d'un flic, ni d'un paysan, ni d'un ouvrier, c'était probablement un étudiant qui venait voir Mlle Soleil pour lui parler de ses cours ou lui conter fleurette.

Tout de même, une voiture... A ce moment-là, les civils qui conduisaient, il y avait pas mal de chances pour que ce soient des militaires. Ce gars en tout cas n'avait rien d'un soldat.

Au printemps 44, un jour que j'avais crevé, avec ma moto, pas loin du Mas, j'étais en train de réparer quand j'ai entendu le bruit d'une voiture. C'était lui, avec cette Catherine. Il m'a demandé si j'avais besoin d'un coup de main. Il parlait bien le français, pas avec l'accent aixois, ni avec le parler pointu des Parisiens. C'était un accent que je ne connaissais pas. Du Nord, probablement. Je l'ai remercié, et j'ai dégagé la chaussée.

Finalement, je m'étais drôlement bien organisé. Cette guerre pouvait durer jusqu'à la saint-glinglin, elle ne nous gênait pas beaucoup, au pays. Nous n'avons jamais compté sur le restant du monde pour nous nourrir. Nous ne vivions pas si mal, et nous faisions notre pelote. Une fois n'est pas coutume.

Les Allemands se débrouillaient moins bien. Leur organisation n'était pas si fameuse, après tout. A l'Est, ils ne prenaient pas Moscou, ils prenaient la rouste, ils ne l'avaient pas volé. A l'Ouest, les Américains s'amenaient.

Ils sont gentils, les Américains, mais ils avaient la manie de raser d'abord, à coups de bombes, et de libérer ensuite. Si vous ne me croyez pas, demandez donc à un vieux Marseillais ce qu'il pense du 27 mai 44... Ce jour-là, les Forteresses volantes ont bombardé la ville. Ils visaient peut-être la gare Saint-Charles, mais ils ont fait un carnage un peu partout. Je ne sais pas si leurs pilotes étaient bourrés ou quoi, mais leurs cargaisons, ils les bradaient au petit bonheur la chance. Attention dessous... Ils partaient se faire Milan, et ils atteignaient la Suisse. Sur la carte, tout ça, c'est voisin. Pour un peu que les bombes descendent en diagonale.

Nous, à Malaveil, on ne risquait pas de nous prendre pour une grande ville, du haut des airs. Pas de ponts, pas de fleuve, pas d'usines, rien. Le rêve. Tout ce qu'on risquait, c'est de se retrouver coincés entre deux feux, si jamais ils se remettaient à jouer aux tranchées, comme en 14. Et puis non...

L'armée De Lattre a débarqué en Provence le 15 août. Ensuite, ça s'est déroulé très vite. Les Allemands craignaient de se trouver pris en tenailles. Ils ont filé à toute allure.

C'était bien la peine de venir déranger son monde. Avant, on se battait quatre ans pour une taupinière, et là, ils vous lâchaient des provinces entières du jour au

60

lendemain, presque aussi vite qu'ils les avaient prises.

Donc les Allemands étaient partis. L'armée française remontait la vallée du Rhône à leur poursuite.

Fin septembre, notre région a vécu, pendant quelques jours, une période assez floue. Disons que c'était le Far West. Les anciens flics se cachaient. Les nouveaux n'étaient pas livrés. Notre police, qui venait de travailler pendant pas mal de temps pour l'occupant, brillait par son absence. La loi, c'était celui qui avait une pétoire au poing et un brassard au bras qui la faisait.

On a connu ça à toutes les époques, je sais. Mais en 44, je n'étais pas très calé en histoire, je ne me doutais pas de ce qui allait se passer.

Et je suis là, assis sur une souche, à remâcher mes souvenirs. Cette fin d'automne est belle. Pourquoi faut-il que les gens soient si cons, pas vrai, Gardénal? Naturellement, tu n'as rien trouvé. Toi aussi, tu crois que l'essentiel c'est de participer, hein? Oh que non! mon chien, tu te trompes. L'essentiel, c'est de foutre la paix aux gens.

A Malaveil, pendant l'interrègne, nous avons vu débouler de farouches soldats, des fiers-à-bras armés comme des bandits siciliens, les jean-foutre de la vingt-cinquième heure. On ne savait pas trop d'où ils sortaient, mais enfin ils n'allaient pas s'incruster cent sept ans. Qu'ils paradent si ça leur chante, ça leur ferait des souvenirs.

Des bruits couraient. On racontait qu'à Aix, à Avignon, à Marseille, un peu partout, les Fifis ramassaient les putes qui avaient couché avec les Allemands, et les promenaient à poil, après les avoir tondues. S'en prendre à de pauvres filles qui n'avaient jamais fait que leur putain de métier, bravo. On a les exploits qu'on peut.

On disait aussi que de vieux comptes se réglaient à

la va-vite. Et à la mitraillette. Une rafale, c'est clair et net. Ça vous évite les frais de procédure.

J'admets. Surtout à Marseille. Marseille, c'est voyous et compagnie. Mais ce genre de chose, ça ne pouvait pas se produire chez nous.

J'étais jeune, j'étais naïf. Je ne croyais pas à la méchanceté gratuite. Nos rigolos, avec leurs tromblons, je ne les prenais pas au tragique, encore moins au sérieux. Je savais que les hommes sont de grands gamins qui adorent jouer avec les armes à feu. Il me manquait d'apprendre quels salopards ils peuvent devenir à la première occasion.

Donc, il s'est amené au village toute une bande de zouaves. Pour faire du volume, ils en faisaient. C'étaient de drôles de vedettes.

Ils se sont installés, sous les platanes de la promenade, à boire. Ils n'avaient pas tort. L'endroit est agréable, et notre vin vaut le déplacement. Ces types, tu aurais dit la Cour des miracles. Sur leur caboche, tu trouvais de tout, du casque anglais, du calot, des vieux casques de la Défense passive. Il y avait même un zozo qui s'était dégoté un casque colonial, il l'avait peint en rouge, on le voyait de loin. Ils portaient des brodequins, des sandales, des bottes. Un ancien juteux avait ressorti ses bandes molletières. Quant aux tenues, ça ne déparait pas : des vareuses kaki, des gilets fantaisie, une veste camouflée, des blouses. J'en aurais vu un en burnous avec un casque à pointe, ça ne m'aurait pas autrement étonné.

Leurs armes, du nanan : fusils de chasse, fusils de foire, vieux Lebel, un ou deux Mauser, et quelques engins antiques qui auraient fait la fierté d'un musée. Remarque, ils en venaient peut-être... Leur chef, enfin, disons la plus grande gueule, avait une Sten. Ce type, c'était un brun à cheveux plaqués – gomina Argentina –, avec un gilet à fleurs. Le gomina, ce n'est pas trop dangereux. La Sten, si. L'ennui, avec ces machines, c'est que ça part pour un rien. Elles ont dû tuer plus de maquisards que d'envahisseurs.

Parmi ces bravaches, j'ai reconnu Pivolo. Moi qui le soupçonnais d'abandon du domicile conjugal, je l'avais calomnié. Pivolo, en vaillant buveur de vin, avait lutté pour bouter hors de nos vignes les buveurs de bière. Parfait. A part ça, il était fin soûl, comme toujours.

Le Zé tournait autour d'eux comme une mouche. Il était tout gamin, à l'époque, pensez s'il était à son affaire, ce petit fada, avec tous ces grands fondus. Ils lui ont fait boire du pastis. Ils se sont mis à chanter, des chansons de marche, genre *C'est nous les Africains.* Quand l'air ne déraillait pas, c'est les paroles qui se faisaient la malle. Ils chantaient aussi faux et aussi mal que n'importe quel bidasse français en virée.

Tant qu'ils se sont contentés de boire, ça s'est bien passé. C'est après. Le vin leur est monté à la tête. Ils avaient trouvé un vieil appareil photo. Ils se sont mis à poser, en groupe. Ça les a occupés un moment.

Et puis ils ont dû se dire que des chasseurs sans gibier, ça la foutait plutôt mal. Ils auraient bien voulu un Allemand ou deux, comme tableau de chasse. Pour ça, il fallait venir plus tôt! Toujours est-il qu'ils ont commencé à se monter le coup. A ce moment-là, une jeep, une seule, avec de vrais soldats, aurait été la bienvenue. Mais c'est la Noire qui est arrivée.

Quand ils l'ont vue, ils se sont mis à siffler suivant les règles. Elle les a ignorés. Elle a piqué droit sur leur chef. Je l'ai vue lui parler. Qu'est-ce qu'elle voulait, des nouvelles de son Pivolo? C'est vrai, il avait encore disparu, cet artiste. Pivolo, c'est le sous-marin qui ne fait jamais surface longtemps.

J'en ai eu ma claque. Il n'y avait rien de bon à attendre de ces bons à rien. Inutile de les admirer davantage.

Je n'étais plus là quand ça s'est passé. J'étais parti rassurer mes parents.

Je n'étais pas là, et je n'étais pas armé. A moi seul, qu'est-ce que j'aurais pu faire contre trois douzaines de gaillards fous d'alcool?

Je n'ai su qu'après, Ils ont quand même trouvé un Allemand, il paraît. Ce qu'ils lui ont fait, je n'ai pas voulu le savoir. Je n'ai pas demandé de détails. Et puis ils sont montés au Mas.

④

J'ÉTAIS seule. Ma tante m'avait quittée, voici huit jours, pour redescendre sur Aix. Avec ses lubies, elle pensait que, si elle n'était pas là, les communistes profiteraient de la Libération pour occuper sa villa du Tholonet, et piller sa collection de bonbonnières.

Ma tante collectionne les bonbonnières. Ce sont sans doute les seules choses au monde pour lesquelles il lui arrive de s'inquiéter.

Mon père, je n'en avais aucune nouvelle. Il est tellement pris... Je me suis souvent demandé comment il avait bien pu trouver le temps de faire un enfant à ma mère.

Je ne peux même pas dire qu'il m'ait tenue à distance. Pour cela, il faut déjà exister. A ses yeux, je suis une de ces données matérielles dont il convient de s'occuper, comme la taille des fusains du parc, ou l'approvisionnement en charbon.

Sa vie est simple : il court. Il a engagé, voici un demi-siècle, une course contre le temps. Pour le moment, il l'a gagnée. Il a su garder une bonne longueur d'avance sur sa vie. Il court depuis si longtemps qu'il ne doit même plus savoir ce qu'il fuit. Ça ne l'empêche pas de continuer à courir.

Son métier de médecin généraliste lui convient parfaitement. Une urgence chasse l'autre. Je n'en étais pas une. Je suis orpheline avec père.

Des maris, un beau jour, abandonnent femme et

65

enfants. Il n'a pas eu à se donner cette peine. Il ne nous voyait pas.

Ma tante m'aime, à sa façon. Elle doit me considérer comme un genre de bonbonnière articulée. Quand j'ai eu ces ennuis, et qu'il m'a fallu le calme et l'air pur, c'est elle qui a proposé de m'accompagner. L'idée de jouer un temps à Robinson devait l'amuser, je crois. La guerre l'effrayait, elle risquait de déranger l'ordonnance de ses vitrines. Elle a dû penser qu'à la campagne elle serait plus tranquille. Ma chère tante...

Elle avait très peur des Allemands. On lui a sûrement raconté, quand elle était gamine, en 14, qu'ils cassaient à coups de botte toutes les bonbonnières qu'ils rencontraient.

La vie au Mas ne lui déplaisait pas. Elle avait apporté une pile de romans de Delly. Elle pouvait les relire sans se lasser. Elle faisait des réussites. Sortir? Non, c'était trop risqué! Mais elle s'intéressait aux oiseaux. Elle avait appris à donner du gras aux mésanges, des morceaux de pommes aux merles.

Nous vivions comme des naufragées dans une île, sur ce coin de plateau. Dans la ferme voisine, il ne restait qu'une vieille femme revêche. Son fils était prisonnier, en Autriche, je crois. Elle ne nous parlait pas.

Plus loin, sur la route du village, demeurait une famille. Ils ne se montraient guère plus liants. Lui, c'était une brute, un de ces solitaires que l'alcool isole encore davantage. Je l'évitais.

Elle, elle était très belle, très brune, et plus sauvage qu'une chèvre. Je ne parvenais pas à l'approcher. Une fois, je suis tombée dessus, par surprise, au tournant d'un sentier. Je lui ai souri. Elle a détourné la tête, elle est partie en courant. Et puis, elle a été enceinte, et elle n'a plus mis le nez hors de son repaire.

Dommage, cette fille sortait de l'ordinaire, et j'étais très seule. Cela m'a paru bizarre de la voir se comporter à mon égard comme si j'avais eu la peste. Je n'ai pas compris.

Mon isolement était parfait. Je l'avais réclamé. Il me semblait que ma vie n'avait plus de sens, que je n'avais rien à en attendre. Mon âge ne comptait pas. On peut mourir d'ennui à dix-huit ans. Mon existence se déroulait devant moi comme un film que j'aurais déjà vu et revu, ou que je pouvais deviner, et qui ne m'intéressait pas. J'avais l'impression que ma mort était déjà chose faite, loin derrière moi. Je ne tournais pas rond, et je ne savais pas pourquoi.

Je me suis dit que, seule, dans un endroit retiré, j'arriverais peut-être à mieux faire connaissance avec moi. Qu'est-ce que je risquais? A Aix, je ne me supportais plus. Le lycée ne m'intéressait pas. Entreprendre des études, à quoi bon? Je n'avais pas à infliger ma morosité aux autres. Il fallait que j'apprenne à me supporter, ou que je comprenne pourquoi je me tenais à distance de moi.

J'avais lu Rousseau. Ce qu'il disait sur la nature me touche. Il me fallait un prétexte. J'ai parlé de dépression.

Je n'étais pas déprimée, bien sûr. Mais je devais nommer mon mal pour les autres. Il s'agissait bien de dépression... C'était pire; je n'existais plus. Je pouvais faire ce que je voulais, passer les examens qui me chantaient, me diriger comme on dirige un attelage. Je n'en avais plus envie, c'est tout.

Quand j'ai demandé à me retirer à la campagne, mon père n'a fait aucune objection. Ma tante connaissait une dame qui lui a indiqué le Mas. Sa bonne était de la région. Elle nous l'a prêtée. Elle nous a loué une ancienne ferme où il lui arrivait de se rendre l'été, avant la guerre, et qu'elle avait aménagée de façon confortable.

Nous sommes montées en mai, l'an passé. Mai 43. Fin mai. Je ne connaissais pas le printemps dans les Cévennes. Il m'a bouleversée. Sans le vouloir, j'avais trouvé ce qui me convenait. Je sentais une nouvelle vie circuler en moi. J'étais en accord avec le monde. L'apaisement me tombait dessus comme une averse. Je me suis demandé si par hasard une des branches de notre famille ne descendait pas de ces collines. J'ai interrogé ma tante. Elle n'en savait rien.

J'ai beaucoup marché, les premiers temps. C'est une région farouche, à l'abandon, et c'est ce qui me touchait. Un jour, je suis arrivée dans un village inconnu. J'avais coupé à travers prés. Le lieu semblait désert. Et puis, en approchant, sous un porche, j'ai vu trois hommes qui m'observaient. Ils avaient des fusils. Je n'ai jamais su si c'étaient des chasseurs ou des maquisards. J'avais peur. Je me suis forcée à marcher dans les rues boueuses. Des chiens hurlaient, en tirant sur leurs chaînes, dans les cours. Sur une porte de grange, j'ai vu des pattes de sanglier, clouées. Les plus vieilles, décharnées, montraient leurs os blanchis. La dernière avait encore du sang. J'ai frissonné. J'avais l'impression que le regard de ces hommes ne me quittait pas. Je me suis enfuie.

Je n'attendais rien. Je vivais dans une sorte de présent sans souffrance, sans projet, simplement attentive au bruissement des choses, en dehors du temps. L'île déserte, vraiment. C'était un état de grâce, et je n'en savais rien. J'avais trouvé une sorte d'engourdissement heureux, comme après une grande fatigue, ou un grand bonheur.

Le bonheur? Pour moi, ce mot n'avait pas de sens. Il me fallait d'abord réapprendre à marcher, à respirer. Et puis, le bonheur, au Mas, d'où diable pourrait-il bien tomber?

Il est tombé sur la route de Malaveil. Je m'inventais des promenades, pour ne pas répéter sans cesse les mêmes circuits. Je brouillais mes pistes. J'inventais des raccourcis invraisemblables qui me prenaient un temps fou.

Ce jour-là, je venais de franchir un muret qui domine la route quand le fermoir de mon collier s'est rompu. Les perles, des perles de verre irisées, ont sauté dans l'herbe. Je me suis mise à leur recherche. Une auto est arrivée.

Une auto, printemps 43, sur la route du Mas, c'était aussi rare qu'un dirigeable sur le cours Mirabeau. Elle s'est arrêtée. Un homme jeune, vêtu d'un costume de laine couleur feuille morte, est venu me proposer ses services. J'ai cru vivre le début d'un de ces romans à l'eau de rose qui font les délices de ma tante, et j'ai éclaté de rire.

Du regard, sourcils levés, l'homme m'interrogeait. Je lui ai souri. J'ai dit :

« Ne vous fâchez pas, mais ça ressemble trop au début d'une histoire très romantique. »

Il a souri à son tour, avant de me répondre :

« C'est un très romantique début, en effet. »

Un merle s'est mis à chanter, dans un pommier. D'un coup, il m'a semblé que le monde reprenait ses couleurs. Je me suis assise sur l'herbe. J'ai demandé :

« Qui êtes-vous ? »

Il est venu s'asseoir à côté de moi. Il a ramassé une brindille, l'a regardée attentivement, puis a remarqué :

« C'est une très bonne question. Voici trente ans que je n'arrive pas à y répondre. »

J'ai éclaté de rire. Je n'en revenais pas. Cet inconnu me volait mes réponses. J'ai protesté :

« Ce n'est pas votre rôle, ça, c'est le mien. Moi, je suis une fille. Je ne comprends rien à rien. Mais vous, vous êtes un homme, et de plus, vous avez une auto, alors...

– Alors, je vous emmène. »

C'était une petite voiture avec un très joli nom : une Rosengart. La capote était baissée. Nous avons fait demi-tour en direction de Vallon. Nous avons roulé le long des gorges de l'Ardèche, dans un paysage du début du monde.

A Saint-Martin, nous nous sommes arrêtés dans un café. Une vieille femme nous a préparé un vin chaud.

Nous étions seuls, dans un monde absurde. Mais pour moi, pour la première fois, ce monde acquérait un sens, parce que quelqu'un existait. Mon compagnon m'a pris la main. Je ne l'ai pas retirée.

Il m'a raccompagnée. Nous nous sommes revus. Ma tante était conquise d'avance : un jeune homme si bien élevé... Elle ne m'a même pas demandé de qui il s'agissait.

Ce jeune homme s'appelait Franz Mazel. Il était lieutenant de l'armée allemande. Un de ses ancêtres avait fui les Cévennes, en 1706, après la défaite des Camisards, pour se réfugier en pays luthérien. Il avait fait souche en Allemagne. Ses descendants n'avaient jamais renié leur origine. Ils avaient donné à leur nouvelle patrie des artisans, puis des professeurs.

Franz enseignait l'histoire de l'art à Cologne. La guerre avait fait de lui un officier et l'avait jeté dans des combats qu'il estimait perdus d'avance. Il suffisait de savoir lire quelques chiffres pour s'en apercevoir, disait-il : ceux de la production d'acier, de blé et de pétrole de l'Allemagne, face à ceux de ses adversaires.

La folie de Hitler avait conduit Franz de Brest jusque sur la Volga. La mort n'avait pas voulu de lui. Le froid, si. En souriant, il posait le talon de sa chaussure droite sur l'extrémité de son pied gauche. Rien. Il disait :

« Stalingrad... »

Amputé de ses orteils gelés, il avait quitté la ville investie dans l'un des derniers Junker.

Les dirigeants nazis, en attendant le partage des dépouilles qui suivrait leur victoire, entendaient bien s'attribuer dès à présent une bonne partie des trésors artistiques de l'Europe. Pour cette tâche, il fallait des experts. Franz, historien, critique, convenait parfaitement. Le Sud de la France venait de s'ouvrir aux forces allemandes. Le professeur Mazel, spécialiste de l'art du Moyen Age, se vit chargé d'explorer Avignon et sa région, et de dresser l'inventaire des peintures, retables et statues susceptibles d'enrichir les collections des dignitaires du Reich.

Les parvenus veulent toujours s'approprier ce qui leur est le plus étranger. Il est dans l'ordre des choses que les bouchers adorent les vierges gothiques. Franz me faisait remarquer que les nazis n'avaient pas inventé le pillage, même à l'échelle d'un continent. Les merveilles exposées au Louvre et au British Museum n'ont, pour la plupart, pas d'autre origine. Le temps se charge de donner au vol une légitimité fondée sur l'oubli et l'habitude.

Sa mission permettait à Franz de retrouver, en civil, la patrie de ses ancêtres. Je l'accompagnais dans ses explorations. Il adorait rouler à l'aventure, par les petites routes, dans ces lieux où un lointain Mazel s'était battu, pour sa foi. Il s'amusait de l'ironie de l'histoire qui le ramenait là en étranger, lui dont les pères avaient vu leurs villages brûlés par les dragons du Roi-Soleil.

Alors ça... Je lui ai crié :

« Je m'appelle Soleil ! »

Nous avons ri comme des fous. Nous avions roulé jusqu'à Pont-de-Monvert. Franz voulait me montrer ce lieu où le soulèvement avait commencé, en juillet 1702. Une nuit, des paysans, exaltés par le songe de l'un d'entre eux, avaient attaqué une église-prison où croupissaient leurs coreligionnaires. Ainsi débuta l'une des plus étonnantes guérillas des temps modernes.

Sous le vieux pont arqué coulait un torrent, le Tarn. Les toits de lauze étincelaient dans la lumière, et j'étais là, jeune reine sans royaume, auprès de ce soldat sans armes. C'est là qu'il m'a prise dans ses bras pour la première fois. Il était chez lui. Ce sujet allemand retrouvait le sol de ses origines. Il m'y accueillait. Le délire d'un dictateur annulait l'intolérance sanglante d'un vieux roi. Nous nous étions rejoints, à travers les siècles et les guerres. Je ne voulais plus le quitter. Nous avons trouvé une auberge, à Florac. Dans cette petite ville écrasée sous le causse, nous nous sommes aimés.

Plus tard, je l'ai regardé, pendant son sommeil. Il ressemblait au gisant d'un prince. Au matin, j'ai embrassé ses mains, pendant qu'il dormait encore. Il avait des mains qui paraissaient longues sans l'être vraiment, de belles mains sensibles. A la gauche, il portait une bague, à ses initiales, et aussi un anneau, avec la tête de la Vierge. Curieux pour un huguenot... Quand il s'est réveillé, je l'ai plaisanté là-dessus. Un cadeau d'une fiancée allemande? Il a ri :

« Non. D'une bergère française. »

C'était moi, sa bergère. Il m'a prise dans ses bras. Le temps a cessé de couler.

La guerre allait finir. Notre vie commencerait. Nous avons fait des projets. Franz ne retournerait pas en Allemagne. Nous allions vivre ensemble, à Aix, dès que ce serait possible. Je commencerais des études d'histoire, pour l'aider dans ses travaux. Pour la première fois, je m'inventais un avenir. Il se confondait avec le visage d'un homme.

Franz sacrifiait à la passion bureaucratique de ses supérieurs par l'envoi de rapports réguliers. Il en puisait la substance dans les Guides bleus. Il leur ajoutait le détail minutieux de ses pérégrinations dans les églises de villages oubliés. Pendant ce temps, le vieux monde s'écroulait sous les bombes, et cette guerre qui s'achevait n'avait pas plus de sens pour nous que ces brusques orages qui noircirent le ciel à la fin de l'été.

L'hiver, je descendais jusqu'à l'entrée de Malaveil pour lui épargner d'emprunter la route du Mas, rendue incertaine par le verglas. Nous trouvions refuge à Pont-Saint-Esprit. Parfois, nous poussions jusqu'en Avignon. Je m'habillais pour ces sorties de façon stricte, et n'avais aucun mal à paraître plus que mon âge. J'avais l'allure d'une secrétaire très convenable. Les postes de contrôle nous laissaient passer sans problèmes. La petite Rosengart finissait par leur être familière.

Je ne tenais pas à retourner à Aix. Mon isolement servait notre liaison. Il valait mieux ne pas offrir notre couple en pâture à la curiosité de bourgeois malveillants.

Le désœuvrement fait souvent bon ménage avec la méchanceté. Mon père n'avait pas su se faire aimer. Il n'y avait même pas songé. On aurait pu l'atteindre à travers sa fille. Il valait mieux ne pas tenter le diable.

Franz craignait de se voir rappeler. Plus le temps passait, plus sa mission prenait un caractère incongru.

Au printemps 44, on cessa de lui réclamer des comptes. Effet des bombardements alliés? Grippage de la machine? Il résolut de faire le mort. De toute façon, l'issue était en vue. Il attendrait, sans rien changer à ses habitudes, pour ne pas donner l'éveil à la Kommandantur.

Il lui fallait être prudent, mais le danger ne venait pas des Allemands. Il venait du ciel. Les appareils alliés, à présent, s'aventuraient sur la région pour mitrailler les convois de la Wehrmacht. Une voiture isolée pouvait tenter un de ces cowboys en mal de cibles. Franz, un après-midi, n'eut que le temps de plonger dans un fossé. Un chasseur piquait sur lui. Par miracle, la précieuse voiture en fut quitte pour deux trous dans la tôle.

Rouler de nuit non plus n'était pas sûr, avec le couvre-feu, et les coups de main du maquis. On ne pouvait guère s'aventurer que de jour, par temps couvert, et le printemps fut radieux. Tant pis. Nous espaçâmes nos rendez-vous. Ç'aurait été trop bête de tout hasarder, à deux pas de la paix.

Nous gardions le contact par téléphone. Je savais qu'il était là, vivant, puisque je l'entendais, et cela me suffisait. Sa pensée ne me quittait pas. Je vivais sa présence, je l'éprouvais au plus profond de moi. Notre séparation n'était qu'une de ces épreuves que connaissent tous les amants, et qui, bien loin d'affaiblir leur amour, leur permet d'en prendre la mesure.

Mai passa. En juin, ce fut le débarquement. Les Allemands devenaient nerveux. Il valait mieux que Franz se fasse oublier. Il cessa de me rejoindre. Il refusa que je me rende à Avignon. La ville pouvait être bombardée. Nous n'avions qu'à attendre la venue des Américains.

Juillet se traîna. J'avais épinglé une carte de France sur la porte de la salle à manger. Je suivais la progression des Alliés. En août, ils débarquèrent de nouveau, mais cette fois sur nos côtes. Ce ne serait plus long.

J'étais curieuse de les rencontrer, de voir à quoi ressemblaient ces garçons qui refaisaient le monde avec leur armée de mécaniciens, comme on démolit un vieux bâtiment avant d'entreprendre un chantier. Je les attendais. Leur présence pour moi signifierait le retour de Franz.

C'était fin août. J'étais seule. Je n'étais pas descendue à Malaveil depuis une semaine. Franz m'avait prévenue que, par mesure de précaution, il quittait son appartement pour une chambre plus discrète, et qu'il me rejoindrait dès que possible.

Je me souviens... C'était un jeudi. Le jour baissait. Il m'a semblé discerner une rumeur, du côté du village, comme un grondement. Ce devait être sur le chemin, pas très loin du Mas. Et puis j'ai vu de la fumée s'élever, une fumée grasse, et j'ai entendu de nouveau une rumeur, suivie d'une explosion.

Aller voir? J'hésitais. Franz m'avait conseillé d'être prudente. Il s'inquiétait pour moi. Il disait qu'il y aurait peut-être une période difficile à traverser, les premiers temps.

J'essayais de deviner ce qui se passait. C'était le genre de clameur que l'on entend sur un stade, quand une équipe vient de marquer un but. Mais de quelle équipe s'agissait-il? Des derniers Allemands? Des premiers Américains?

Mieux valait ne pas bouger. Il serait temps, demain, d'aller me renseigner.

Peu après, le bruit d'une troupe m'est parvenu. Je suis sortie sur le pas de la porte. Je les ai vus apparaître. Ils se sont regroupés, en bas du sentier. Tiens, ma jeune voisine était avec eux. Elle m'a vue. Elle m'a montrée du doigt, et puis elle a croisé les bras et elle est restée sur place, plantée.

Je ne comprenais pas. Ces hommes, à distance, je les distinguais mal. Je ne les connaissais pas. Je n'ai jamais eu affaire avec les gens du pays. Quant à ceux-là, c'étaient des maquisards, sûrement. Ils portaient des fusils, des casques. C'est donc que la Libération venait de se produire. Ils avaient sans doute besoin de quelque chose, mais de quoi?

Je me suis avancée à leur rencontre. J'ai remarqué un casque en liège, rouge. Comme je m'approchais, ils se sont mis à courir vers moi, en se déployant, ils m'ont entourée, ils ricanaient. Ils paraissaient échauffés. Ils avaient bu. J'ai eu peur, mais c'était trop tard. Ils m'ont saisie par les bras, ils les ont tordus dans mon dos, ils ont crié :

« Chef, on la tient, la salope! »

J'ai serré les dents pour ne pas hurler. Ils étaient fous. Qu'est-ce qu'ils me voulaient? Ils se sont écartés. Un gitan s'est avancé. Il portait un gilet coupé dans une étoffe à petites fleurs jaunes. J'avais des coussins du même tissu, dans ma chambre de jeune fille.

Le gitan m'a toisée, en prenant son temps. Puis il m'a demandé :

« Alors, on aime les chleus, pouffiasse ? »

Je ne comprenais pas. Je l'ai regardé bien en face. J'ai dit :

« Je ne comprends pas.

– Et ça, tu comprends ? »

Il a reculé d'un pas, pour prendre du champ, et m'a lancé la crosse de sa mitraillette sur le côté du visage. J'ai pris le choc en pleine tempe. Le brouillard m'a absorbée.

Mon corps s'est réveillé le premier. Mon corps... Mon sexe... Des vagues de douleur en partaient. J'ai senti mes cuisses poisseuses, gluantes. Ma poitrine brûlait. La fraîcheur d'un linge humide m'effleurait le visage. J'ai ouvert les yeux. Il faisait jour. Un homme penchait sur moi sa tête balafrée. J'ai hurlé.

Il m'a dit :

« Mademoiselle, n'ayez pas peur, ils sont partis. C'est fini. »

J'ai reconnu l'homme au triporteur. Je l'avais vu plusieurs fois, au Mas. Il venait rendre visite à ma jeune voisine.

J'étais nue. Il m'a aidée à me redresser, à me rhabiller. J'agissais mécaniquement. J'avais reculé dans le temps.

Il m'a dit :

« Il vaut mieux ne pas rester ici, on ne sait jamais. Appuyez-vous sur moi. »

Dehors, le jour éclatait. J'ai fermé les yeux. Nous sommes partis. Il m'a fait descendre le sentier qui mène à la route de Saint-Ambroix. Je marchais dans le vide. J'avais perdu la jeune fille triste, venue dans ce village pour... Pour quoi déjà ? Pour m'y retrouver, Seigneur, pour m'y retrouver. Mon ventre brûlait. Quelque chose de chaud coulait le long de mes jambes.

C'était donc ça, la Libération? Mes yeux brûlaient. Je ne pouvais pas pleurer. Qui, je? Seigneur, donnez-moi la folie, faites que je ne pense pas, donnez-moi la folie, donnez-moi la folie...

Comme nous arrivions devant une petite maison à l'écart, avant la route, j'ai entendu sa voix venir de loin, de très loin. Et puis j'ai retrouvé le brouillard...

⑤

Ce sera long, plus long que je pensais. Je ne vois rien. J'attends. Je m'installe. C'est fait, et plus rapidement que prévu.

Du travail, j'en ai tant que je veux. Juste après mon retour, le vieux Leblanc bricolait dans son hangar. Il n'est pas prudent, il ne veut pas admettre qu'il vieillit. Il a tiré violemment sur une barre d'accrochage de tracteur qui est partie d'un coup, et le voilà au sol, poignet droit cassé. On lui a collé un plâtre énorme qui le rend enragé. Du coup, je me retrouve chargé du poulailler.

Ce n'est pas un travail énorme, huit cents poules, c'est une grosse routine : les lâcher, les rentrer, leur donner l'aliment, ramasser les œufs... Deux fois par semaine, j'accompagne le vieux au marché, à Pont ou à Alès. Je conduis et je lui tiens compagnie, pendant qu'il vend ses œufs.

Il n'est pas bête, Leblanc. C'est une oreille, lui, pas une bouche. Il enregistre tout. Si quelqu'un connaît ce coin de pays, c'est bien lui. Et s'il savait quelque chose, il me le dirait.

Je m'étais demandé pourquoi il restait là, entre ses poules et ses chiennes. J'ai peut-être compris. L'autre soir, nous sortions de l'enclos. Le vent avait dégagé le ciel. Il n'était pas bleu, il n'était pas vert, mais il vous collait un coup au cœur. Le vieux s'est arrêté. Il a un peu avancé son bras plâtré vers le paysage. Il m'a dit :

« Il est beau, ce pays. »

Il me parle, à présent. Quand il vivait avec sa pauvre mère, ce n'était pas la fête, sans doute. Il m'a dit, calmement :

« Je crois qu'elle ne m'aimait pas beaucoup. »

Il allait chez les filles, à Alès ou à Pont, quand le besoin s'en faisait sentir. Ce n'est ni un puceau, ni un coureur. Il n'y attache pas une grande importance, c'est tout.

Il vit dans une seule pièce : un lit, une table, trois chaises, comme un commis de ferme. Il a pris la télé pour regarder Mireille Mathieu et le tour de France. Sinon, le reste, toutes leurs histoires et tout le diable, comme il dit, ça ne l'intéresse pas. Huit ans d'armée et de captivité l'ont rendu sceptique.

Il est content que je sois là. Ce n'est pas d'être seul qui lui tire souci, au contraire. Il ne pourrait supporter personne. C'est qu'il ne peut plus mener son travail comme il l'entend. Mettre ses terres en fermage ne lui chante guère, il n'aurait plus rien à décider. Les laisser en friche, ce n'est pas du travail. Son poignet, une fois déplâtré, restera fragile. Il compte sur moi. Il me demande mon avis, comme si j'étais un vrai paysan. Ce n'est pas précisément d'une école d'agriculture que je sors ! Ça me fait plaisir de voir que le vieux fait comme s'il l'avait oublié.

Il me paie recta. Le tarif, c'est le tarif. Il me donne tous les œufs que je veux, et à la saison, ses pommes de terre et ses abricots, je n'aurai qu'à me servir.

Je me suis posé la question : est-ce que ça pourrait être lui ? Je ne sais pas. Bien sûr que non, à le voir. Il est honnête, droit. Mais comme cette histoire est un coup tordu, pourquoi pas lui ? Pourquoi pas un coup de folie ? Un matin, il descend au village, il voit une voiture dans un de ses champs. Il va trouver l'intrus, histoire de parler un peu. A partir de là, on peut tout imaginer... Il a dit qu'il n'était pas descendu ce jour-là mais il n'y a que ses chiennes pour en témoigner.

Il m'aimait bien, il n'aurait jamais inventé le crime qui m'a envoyé en prison. C'est ça qui est fou. L'assassin ne peut pas être un étranger. Et ici, personne n'est soupçonnable. Ça signifie que je dois me méfier de tout le monde.

Il fait très froid, un temps pour bricoler. J'arrange un coin cuisine, pour maman. J'ai été chercher des carreaux et du ciment prompt, à Barjac. J'installe les carreaux autour de l'évier. Ils sont bleu et blanc, avec des bateaux et des Hollandais qui fument la pipe. Je fais ça en prenant mon temps. Après, je m'occuperai de lui installer une vraie douche. Se laver avec le tub en zinc et les casseroles d'eau chaude, ça va un peu.

J'aime bien occuper mes mains. Ça me permet de réfléchir sans y paraître. Si maman me voyait en train de ruminer, ça la rendrait folle. Pour le moment, je m'en suis bien tiré. Je chante, je plaisante, je suis amical avec tout le monde, toujours le mot pour rire, je ne me reconnais pas. Ça ne me coûte aucun effort. Je joue et je me regarde jouer. Je joue bien. J'ai passé quinze ans de ma vie dans les coulisses.

Avec le père, j'ai fait mon possible. Il vit comme un renard. Quand il lui arrive de rentrer, je lui parle gentiment. Il répond par grognements. Je ne croise jamais son regard. Il prend sa nourriture quand nous ne sommes pas là. On dirait un séquestré, mais c'est lui qui se cache. Personne ne sait ce qu'il bricole. Il faudra que j'en parle à Coco.

J'ai jeté un coup d'œil dans la resserre où il dort. C'est une pièce voûtée, en pierre, glacée. Quand il fait trop froid, il se fait un feu dans un coin, entre quatre briques. La fumée sort par les fentes de la porte. Son lit, c'est juste une couche de journaux, des chiffons. Il a posé une bougie et des allumettes sur une caisse. Par terre, une paire de vieux souliers de rechange. Ses habits sont accrochés à un clou. Et c'est mon père...

Il disparaît la nuit, dans la nature, comme un sanglier. Il a une drôle de dégaine, avec sa vieille capote de l'armée et cet étui de masque à gaz en bandoulière. En ce moment, il porte un passe-montagne kaki. Il me fait penser à une histoire que j'ai lue dans un journal, je ne sais plus quand. Celle de ce soldat japonais qui continuait le combat, tout seul, dans une île du Pacifique, vingt ans après la fin de la guerre. Mon père, c'est un peu ça. Mais personne ne sait quel combat il peut bien mener.

J'ai fini de poser les carreaux. Maman est à son Routiers, ça lui fera une surprise. Et si je descendais la chercher ? Avant, je passerai voir Coco. Ça me laissera un moment pour lui parler.

GMC m'a donné les doubles des clefs de sa R 5. Je la prends autant que je veux. J'ai pas de permis, mais GMC m'a assuré que je n'avais pas à m'inquiéter. Si elle est là, je lui dis quand je reviens. Sinon, je laisse un mot sur la porte, pour la prévenir.

Bon. Je grimpe jusque chez elle. Personne. Elle a dû aller ramasser du bois. GMC, elle aussi, m'a trouvé du travail, comme si elle tenait à ce que je reste. C'est marrant, tout le monde semble vouloir que je tienne le coup, ici...

J'ai commencé de lui creuser un bassin, dans son jardin. Elle dit que l'été, à la grosse chaleur, ce sera fantastique de pouvoir se tremper. J'en ai parlé à Leblanc. Lui croit que ce sera surtout fantastique pour les guêpes. Il y en aura autant que d'eau, sans compter les abeilles. C'est sec, par ici. Dès que tu mets de l'eau quelque part, tu attires toutes les bestioles de la création. Nous verrons bien. En attendant, je creuse. J'ai trouvé plus de cailloux que de terre.

Les pierres, je les ai mises de côté. GMC veut que je lui fasse des murets, des banquettes. Elle compte arranger son jardin, au printemps, planter des fruits, de la passiflore, des hibiscus, des tas de merveilles. Je ne risque pas de chômer.

J'ai pris la voiture, et je roule. Je vais doucement. Je regarde...

Passé les Desmichels, deux virages plus bas, on trouve un grand roncier, au bord d'un champ qui sert de décharge. Cette parcelle appartient à la commune. On distingue une ferraille rouillée. Je devrais y jeter un coup d'œil. J'essaie de me souvenir. Oui, elle était déjà là quand j'étais gosse. Parce que tu penses que la solution, tu vas la trouver dans les vieilles ferrailles? Pourquoi pas dans le marc de café?

Je ne pense rien, je cherche. Je me suis arrêté un instant. Comme je regardais le roncier, j'ai vu quelque chose remuer... Une bête? Non, un bonhomme. Il est parti, courbé. Mon père, et sacrément bien camouflé, avec sa capote et son étui. On aurait dit un soldat filant sous les rafales. Qu'est-ce qu'il fout là?

Ce village, ce n'est plus la morte-saison, c'est un cimetière. Pas un chat. Et le bar, tranquille. Ça m'arrangeait. Coco m'a accueilli avec son grand sourire. Ça fait chaud au cœur. Nous causons un peu, puis il me lance :

« Dis-le, ce que tu as à dire. Tourne pas autour, tu finirais par tomber dedans. Alors, autant que tu le poses sur la table et qu'on le démêle.

— Coco, tu comptes me laisser placer un mot, ou quoi? Voilà... »

Je voulais juste savoir ce que mon père pouvait bien trafiquer comme ça, à vivre à pas d'heures, nulle part et partout. Coco savait ce que tout le monde sait.

« Petit, je ne t'en avais pas parlé pour ne pas te faire de peine, parce que cet homme, c'est quand même ton père, alors... »

Il hésitait.

« Alors, cette fois, c'est toi qui tournes autour. De quoi il s'agit? C'est un espion russe, mon père?

— O pauvre, non... Si c'était que ça, misère... Non, ton père, c'est ce qu'on appelle... Attends... Un ex...

Un exzi... Enfin, c'est le genre qui vous sort sa boutique aux gens sans qu'on lui demande rien. »

Celle-là, je ne m'y attendais pas. J'ai vu mon Coco qui s'arrêtait, gêné. J'ai dit :

« Continue, puisque tu as commencé. »

Il m'a servi un coup de rouge. Il a expliqué :

« Ton père, cette folie, il y a longtemps qu'il l'a. Il se la trimbalait déjà avant de se marier. Seulement, tu sais ce que c'est, dans nos petits pays, on n'y prête pas cas. On n'en fait pas une soupe de fèves. Il faut le comprendre, cet homme. Aucune femme ne voulait de lui, avant ta mère. Il était comme ça parce que c'est un gros malheureux. »

Alors, mon gros malheureux de père, si j'avais bien compris, faisait le tour des villages des environs. Il se pointait à la sortie des écoles, et présentait aux gosses son petit zizi rouge. Sauf l'hiver, où ça tirait davantage sur le bleu, à cause du froid. Pour un peu, comme dit Coco, on aurait pu l'appeler le baromètre. Intéressant... Et qu'est-ce que tu veux faire? A la campagne, on ne s'affole pas pour si peu. On sait ce que c'est, avec les bêtes. Les gamins ne le prenaient pas mal, ils se moquaient de lui.

D'un temps, pendant mon absence, il a fait du gardiennage, dans les résidences. Les gens préféraient lui donner un peu d'argent pour éviter le pillage. Parce que du pillage, il y en a eu. Pas grand-chose, des portes forcées, des caves visitées. Rien de méchant, des bricoles, pas de déménagement massif. Comme par hasard, ce racket a cessé quand on a payé mon père.

Coco m'a demandé si je voulais qu'il me fasse un dessin. Non. Pas la peine.

A part ça, il avait toujours sa manie des caches. Dans un siècle, on trouvera encore des trésors de quatre sous qu'il planque dans des coins incroyables.

Les gens, ici, leur devise, c'est : avant tout, pas de vagues. Ce que mon père magouille le regarde lui, et lui seul. S'ils le peuvent, ils s'arrangent pour ne rien voir. Et s'ils voient quand même quelque chose, ils l'oublient.

Quand il a eu fini, Coco a soupiré un bon coup. Ce n'est pas plaisant pour lui d'expliquer ça, surtout au fils. Je ne lui en voulais pas, au moins ?

Non. Ce type, c'est mon géniteur. Mon père ? Il ne faut rien exagérer. Ce serait un bien grand mot pour pas grand-chose.

J'ai voulu faire préciser un détail. Ce Ricard pur qu'il boit, il le trouve où ? Parce que c'est cher. Et son gardiennage est terminé depuis un moment, non ?

Exact. Ce Ricard, on pouvait se poser la question. Tout ce que Coco savait, c'est qu'un bar avait été pillé à Vagnas, au moment des fêtes de fin d'année, voici trois ou quatre ans, après une belle livraison. Et un autre à Saint-André, il y a deux ans. L'amateur avait choisi une période de fermeture, dans chaque cas, comme s'il était au courant. Et il n'avait déménagé que les boissons anisées.

« Encore un coup de rouge ?

– Oui, merci. »

Mon pauvre père... Qu'est-ce que ça voulait dire, une vie pareille ?

J'ai remercié Coco, et je suis allé chercher maman. Elle avait presque fini quand je suis arrivé. J'ai échangé deux mots avec ses patrons, les Arnoult. Ce sont de braves gens. Ils ne sont pas d'ici. Lui était motard dans la police. Les secousses de son engin lui ont tassé les vertèbres. Il a pris d'abord sa retraite anticipée, et puis ce petit restaurant, parce qu'il aime s'occuper des gens. Elle, du moment qu'il est bien, tout est bien.

Ils ont été très corrects avec maman. Ils pouvaient se contenter d'une machine à laver la vaisselle, ça leur aurait coûté moins cher. Mais ils avaient entendu parler d'elle favorablement, dans le pays. Alors, ils ont fait le geste. Mme Arnoult, ça lui permettait de servir aux tables, elle adore ça. Et lui dit que, s'il y avait moins de misère, il y aurait moins de bandits. Et que si les gens commençaient par s'aider, l'Etat pourrait aller se rhabiller. Dans son genre, c'est un anarchiste. Il a fait flic parce que, sur sa moto, il était le roi.

Il s'était intéressé à mon affaire. Ils avaient débarqué au pays peu avant. Il a gardé tous les journaux qui en parlaient.

Il m'en a dit deux mots, une des premières fois que je suis allé prendre maman. Il n'y comprend rien. C'est un crime sans mobile. Il ne comprend pas comment on a pu me condamner.

Ce sont de braves gens...

Maman a trouvé une combine, depuis mon retour. Elle ne travaille plus qu'un jour sur deux. La patronne empile la vaisselle, et voilà. Comme ça, elle peut rester davantage au Mas. Même si je ne suis pas dans ses jupes, elle aime savoir dans quel coin je vaque. Ça la tranquillise. Elle a une grosse faim de me savoir tout près. Quand je suis à retourner la pièce du chemin des Hauts, elle me regarde, de la fenêtre de la cuisine. Elle entend le tracteur. Si je fais un feu pour brûler la mauvaise herbe et les ronces le long des murets, elle sent la fumée. Pour elle, c'est du bonheur. Les jours où elle est là, je m'arrange pour travailler le plus près possible de la maison.

Parfois, le soir, après son travail, elle ne se sent pas trop d'attaque. Elle va se coucher tôt.

Je reste seul. Je me fais du feu, je m'installe devant la cheminée, avec un livre. Je ne lis pas. Je regarde les flammes. J'attends. Je me dis que ce n'est pas possible, il me viendra bien un éclair de génie, comme dans les bandes dessinées, quand le héros comprend tout, la suite au prochain numéro. Mais le prochain épisode, je ne le vois pas venir.

Je ne suis pas plus avancé que quand j'étais en cellule. Là-bas, je me disais qu'une fois sur le terrain j'y verrais plus clair. J'y suis. Et je ne vois rien.

Nous avons salué les Arnoult. J'ai raccompagné maman. Je lui ai dit :

« Je t'ai fait une surprise. Tu vas voir... »

Nous avons vu. La surprise était aussi bien pour moi. Mon beau carrelage avait pris l'assiette du père en plein mitan, et une bouteille de vin, pour faire bon poids. Ce vin rouge, ces pâtes et ces débris de carreaux bleus, ça donnait une drôle de nature morte.

Maman a pâli. Je lui ai dit :

« C'est rien. C'est pas grave. Je vais arranger ça, va te coucher, va... »

Je l'ai chassée doucement. J'ai nettoyé les dégâts. La moitié des carreaux avait sauté. J'ai détaché les autres proprement. Je recommencerai demain. Je suis allé faire la bise à maman, pour qu'elle s'endorme tranquille. Je me suis demandé ensuite : Tu fais quoi ?

Je n'avais pas envie de moisir là, j'étais resté suffisamment enfermé pour aujourd'hui. Je voulais voir des gens, pour une fois. Des gens avec une vie ouverte sur la vie. Mais ça, c'est une espèce en train de disparaître.

Je suis allé voir GMC.

Elle gagne à être connue. Avant l'affaire, je ne la fréquentais guère. Maintenant, je m'aperçois que c'est une drôle de bonne femme.

Elle m'a raconté son histoire, en partie. Elle ne voulait pas rester à la maison. Elle a choisi l'armée. Infirmière volante. Elle s'est trouvée sur tous les coups durs, en Indochine et en Algérie. Et puis, dans les Aurès, le petit avion d'observation dans lequel elle se trouvait a été abattu. Elle a eu la gueule fracassée. On lui a refait un visage. Ils ne s'étaient pas trop mal débrouillés, avec ce qui restait. Il valait ce qu'il valait, mais elle ne se reconnaissait pas. Elle ne sentait rien. C'était comme un masque qu'on ne peut retirer. De loin, il tenait le coup. De près...

De près, on ne sait pas à qui on a affaire. Ce visage, c'est comme de la pâte à modeler. On a envie de le fignoler à coups de pouce. Pauvre GMC... Elle est toujours en treillis. Elle porte une canadienne quand il fait froid. Avec sa silhouette mince, elle a l'air d'un jeune homme.

Elle sait utiliser l'espace. En bas, elle a laissé une pièce pratiquement vide, avec une cheminée. Au premier, elle a fait installer une grande baie vitrée. De là, le regard plonge dans la vallée. Son lit est installé sur une loggia, à mi-hauteur.

Elle veut que je creuse des niches dans le mur de la grande salle, face à la cheminée, pour y placer des statuettes et des objets rapportés d'Indochine. Sur le mur opposé à la porte-fenêtre, elle compte loger des rayons pour les livres, décalés comme des marches d'escalier, de façon à garder toute une moitié libre pour y mettre un tissu ou un tapis.

Les autres pièces, nous verrons plus tard. Jusqu'ici, elle n'a pas tellement aménagé. Elle campait. Elle ne savait pas si elle resterait, si elle se ferait au pays. Pour finir, le Mas lui convient. On n'y voit personne, à part les deux mois d'été. Alors, autant qu'elle s'installe pour de bon.

Ce qui la retenait, c'était de se dire qu'une fois installée, c'est fini. On est là. On sait qu'on mourra là. Cette idée peut vous paniquer. Puis elle a réfléchi que c'était trop bête. A mourir pour mourir, autant mourir où l'on se trouve bien.

Ça m'a intéressé. Je lui ai dit que je n'y avais jamais pensé. Elle a remarqué :

« C'est peut-être parce que tu as un projet. »

C'est ça. Un doux projet.

Ce soir, quand je suis arrivé, elle avait fait du feu. Elle finissait d'épingler des insignes sur une grande bande de velours noir. Les insignes des régiments auxquels elle avait été rattachée : des lions, des aigles, des glaives, des éclairs, tout le bazar guerrier. Ça ne m'emballait pas. Moi, l'armée... J'ai été réformé pour immaturité. Je leur avais fait un cirque : le type qui ne dit rien, sonné, qui ne réagit pas. Un vrai crétin. Je n'avais pas eu à me forcer. Sonné, je l'étais. Je ne comprenais pas ce que je foutais là. La guerre d'Algérie était finie, ils n'avaient plus besoin de viande fraîche, ils ne m'ont pas gardé.

Par politesse, j'ai demandé à GMC ce que représentait un de ces insignes. Dans un losange blanc, un aigle tenait un serpent dans son bec. C'était barré par deux traits en X, un rouge et un vert.

C'était l'insigne du Premier Etranger. Le vert et le rouge sont les couleurs de la Légion. Quant à l'aigle et au serpent, il s'agit de l'emblème national du Mexique, le serpentaire. Elle m'a expliqué ça aussi. La Légion s'était battue au Mexique pour le roi de Prusse. GMC pouvait vous raconter ce genre de serinette pendant des heures. Mais je n'étais pas venu au Mas pour y dénicher un aigle.

Elle m'a offert un whisky, a mis un disque brésilien, et nous nous sommes installés devant le feu.

J'étais bien. J'avais l'impression de vivre quelque chose qui aurait pu m'arriver dans une autre vie. J'aurais eu de l'argent, une grande maison avec une femme, une vraie femme, une de ces femmes comme on en voit dans les films, qui savent tout, qui comprennent tout, et qui vous aiment comme si vous étiez le dernier homme sur terre, et le premier dans leur vie.

Les femmes, chez nous, inutile de se raconter d'histoires. Si vous n'êtes pas gendarme, ou au moins instituteur, vous pouvez vous rhabiller. Vous n'avez droit qu'aux laissées-pour-compte, aux boiteuses ou aux débiles. Toutes celles qui n'ont pas pu courir assez vite pour se sauver.

GMC m'a demandé ce que j'avais fait pendant les fêtes. Je ne l'avais pas revue depuis. Elle était partie voir de la famille, à Avignon, je crois. Ou à Aix.

Je lui ai raconté mon expédition du Jour de l'An. Quand j'étais sorti de prison, un type m'avait raccompagné jusqu'ici, un certain M. Paul. Il possédait une grosse Mercedes. Il m'avait proposé de travailler pour lui, sans préciser. J'avais refusé. Je l'avais oublié.

Quelques jours avant les fêtes, je reçois un avis d'appel. Je suis descendu à la poste. C'était de ce Paul. Il ne m'avait pas oublié. Si je voulais venir à Cassis, il me recevrait volontiers. Il avait des amis à me présenter, nous pourrions parler affaires.

J'ai réfléchi. Pour Noël, pas question. Je voulais le passer avec maman. Depuis le temps, je lui dois bien ça. Mais le Jour de l'An, pourquoi pas? Je suis encore jeune, pas de raison que je reste enfermé comme un rat. J'y suis allé.

Paul m'attendait à la sortie de la gare Saint-Charles à Marseille. Nous avons filé sur Cassis dans sa fameuse Mercedes.

Là-bas, c'était la belle vie. Grand hôtel avec vue sur le port. Ses copains, des types dans son genre, juste trop bien habillés, mais corrects, polis. Pas les truands tels qu'on les imagine. Ils avaient des filles avec eux, des splendeurs. De grandes filles, avec vue plongeante sur des seins magnifiques. De ces filles à vous faire rêver. Des filles chères.

Nous avons bu ensemble, mangé, dansé, plaisanté. J'étais un peu gêné aux entournures. Je n'ai guère l'habitude de me tenir dans le monde. Paul, une fois de plus, m'avait prêté des vêtements convenables.

Les filles me traitaient comme si elles venaient de rencontrer le prince Charles. Paul avait dû leur faire la leçon. Elles étaient quatre, avec des prénoms en plaqué or, style Christelle, Solange, je ne sais plus quoi. Paul m'a jeté dans les bras de Solange. Pas mal, je dois reconnaître. Une blonde aux yeux verts, avec un beau rire de gorge, une fille à encadrer, tant elle posait bien.

Le soir venu, je me suis retrouvé seul avec cette Solange, et pas plus fier pour ça.

Pour moi, question sexe, tout se passe dans la tête. Une pute peut être la plus belle femme du monde, je ne peux pas. Pas moyen. En plus, les blondes, ce n'est pas mon genre. Surtout, je déteste qu'on attende quelque chose de moi. Dans l'histoire, j'avais l'impression que la pute, c'était moi.

J'ai dit à cette fille qu'il ne fallait surtout pas qu'elle se vexe. Elle était parfaite. Mais je ne la connaissais pas assez, elle m'intimidait.

Elle m'a répondu qu'elle me comprenait très bien. Que je ne m'inquiète pas, ça n'avait pas d'importance. Elle espérait que ça ne nous empêcherait pas d'être amis, puisque nous devions travailler ensemble.

Je lui ai demandé de mettre les points sur les *i*. Ça l'a sciée. Elle ne comprenait pas que je ne comprenne pas. Elle a fini par préciser.

En clair, Paul voulait m'associer à ses affaires. Il pensait que j'étais un garçon sérieux. Il était prêt à me mettre le pied à l'étrier et à me confier des responsabilités... Je n'ai pas demandé quel genre d'affaires. J'ai allumé une cigarette. Au bout d'un moment, Solange m'a dit que si je préférais une de ses camarades je n'avais qu'à le dire, elle ne s'en formaliserait pas.

Seigneur! Qu'elle se rassure. Elle était parfaite, vraiment. Je ne désirais que lui parler un peu, c'était tout.

Ça marchait, pour Paul? Oui, très fort. Seulement, il y avait de la concurrence. Des nouveaux venus voulaient leur place au soleil.

Tiens donc... Moi, ma place à l'ombre, je n'avais pas envie de la retrouver. A aucun prix. Toutes les Solange du monde entier ne me feraient pas changer d'avis.

Je ne le lui ai pas dit. Je n'ai rien dit. J'ai pris l'air du type intéressé, mais qui a un coup dans l'aile. Je lui ai fait la bise, en frère, et je me suis endormi.

Le lendemain, j'ai remercié Paul pour ses bienfaits.

Il fallait que je rentre. Ma mère avait de sérieux problèmes de santé, je ne pouvais pas la laisser en ce moment.

Il comprenait. Les mères, c'est sacré. Et à part ça, qu'est-ce que je faisais, dans mes montagnes? Quoi, je travaillais dans un poulailler?

Là, j'ai cru qu'il allait attraper un infarctus. Il n'en pouvait plus. Il en pleurait presque. Il a dit :

« Tu entends ça, Solange? Ce type travaille dans un poulailler, et il ne veut pas travailler pour moi! »

Solange a trouvé ça moins drôle. Elle n'a pas ri. J'ai profité de la bonne humeur de Paul pour filer. Et voilà.

GMC a bien ri. Elle pense aussi que j'ai bien fait. Ces types commencent toujours par des cadeaux. Puis ils t'envoient en première ligne, tu ne peux pas le leur refuser. Et si tu ne te fais pas dessouder par les santons d'en face, tu as les flics aux trousses. Surtout que j'étais déjà repéré.

Nous avons repris un whisky. Cette fille, finalement, je l'aime bien. Je l'ai mise sur la liste des suspects, comme les autres. Mais ça n'a pas de sens. Elle n'est pas d'ici. Et elle n'est pas folle, non plus. C'est l'histoire qui est folle. Ou moi.

Nous étions bien, devant ce feu. Avec GMC, je ne sens pas cette espèce de gêne que j'éprouve devant les filles, quand tu es seul avec, et qu'il y a cette histoire de sexe, pendante comme une andouille à un mât de cocagne.

Nous sommes copains, et basta.

Je ne savais même pas son prénom. Plusieurs fois, je me suis retenu de justesse pour ne pas lui dire :

« Ecoute, GMC... »

Je le lui ai demandé. Elle a ri. Elle a dit :

« Tu sais, tu peux m'appeler GMC, si ça te chante. Je suis un vieux camion, dans mon genre, j'ai pas mal roulé. Maintenant, si tu préfères, mon prénom, c'est Marie-Do. »

Ce n'était pas son vrai prénom, mais en Indo on l'appelait comme ça, à cause d'une chanson où il s'agissait d'une fille qui traînait à Saigon.

Va pour Marie-Do.

Elle a encore ri. Elle m'imaginait en mac, à Nice. Avec mon air sérieux, j'aurais pu me tailler un empire. Et envoyer les filles en cure de repos au Mas. C'est pour le coup que le père Poulag aurait tiré une drôle de tête!

Elle a voulu savoir si je m'en sortais. Sinon, elle pouvait me passer de l'argent. Si j'avais besoin de m'acheter des affaires pour l'hiver, ou un vélomoteur...

Je l'ai remerciée. Ça allait. Je lui ai promis qu'en cas de besoin... Pour le moment, je ne manque pas de travail.

J'ai récapitulé : J'avais les terres des Desmichels, d'une. De deux, le poulailler. De trois, le Belge voulait que je lui agrandisse son jardin. Si ça continuait, j'allais faire tourner le Mas à moi tout seul. Et de quatre, pour elle, je devais achever le bassin, entreprendre le jardin, sans compter les niches à bouddhas. Bientôt, il me faudrait autant de bras que ses déesses indiennes.

Elle a voulu savoir si la vie au Mas me convenait. Je ne me sentais pas un peu seul, dans ce trou?

Non. Tout ce que je demandais, c'était de travailler.

C'est Zé qui m'a prévenu au matin. Il est passé frapper chez mes parents. Il paraissait tout chamboulé. Il m'a dit :

« Coco! O Coco! Houlà... »

Et il secouait la main droite comme si elle brûlait.

Il devait s'agir de quelque chose de pas ordinaire. Il restait là, à sauter d'un pied sur l'autre, sans pouvoir répéter autre chose que son : houlà. Je l'ai giflé pour le secouer. Ça l'a calmé. J'ai réussi à lui arracher des explications. La bande du maquis venait de passer toute la nuit au Mas, à s'occuper de la fille blonde, la Soleil, et ils venaient seulement de redescendre. Ils étaient repartis, vers Pont.

Se retrouvant seul, mon Zé craignait d'avoir été mêlé à une grosse bêtise. Je lui ai dit que non, et de ne pas en parler. J'allais arranger ça. Puis je suis monté au Mas.

Pour du beau travail, c'était du beau travail. Ils avaient cassé tout ce qu'ils avaient pu, et inventé quelques petites saloperies, mais je me moquais bien de la maison. J'étais venu pour la fille.

Je l'ai trouvée dans la grande salle, au pied d'un canapé, inconsciente, nue, jetée là comme ils l'avaient laissée. Après usage, visiblement. Elle gardait l'air étonné d'un enfant qui ne comprend pas. Rien de cassé, à première vue. Elle portait sur la gauche du visage la trace d'un assez vilain coup, et entre les seins

93

des coupures bizarres. Un artiste avait commencé à lui dessiner une croix gammée à la pointe du couteau, mais n'avait pas achevé le travail.

Il fallait la tirer de là. Cette bande pouvait revenir. Ou une autre. Ou des flics. Ou des curieux. La demoiselle avait eu assez de honte pour toute une vie. Je l'ai ranimée, rhabillée. Elle ne se rendait pas compte de grand-chose, la pauvre. Puis je l'ai emmenée chez moi.

A l'époque, j'avais trouvé une petite maison à l'écart, à l'entrée de Malaveil, en tirant vers Saint-Ambroix. Juste un cabanon : une pièce et une cuisine. Je m'y étais installé à cause de mon trafic. Le marché noir tout le monde en faisait, ça ne l'empêchait pas d'être interdit. N'importe qui pouvait vous contrôler n'importe quand, les policiers, vrais ou faux, les Allemands, les gendarmes... Moi, je pouvais toujours m'arranger. Ma gueule me servait de passeport. Mais je ne tenais pas à ce que mes vieux aient des ennuis à cause de moi, et qu'on vienne perquisitionner chez eux. Mon père gardait une conception de l'honneur qui remontait à l'an Jésus.

Ce n'était pas le grand confort, ce cabanon. Juste un matelas sur le sol, et dans la cuisine, de quoi faire le café, et manger rapide.

A peine arrivés, voilà ma fille qui s'écroule. Pas moyen de la réveiller. Elle n'était pas évanouie, elle était débranchée. C'était comme une grosse fatigue, elle ne pouvait plus réagir, il fallait qu'elle récupère.

Je ne pouvais pas la laisser dans cet état. Je l'ai lavée du mieux que j'ai pu, et puis je l'ai bordée bien proprement. Elle grognait comme un bébé. Elle s'est mise en chien de fusil, elle n'a plus bougé de deux jours.

Je suis passé prévenir mes parents que j'étais en tournée, qu'ils ne s'inquiètent pas, et je suis revenu la veiller. Elle dormait toujours. Qu'elle dorme. Le plus longtemps, le mieux. J'avais entendu dire que parfois,

après un accident, on oublie ce qui s'est passé. Si elle pouvait en faire autant!

Le matin du troisième jour, elle s'est étirée. Elle a ouvert les yeux. Elle a d'abord regardé dans le vague. Et puis elle m'a vu. J'étais assis sur une chaise, à la veiller. Elle a hurlé. Ça m'a fait de la peine, mais je ne pouvais pas lui en vouloir. Ma tête, je m'y suis habitué, et en plus je ne suis pas obligé de la regarder. Comme première vision sur le monde, il y a mieux. Ou alors, elle pensait que je faisais partie de la bande et que le massacre allait recommencer.

Je me suis écarté doucement. Je suis allé à la cuisine lui préparer un lait de poule. Elle s'est tue. Je le lui ai posé à portée, puis j'ai fait chauffer de l'eau... Je lui ai mis une grande serviette propre au pied du matelas. Qu'elle se lave tranquillement, je repasserai plus tard.

Je suis retourné chez elle, au Mas. Toujours personne. J'ai rangé le plus gros, déblayé la casse, donné un coup de balai rapide. Et puis j'ai fourré du linge dans une valise, avec des papiers qui se trouvaient dans le tiroir de la table de nuit. Je ne me suis pas éternisé.

Quand je suis revenu, la demoiselle avait fait toilette, elle s'était calmée. Je lui ai donné ses affaires. Je lui ai demandé si elle pouvait m'écouter. Elle a fait signe que oui. Bon. Il lui était arrivé un grand malheur. Mais ici elle ne risquait rien. Elle pouvait rester tant qu'elle voudrait. Il fallait qu'elle reprenne des forces, c'est tout. Si je la gênais, je pouvais partir. Elle était libre.

Elle m'a fait signe que non, qu'elle ne voulait pas que je parte. J'ai dit :

« Très bien, mademoiselle. Mais vous allez me faire le plaisir de manger. »

Je lui ai préparé une belle grillade, avec de la salade et des pommes sautées. Je n'en avais jamais tant fait pour moi. Elle a mangé. En se forçant, mais elle a mangé. Et puis elle s'est allongée, et elle est repartie dans son sommeil.

J'étais crevé. Je me suis étendu à côté d'elle, en faisant attention de ne pas la réveiller. Elle s'est rapprochée. Elle s'est serrée contre moi, comme un petit animal perdu. Je me suis endormi dans sa tiédeur.

Quand j'ai fait surface, c'était déjà grand jour. Elle avait fait le café, elle m'en a donné un bol. Ça m'a fait plaisir de voir qu'elle reprenait le dessus. Elle avait retrouvé des couleurs. Elle voulait savoir ce qui se passait. Facile. Le temps de faire un saut au village...

Il se passait qu'il ne se passait rien. Il était venu une jeep et quelques camions. Des Marocains. Ils ne s'étaient par éternisés. La vie continuait, pareil. Les journaux venaient de reparaître. Ils disaient que la guerre se poursuivait, que les traîtres seraient punis, et qu'après la Victoire on allait se régaler. Espère... Ils disaient exactement la même chose il y a huit jours. Ils avaient seulement mis les bons à la place des méchants. Ou le contraire. J'ai appris avec plaisir que j'étais le fils d'un peuple héroïque qui venait de se libérer comme un grand.

Les journaux, elle n'en a pas voulu. Ce qu'elle désirait, c'est savoir si elle pouvait repartir à Aix. Ça, c'était une autre paire de manches. Tout ce qui pouvait rouler avait été réquisitionné ou détruit. Mais qu'elle ne s'inquiète pas, j'allais me renseigner.

J'ai utilisé mes relations. Quand tu as su rendre service, tu peux demander.

Un bonhomme de Rochegude est arrivé au village, deux jours plus tard, dans une Celta Sports de toute beauté, qui venait de passer la guerre sur cales. Il se demandait comment faire pour trouver de l'essence. Ça, je savais. De l'essence, je lui en procurerais tant qu'il en voudrait, et même de la rose, en jerricans. Mais il fallait qu'il me dépanne. Trois fois rien, un petit saut à Aix, accompagner une parente coincée dans la région.

Mon bonhomme, ça l'arrangeait. Justement, Aix, il fallait qu'il y aille, voir son notaire. Que demande le peuple? C'était parfait.

Je lui ai donné rendez-vous devant mon cabanon, le lendemain en début d'après-midi. Quand la demoiselle m'a quitté, elle avait bien meilleure mine, même si le maquillage y était pour quelque chose. Je lui ai tendu ma bonne main. Elle s'est approchée, elle m'a bien regardé, elle m'a embrassé, et elle est partie. Je ne l'ai jamais revue. J'ai su par le bonhomme, quand il est venu me rapporter mes jerricans, que le voyage s'était bien passé. Il l'avait laissée sur le cours Mirabeau.

Voilà. Et je suis là, dans mon bar, tranquille, avec mes piles de journaux et mes paquets de cigarettes. Je suis là et je me dis que, d'un temps, j'avais l'impression de comprendre un peu le monde, comment il marchait, et tout ça. Et puis ça m'a passé. Je ne comprends plus rien.

Il est venu Toine et Victor. Ils ont discuté, avec d'autres fadas, des affaires du village. Ils m'ont mis la tête comme un tambour. Ils parlaient des coupes de bois. Gaby prétend que c'est obligatoire, en ce moment, de nettoyer les sous-bois, à cause des incendies de forêt. Tu parles... C'est comme si on te disait que c'est obligatoire de respirer. Simplement, les gens ne nettoient plus parce que le bois, ils n'en ont plus guère l'usage. Tout au mazout et sauvez les baleines.

Ce qui les chiffonnait, c'est que Gaby a fait tracer des chemins au bull, pour faciliter l'accès. Et bien sûr, ils sont tous là à se demander qui ça peut bien avantager. Il faut qu'ils voient des combines partout. Si seulement de dire des conneries plus grosses qu'eux ça pouvait leur donner soif, ce serait déjà quelque chose.

Je les écoute, mais d'une oreille. Ça, pour la parlote, ils sont forts. Et ils ont bien de la chance, parce qu'ils arrivent encore à s'intéresser à des riens.

Puis il est passé Bastien, vachement en pétard. Je ne l'avais jamais vu dans un état pareil. Dimanche, il n'était pas de service, avec son foutu car, il en avait profité pour rouler pour le plaisir dans sa DS. Les gendarmes l'ont arrêté, avant Avignon. Le grand spectacle, barrage et mitraillettes. Et vos papiers.

« Je me penche pour prendre ma sacoche qui était à mes pieds, je ne sais pas ce que l'autre enfoiré s'est imaginé, j'ai vu le moment où il me lâchait une giclée. Alors, je suis sorti de la voiture, et je lui ai dit : « Mes « papiers, si vous les voulez, vous vous les prenez. « Moi j'ai plus l'âge de jouer au con, et j'ai encore « des nistons à nourrir. »

Les gendarmes, en ce moment, ils doivent trop regarder la télé. Ils s'y croient. Ils font des cartons à tout va.

Bastien a passé deux bonnes heures à la raconter, son histoire, à qui voulait l'entendre. Au fur et à mesure, elle s'améliorait. C'était lui le plus heureux, il lui était arrivé quelque chose. Je laissais dire, c'est mon métier.

Je ne sais pas si c'est l'hiver ou quoi, mais en ce moment, je n'ai plus tellement la foi. Peut-être que je ne sors pas assez. Marie prétend que je devrais me donner de l'exercice, prendre Gardénal et aller faire un tour. Ça ne me dit trop rien. J'ai comme un coup de barre. Ou alors c'est que je vieillis.

Quand Marie m'a connu, je crachais le feu. J'aurais avalé le dompteur avec les lions. J'en voulais... A la fin des fins, je me suis beaucoup agité, et tout ça pour en venir où ? A vendre trois pastis à des boit-sans-soif qui causent histoire de faire du bruit. Misère.

Je suis là à réfléchir. De temps en temps, je trouve une histoire dans le journal qui me rend malade.

Là, ça se passe en Iran. C'est une femme qui ne voulait pas porter le tchador. Elle a pris le bus. Et elle s'est pris un flacon de vitriol dans la figure. Ça veut dire plus de visage, plus d'yeux, plus rien... Je ne comprends pas bien... C'est vrai qu'on a fait des progrès terribles, rien que depuis la Libération. Maintenant, leurs *Concorde*, ils arrivent en Amérique avant d'être partis. Mais la connerie des mecs, elle, elle ne bouge pas.

J'y pense parce que je repense à cette Soleil, à ce qu'ils lui ont administré. Et puis ça sert à quoi de remâcher tout ça ? Je suis juste content d'avoir pu faire quelque chose. C'est rare.

Je n'en ai jamais parlé à personne. Je sais que si je racontais cette histoire à ces braves couillons qui me font l'honneur de bien vouloir m'offrir leur clientèle, tout ce qui les intéresserait, c'est de savoir si je me la suis tapée ou pas. Comme si c'était ça le bout de la route.

Avec Marie, ça n'a jamais été bien volcanique, de ce côté. Je lui fais une petite politesse quand ça se trouve, sans plus. C'est un peu triste. Peut-être que si on avait eu un peu plus de variété, on n'en serait pas là.

Qu'est-ce qui me prend de penser à ça ? Je ne sais pas. Je me sens un peu dévarié, ces temps-ci.

Sûr que de rester toute la sainte journée planté derrière un comptoir, ça ne me vaut rien. Je n'étais pas fait pour ce genre de vie. Même, il vaudrait mieux que je me surveille, parce que des fois mes clients me portent sur le système, j'ai de plus en plus de mal à le leur cacher. Et il n'y a pas de raison. Le type qui vient boire chez toi, ce n'est pas pour que tu lui craches dessus. Et puis, à mon âge, qu'est-ce que je pourrais faire d'autre ?

Enfin, Gardénal, tire pas cette tête... Il est marrant, ce chien, dès que ça ne va pas, il s'en rend compte, il se débrouille pour paraître plus triste que toi. Allez, monte, file, va chercher ta laisse. On va aller promener, mon vieux. Toi et moi, rien que nous deux, comme des amoureux.

La balade m'a fait du bien. Je suis monté du côté du Mas. C'est encore là que c'est le plus tranquille. Sinon, sur la route, je n'aime pas. Il y a toujours un gros camion pour t'empuantir l'air.

Il faisait vraiment le beau temps sec. Sous la ligne à haute tension, on entendait le courant passer dans les fils, en faisant un bourdonnement de ruche. Qui sait si c'est bien bon pour la santé, d'être fourré là en permanence, comme le Belge? Quand il a bâti sa maison, la ligne existait déjà. Lui, il dit que ça ne le dérange pas. Moi, ça me rendrait chèvre.

Gardénal ne savait plus où donner de la truffe, tellement il était heureux. Les bêtes, ça reste gosse longtemps, ça ne demande qu'à jouer. Il est venu m'apporter un bâton pour que je m'amuse à le lui renvoyer. Il allait le chercher, consciencieux comme une soupape. Si ça se trouve, ça ne l'intéresse pas plus que ça. Il le fait parce qu'il croit que c'est son devoir. Les chiens, c'est bourré de principes, pire que nous.

J'ai croisé le vieux Desmichels. Il n'a pas l'air flamme. Il gardait ses quatre brebis. Lui, dès qu'il va s'arrêter de sortir, il sera bon pour la refonte. Il ne m'a même pas aperçu.

Un peu plus loin, quelqu'un s'attaquait au grand roncier qui est en bordure du communal. C'était le Petit.

« A quoi tu joues? je lui ai demandé.

— Tu vois bien.

— Et qui c'est qui te paie pour faire ça?

— Personne.

— Alors, je comprends pas. Tu fais de l'exercice ou quoi?

– Non, Coco, j'essaie de dégager l'épave qui est au mitan.

– Et pour quoi faire?

– Pour m'en faire des bretelles. »

Moi, ça ne me plaît pas qu'on me parle comme ça. J'ai sifflé mon chien, et je suis parti. Trois secondes après, j'ai entendu le Petit me courir après. Il m'a engueulé :

« Alors, on ne peut plus s'adresser à monsieur? On ne peut plus rien dire? Si tu avais un brin de jugeote, tu réfléchirais, au lieu de poser des questions.

– Réfléchir à quoi? Tu veux faire ferrailleur? Ce n'est pas la mauvaise idée, mais avec quoi tu comptes les presser, tes ferrailles? Tu sais combien ça coûte, une presse?

– Ne commence pas un roman, papi. Il ne s'agit pas de ça. Réfléchis. D'après toi, cette ferraille, elle vient d'où?

– Comment tu veux que je le sache? Qu'est-ce que tu veux que je te dise? Des ferrailles, il y en a partout.

– C'est vrai. Mais pourquoi les gens monteraient spécialement jusqu'ici pour en déposer une? »

Là, j'avoue que je ne savais pas. Cette ferraille, je n'y avais jamais prêté cas. C'était une épave de voiture, voilà tout. Mais des voitures, il n'y a pas cent ans qu'on en voit, au Mas. D'habitude, dans les fermes, les vieilles voitures, les gens ne s'en défont pas. Ils les gardent dans un coin. Celle-là devait venir d'ailleurs.

« Tu sais de quand elle date, toi? j'ai demandé au Petit.

– Non. Je l'ai toujours vue là. »

Alors, qu'est-ce que ça pouvait bien lui faire?

« Eh bien, il m'a dit, tout m'intéresse. Même toi, vieille carcasse. Allez, viens boire un coup à la maison, je finirai ça demain. »

Sa mère n'était pas là.

Cette maison, je la connaissais à peine. J'y avais un

peu mis les pieds, du temps du vieux Vigouroux, le père de la Noire. Mais alors là, chapeau. Le Petit avait fait un sacré travail. Il avait installé toute la cuisine bien propre, refait le dallage de la salle à manger. Avant, cette pièce, tu aurais pu y passer la charrue sans problème. Il avait drôlement bien arrangé le pourtour de la cheminée, tout en brique rouge. Et il avait installé une douche neuve.

Il m'a fait visiter, tout fier. J'étais drôlement content. Quand tu te lances dans des travaux comme ça, ça signifie que tu comptes rester, et que ta vie, tu t'en charges. Il s'était même installé un coin pour bricoler un peu de menuiserie. En ce moment, il finissait une table pour poser la télé. Dès qu'il pourrait, il en achèterait une à sa mère.

Ça n'est pas tombé dans l'oreille d'un aveugle. Sa télé, il l'aura. Je casserai ma tirelire, s'il le faut.

Ça m'a tout requinqué, de le voir. Finalement, je crois que je m'étais inquiété pour rien. Ce petit, c'est normal qu'il ait eu des soucis, venant d'où il venait. Mais il avait pris le dessus. La vie, il suffit de tenir à quelque chose, ça s'arrange toujours. Lui, c'est sa mère qui le fait marcher. C'est vrai que si les choses avaient tourné autrement, j'aurais pu être son père...

Au fait, qu'est-ce qu'il devenait, ce phénomène ? Personne n'en savait rien. Depuis le retour du gosse, il jouait les hommes invisibles. Tout ce qu'il avait trouvé à faire, la dernière fois, c'est de démolir les carreaux qui venaient d'être posés dans la cuisine.

J'ai encore rappelé au Petit qu'il pouvait descendre quand il voulait, que son assiette l'attendait. Merci. D'une, il n'avait guère le temps. Et puis, ça le gênait de me le dire, mais il ne savait pas si Marie débordait d'envie de le voir.

Je l'ai rassuré. Marie, elle a l'air comme ça, mais il n'y a pas plus brave. Si elle a l'impression que tu l'aimes, elle se ferait passer à la tronçonneuse pour toi. Seulement, elle est un peu pénible, un peu fière... Il

102

valait mieux faire les premiers pas. Pourquoi il ne passerait pas ce soir avec sa mère, par exemple ?

Alors là, il a ri. Sa mère, comme sauvage, elle enterrait tout le monde. Elle, la faire aller chez les gens, pas question. Il ne comprenait pas bien si c'était de l'orgueil, de la honte ou quoi, mais c'était comme ça. C'était aussi pour ça qu'il évitait de sortir. Tout de suite, elle se serait imaginée qu'il commençait à l'abandonner. Il attendait qu'elle se soit calmée, habituée à son retour. Elle continuait à le vivre comme un miracle. Une nuit, il l'avait entendue hurler. Elle faisait un cauchemar, elle le voyait retourner en prison. Je devais comprendre.

Pour comprendre, je comprenais. Seulement, les gens, plus tu entres dans leur jeu, plus ils te font voir du chemin. Le Petit, il était temps qu'il commence à tirer sur la laisse, s'il ne voulait pas se faire étrangler. Enfin... Puisqu'il ne voulait pas dire quand il viendrait, qu'il passe sans prévenir.

Je l'ai encore félicité pour ses travaux. J'ai récupéré Gardénal, qui était en train de faire hurler le harem du père Poulag. Nous nous sommes rapatriés au village.

Le sol semblait du béton, tellement il avait gelé dur. Je faisais de la buée comme un paquebot. Gardénal est allé courser un couple de pies qui se promenaient dans un pré, bien noires sur la gelée blanche, comme des curés. Elles se sont envolées au dernier moment, il est resté tout bête, la truffe au vent, pendant qu'elles ramaient en direction d'un peuplier.

J'ai décidé que samedi j'irai à Pont, pour cette télé. Pas question que je lui refile ma vieille. Quand tu fais un cadeau, ton cadeau, c'est toi. Si tu me donnes pas ce qu'il y a de mieux, c'est que tu ne t'estimes pas beaucoup.

⑦

CETTE fois, c'est la neige. Il a neigé par à-coups, pendant trois jours. Ensuite, un coup de gel, des fils électriques se sont rompus, et le Mas s'est trouvé privé d'électricité. J'ai dû installer des poêles de secours dans le poulailler. Le vieux Leblanc évoquait des souvenirs d'hivers terribles, quand il était en Autriche.

En France ? Il faut remonter à 56 pour tomber sur un froid pareil. Je m'en souviens, j'étais gosse. Les oliviers avaient gelé, cette année-là.

Le père est revenu. On ne le voit pas davantage, il reste dans son gourbi. Il hiberne. Il ne sort pas, je verrais ses traces.

Je suis là, dans tout ce blanc, comme si le paysage était neuf. D'un temps, je m'étais dit : Quand tu sortiras, tu iras au Québec, refaire ta vie. J'avais lu *Maria Chapdelaine*... En taule, ces histoires de grands espaces, ça fait rêver...

Au Mas, comme grands espaces, c'est plutôt réduit en ce moment. Certains jours, je me contente de l'aller-retour maison-poulailler. Je ne fais guère plus de pas que si j'étais encore dans ma dernière résidence. Je scie du bois. Le vieux m'a prêté sa tronçonneuse. Je fais de grandes flambées. Le soir, je me retrouve avec du temps sur les bras. Pour un peu, je me mettrais au chinois.

Je l'ai dit à GMC. Le chinois, ce n'est pas dans ses cordes, mais, si je souhaite des leçons de viêtnamien...

Elle lit toute la journée. Elle reçoit des colis de livres. Je lui demande à quoi ça l'avance. Elle répond qu'elle aime bien comprendre.

Je n'ai pas eu le temps de comprendre. Je n'ai pas eu de vie. J'étais gosse quand c'est arrivé, pas tellement déluré pour mon âge. On m'a mis entre parenthèses. Et puis rien. J'ai l'impression de camper dans ma vie, à côté de l'enfant que j'étais. Ce n'est pas comme si j'avais un frère plus jeune, et que je me retrouve dans sa place encore chaude. Non. Ce gosse que j'étais est mort. Sa mort me regarde. Il est mort, et personne ne l'a enterré. Tant que je n'aurai pas fait ce que je dois faire, il n'aura pas la paix, et moi non plus.

A part ça, je fonctionne. Je calfeutre, je repeins, je revois l'installation électrique, j'ajoute des lampes. J'ai rapporté un bel édredon à maman. C'est parfait. Il ne manquait que la télé, Coco est venu nous l'offrir. Une grande, en couleurs. Pas question de refuser, il l'aurait mal pris.

La télé me donne l'impression de quelqu'un que tu n'as pas invité, et qui s'est installé chez toi. Je n'en raffole pas. Mais ça devrait faire du bien à maman, la civiliser un peu. Je l'ai installée dans sa chambre. De cette façon, elle peut regarder ce qu'elle veut sans s'inquiéter si ça me plaît ou pas.

Ce matin, j'ai vu des traces. Elles partaient de chez nous. Ça ne pouvait être que le père. Il a dû changer de chaussures, je ne reconnaissais pas les empreintes. Elles n'allaient pas très loin, jusqu'au vieux roncier, pas plus. Là, elles étaient brouillées. Puis elles repartaient vers le village.

Ce roncier, je m'y étais attaqué parce que le père tournait autour. Il passe souvent par là. Quand je m'y suis attaqué, Coco m'est tombé sur le poil. Il me couve, il tombe toujours au bon moment. Je lui ai raconté une histoire.

Je ne m'y étais pas remis. C'est que c'est un morceau. A force, il forme un bloc épais, un vrai barrage, coincé entre le chemin et les deux murets, avec, au mitan, cette ferraille que j'aimerais bien voir de plus près. J'avais commencé à l'attaquer au sécateur. J'y avais laissé la peau des mains. J'avais renoncé, d'autant que je ne retrouvais plus mon sécateur.

Y coller le feu? C'est à moitié vert, à moitié humide, ça brûlerait mal...

Qu'est-ce que le père pouvait bien fabriquer là-dedans?

Cette fois, j'ai pris des gants, et en avant. Les traces passaient derrière le roncier. La neige paraissait foulée. Je me suis agenouillé. J'ai regardé. Puis j'ai empoigné une grosse ronce avec précaution, et j'ai tiré. Ça venait. C'était un bouchon épineux qui obturait l'entrée du tunnel.

Je m'y suis engagé, j'ai rampé pendant trois mètres environ, et j'ai abouti à la carcasse qui m'intéressait. Elle était vide : plus de portières, plus de banquette. Juste la tôle rouillée. Je suis tombé sur le trésor paternel, enrobé dans de la paille : des bouteilles et des bouteilles de pastis, soigneusement rangées. Je les ai comptées : plus de six douzaines.

Tassés dans un coin, un vieux duvet kaki, une vieille couverture, et dans une boîte métallique du sucre.

Il pouvait tenir là des journées entières, et savoir qui passait sur la route. Bravo, papa.

La voiture était une ancienne décapotable. Il avait installé un toit de fortune, avec des bouts de ferraille, des planches. Du bon travail. De la route, ça ne se voyait pas. Mais pourquoi entreposer sa cave là-dedans? Parce que ce n'est à personne. Chez lui, il reste à la merci d'une perquisition. Ici, qui va prouver quoi que ce soit?

Aucune trace, vraiment? En explorant la boîte à gants, j'ai senti un objet sous ma main. Je l'ai reconnu au toucher : mon sécateur.

J'avais gravé mes initiales, sur la boucle de cuir qui maintient les poignées jointes. N'importe qui l'aurait identifié sans difficulté. Merci, papa. Je ne connaissais pas ce modèle de voiture. Sans doute un de ces petits monstres qui roulaient avant-guerre. Elle avait dû brûler, pas moyen d'identifier le modèle. Ou alors, sur le capot.

En me penchant par la lunette avant, j'ai vu un insigne encrassé, qui se détachait sur la tôle. Il était à portée de main. Je l'ai dégagé, avec le sécateur, j'ai réussi à le retirer. C'était un écusson d'acier. L'émail avait sauté. Il restait des fragments de couleur rouge, et un nom gravé, à demi rongé : Ros...Rosen... Je ne connaissais pas.

J'ai pris l'insigne, replacé le sécateur, rangé le duvet. Je suis sorti du refuge. J'ai remis le bouchon en place. J'ai regagné le Mas. Personne ne m'avait vu.

Bon. Ce que je venais de découvrir, qu'est-ce que j'en faisais? Rien. Je pouvais mettre mon mouchoir par-dessus, et aller jouer aux billes. Pivolo n'avait pas volé son surnom. C'était probablement la seule chose qu'il n'ait pas volée. Ce stock de pastis prouvait quoi? Que c'était un alcoolique, avec un âge mental de six ans. Et après? La moitié des Français en sont là. Au moins, mon père se comportait en pirate. Son pastis, il allait le prendre à l'ennemi.

Pour l'insigne, je demanderai au garagiste, la prochaine fois que je descendrai au village.

Je suis allé jeter un coup d'œil à mes poules.

En ce moment, le vieux préfère qu'on ne les sorte pas, à cause du froid. Elles restent enfermées tout le jour, à la lumière électrique.

Quand je suis entré dans le poulailler, l'odeur m'a pris à la gorge. La poussière volait partout. Elles s'égosillaient comme des folles. J'ai cru que l'un des chats faisait des siennes. Il se passait quelque chose, au fond. J'ai écarté la masse des bestioles. Dans l'angle, j'ai trouvé un lambeau de viande déchiqueté. Pourtant, on leur coupe l'extrémité du bec, justement pour éviter ça.

Ce lambeau informe, c'est tout ce qui restait d'une malheureuse au cou chauve, qu'elles avaient pris le pli de chasser. Tant qu'elles traînaient dehors, le pauvre vautour avait réussi à se tenir à l'écart. Hier, elles avaient commencé à lui scalper la peau du dos. Là, elles venaient de l'achever.

Manque de protéines? Leblanc dit que non. Que c'est dans leur tempérament. Des cannibales.

J'ai jeté la loque sanglante à l'extérieur. Déjà, un des chats s'approchait. Cette poule chauve, j'aurais pu essayer de l'isoler. Où ça? Il n'y a pas de place. Et même, supposons que tu l'isoles. Elles en auraient mangé une autre. Chaque hiver, Leblanc dit que c'est pareil.

J'ai vérifié l'eau, les mangeoires. Les volailles s'étaient calmées. Un jour, il faudra que je leur lâche un coq, juste pour voir leurs têtes. Ton coq, elles en feront un steak tartare.

En sortant, j'ai hésité... Je passais voir Marie-Do ou pas? Puis non. Si j'y suis toujours fourré, elle va se faire des idées... Tu crois? Elle ne s'imagine rien du tout. Tu es là, c'est parfait. Tu n'es pas là, ce n'est pas mal non plus. Cette femme en a vu d'autres. Elle n'attend après personne.

En ce moment, le sang me démange. J'hésite à commencer une affaire avec une fille. Je ne suis pas là pour ça. Autant m'en passer. Je n'en suis plus à dix ans près!

Les femmes ne m'ont jamais tellement intéressé. J'avais la plus belle à la maison. Je ne la quittais pas. Petit, je dormais avec maman. L'autre a toujours fait chambre à part.

Maman, je m'en souviens, je dormais contre elle, dans sa chaleur. J'adorais son odeur. J'étais engourdi de bien-être. Puis une vague me soulevait, m'emportait, je me raidissais. Ensuite je m'apaisais. C'était comme une retombée... Je la sentais trembler le long de mon corps. J'étais innocent, je ne me rendais compte de rien. Nous étions heureux. Nous dormions blottis l'un contre l'autre.

Une fois, l'autre est entré. D'habitude, il ne mettait jamais les pieds dans la chambre de maman. Il nous a vus. Il n'a rien dit. Il est sorti.

Plus tard, je me suis installé une chambre, pour ne pas la déranger quand il m'arrivait de rentrer tard. Mais j'allais la rejoindre souvent. Il n'y a qu'avec elle que j'étais bien.

J'ai connu des filles, par force. Elles te courent après. Si tu ne joues pas au petit coq, tu es une poule mouillée, tout le monde se moque de toi... Puisqu'elles me voulaient, à elles de faire le travail. Ça ne m'a jamais passionné. Beaucoup d'histoires pour pas grand-chose.

Ça se passait surtout l'été, avec les vacancières. Je leur plaisais. Je ne faisais rien pour. Elles adoraient ça. Le plus sûr moyen d'obtenir quelque chose, c'est encore de s'en moquer.

Ces amourettes me flattaient. J'étais timide. On me prenait pour un tombeur. Comme ça, j'étais tranquille. Je n'avais plus rien à prouver. On ne s'inquiétait pas de la seule chose qui m'importait : maman.

Seulement, quand tu prends un rôle, le rôle te prend. Tu es obligé de le jouer. Ça m'a valu une histoire, l'été de mes dix-neuf ans. Nous nous étions rendus en bande au jas du Gabian près d'Orgnac. Des gens s'étaient installés là, dans une vieille maison. Ils vivaient ensemble. On en racontait de drôles sur eux, dans le pays. Nous, les jeunes, ça nous attirait. L'été, beaucoup de monde défilait là-bas. Ensuite, c'est devenu les travaux forcés. Mais à l'époque, ceux du Jas donnaient plutôt l'impression d'une joyeuse bande de rigolos.

Un jour, nous avons appris qu'il venait de débarquer une cargaison de filles terribles, des Suédoises, paraît-il. Ça ne m'excitait guère. Les types se vantent toujours. Ces Suédoises, c'était probablement une blague. J'ai tout de même accompagné les copains.

Nous nous sommes entassés à deux douzaines, dans trois vieilles guimbardes. Le Jeantou avait porté deux caisses de rosé. Ça se laisse boire comme du petit-lait. Tu ne te rends compte de rien, et tu te retrouves parti, avant d'avoir eu le temps de comprendre.

Nous étions déjà bien quand nous sommes arrivés. Les Suédoises? Trois ou quatre blondes, style retour à la terre, et quelques cheftaines. Nous n'étions pas seuls sur le coup. Il y avait tous les affamés des environs, attirés par la rumeur.

Nous aurions pu nous arranger, tirer les filles à la courte paille, ou jouer à saute-mouton. Les premiers arrivés ont fait comme s'ils étaient chez eux, et nous ont reçus comme des braconniers dans une chasse gardée.

Je voyais mal l'intérêt de se battre pour si peu, mais c'est toujours le même chantage. Si tu ne te bats pas, tu n'es pas un homme... Un homme, je ne sais pas encore ce que ça veut dire. Ce soir, ça voulait dire qu'il fallait se faire casser la gueule, ou la casser aux autres.

Une chance, ils étaient aussi soûls que nous. La bagarre a pris des allures de film au ralenti. Les coups partaient dans du coton. Les types se sont amusés de se voir faire. Après tout, ils étaient tous copains, et tant pis pour les filles.

Nous avons fêté la paix avec un tonneau de rouge. Un gars s'est mis à chatouiller une guitare. Les cheftaines ont fait des crêpes. Il ne restait qu'un seul pépin, Victor.

Celui-là, c'était le baroudeur des mers du Sud. Il avait vécu au Japon, aux Indes, au diable. Il connaissait le zen, le yoga et des tas de machins drôlement calés. Ça ne paraissait pas lui avoir apporté la sérénité. Il avait pris l'habitude de jouer les vedettes.

Victor a donc voulu ramener la couverture à lui. Il a

entamé un discours, en levant son verre à notre santé. Les copains ont levé le leur. Sauf moi. Je pensais à autre chose.

L'autre a voulu y voir un affront. Il m'a balancé son verre. Je l'ai pris en plein front. Je me suis levé. J'avais la gueule toute rouge, les cheftaines ont crié. Ce n'était rien, ce n'était que du vin, mais j'ai fait celui qui est sonné, qui titube. Victor s'est approché. Je l'ai agrippé des deux mains, par le col, et je lui ai tiré un coup de boule. Coco m'avait donné la recette. C'était mon premier. Victor crachait ses dents. Il a juré qu'il aurait ma peau. Marc, le gourou du coin, l'a emmené. Nous avons pu finir la soirée en paix.

Plus tard, quand l'affaire a eu lieu, les gendarmes se sont intéressés à lui, à cause de cet épisode. Mais il accomplissait un stage de tissage ou de je ne sais trop quoi, à Paris, à ce moment-là. Il n'a pas été inquiété.

Voilà. C'est tout pour ma jeunesse. Quelques filles qui m'ont choisi. Un début de bagarre. Beaucoup de solitude. Et la chasse.

Ce n'est pas une jeunesse extraordinaire, mais c'est la mienne, et on me l'a prise. Elle est tombée dans le vide. Quelqu'un m'a poussé, sans laisser de trace. Ou alors, c'est que je ne sais pas regarder.

Déjà trois mois que je suis sorti. Je n'ai pas avancé. Les premiers jours, je me suis imaginé que je serais le chasseur. Tu parles... Pour chasser, il faut connaître son gibier. Je ne sais rien. Je reste planté là, comme une araignée sur le bord de son piège. Attendre... Combien de temps? Quinze ans? Cent ans? Me fixer un délai? Pas la peine.

Quand l'événement est arrivé, c'est moi qu'on a visé. Tous les gens qui vivaient là y sont encore. On m'a visé pour me faire disparaître. J'aurais dû ne jamais revenir. Je suis de retour. On doit recommencer. Je ne suis pas le chasseur, je suis le gibier. Mais cette fois je suis sur mes gardes.

Je suis rentré préparer le souper pour maman. Je soigne mon personnage. On doit savoir que je suis devenu un jeune homme d'intérieur, tout à fait inoffensif. Il faut qu'on s'imagine que ce sera facile de m'avoir une fois encore.

J'ai mis à mijoter du lard, des morceaux de saucisse et des bouts de viande maigre, avec des pommes de terre arrosées d'huile d'olive. J'ai ajouté quelques olives noires et du laurier. Puis j'ai préparé une salade de fruits, avec des reinettes et des abricots en bocaux. J'ai parfumé au rhum. J'ai ouvert une boîte de gâteaux secs.

Je suis content de travailler pour maman. Tant que je serai là, je veux qu'elle soit heureuse. J'ai regardé les programmes de télé. Il y avait un vieux film américain, une histoire d'amour, avec des sentiments aussi grands que d'ici à Uzès. Ça lui plaira.

Je lui ai acheté une belle liseuse en laine rose, pour quand elle regarde ses émissions, le soir. Je ne sais plus quoi inventer pour rattraper le plaisir qu'elle n'a pas eu.

Il serait temps que je me mette à faire des économies. Sinon, le moment venu, je vais me retrouver les mains nues. Pas question. Il me faut un fusil.

c'est coco qui raconte

⑧

Pour un printemps pourri, c'est un printemps pourri. Ici, c'est comme ça. Nos hivers, ça va. Le ciel est clair, clouté d'étoiles, un vrai plaisir. Mais le printemps, ne m'en parlez pas. Ça dégouline par tous les bouts, les gens ont la crève, et moi je n'ai pas le moral.

Alors, je me fais des grogs. Je crois à la vertu de l'exemple. Le type qui te voit en forme, le nez sec et la mine reposée, alors que lui, même une décharge n'en voudrait pas, obligé, il t'en commande un aussi. C'est ça, le génie du métier. En plus, j'aime les grogs. J'y laisserai mon foie, mais je saurai pourquoi.

Avec ce temps de bouillasse et de désolation, les gars, quand ils entrent dans mon bar, c'est un carnage. Ils apportent avec eux une terre pas croyable. Et qu'est-ce que tu peux faire? L'autre jour, quand même, je me suis fâché avec Zé. Il n'arrêtait pas d'aller et de venir, comme un cochon malade, et entre que je te sors... Chaque fois, il tapait des pieds, histoire de me laisser sur le carreau des mottes de trois kilos. La polka piquée, un peu ça, puis à la fin, je lui ai dit :

« Oh! Zé, si tu sais pas quoi faire, rends-moi service. Ouvre la porte et regarde bien dehors. »

C'est ce qu'il a fait. Je lui ai viré un coup de pied au cul de première, mon ami, il a plané jusqu'à la boîte aux lettres en face.

Je crois qu'il a compris, je ne l'ai pas revu d'une semaine. Maintenant, il s'essuie les pieds comme un enragé, il va m'user mon paillasson. De la patience, il en faut.

113

Ils ont encore augmenté le tabac. Ils ont augmenté l'essence. Les gens continuent à rouler. Pourtant, l'essence, maintenant, elle coûte plus cher que le vin.

Encore, pour l'essence, les gars, ils n'ont pas tellement le choix. J'admets. Tu ne vas pas te mettre à creuser un trou dans ton jardin pour en trouver. Mais le tabac, nom de Dieu, je ne comprends pas. Ce n'est pas bien sorcier d'en faire pousser. En plus, c'est une plante magnifique. Rien qu'un plant, et tu fumes tout l'hiver.

Pendant la guerre, c'est ce qu'on faisait. Je me souviens de mon oncle Abel, il mettait à sécher les feuilles, et puis il se roulait des espèces de carottes, qu'il découpait avec un tranchoir. Ç'avait une odeur fameuse, un peu moisie, bien autre chose que les cigarettes de la régie. Ça, c'était du tabac.

Je n'ai pas vu beaucoup le Petit, cet hiver. Marie m'a raconté tout à l'heure qu'on lui avait dit qu'il fréquentait. Pour une fois, elle s'imagine savoir une nouvelle avant moi. Tu parles d'une nouvelle... Et d'abord, qu'est-ce que ça veut dire, fréquenter? Dans ce village, on te voit deux fois avec ton ombre, et de suite on raconte que tu t'es marié avec une négresse.

Si c'était vrai, ce serait bien. J'avais un peu peur de le voir finir vieux garçon. Il va quand même sur ses quarante ans. J'ai beau l'appeler le Petit, ça ne le rajeunit pas.

En plus, qu'est-ce que tu veux dire? Un type comme lui, après ce qu'il a traversé, tu comprends qu'il se tienne à l'écart. Puis il y a cette grosse amitié qu'il a pour sa mère. Il l'aime dix fois plus que si c'était une bonne amie. Alors, si vraiment il fréquente, tant mieux.

Si au moins quelqu'un parlait... Ça aussi, je l'ai attendu longtemps. Je pensais que ça pouvait se passer comme dans les vieilles histoires. Sur son lit de mort, le salopard se repent... Oui, c'est bien lui qui a volé la tartine de la petite châtelaine. Le garde-chasse est innocent. Comme il n'a fait que soixante ans de bagne, il sera encore en pleine forme quand on le relâchera. Misère...

Pourtant, les types ont parlé, une fois... C'était... Attends... Pas longtemps après l'arrivée de GMC. L'été suivant, je crois, donc, en 63.

GMC, elle, c'est le type colonial. Comme elle trouvait que les gens d'ici l'avaient bien accueillie, elle avait invité le village. Et pas que nous. Aussi bien ceux des environs qui en avaient entendu parler, de cette fête. Venait qui voulait. Elle avait organisé un méchoui début août, avant le 15, parce qu'après c'est réglé, il pleut toujours.

Ça se passait dans le pré derrière le poulailler. C'était plus pratique, plutôt que de grimper chez elle par le chemin.

Un méchoui, ce n'est pas dans nos habitudes. GMC avait mobilisé Zappy-Max et le Toine, elle s'était démenée comme trente-six diables. C'était beau à voir, cette bestiole qui tournait sur un lit de braises, et qui sentait rudement bon.

Le père Poulag avait sorti son fameux pastis. GMC avait bien fait les choses. Le vin, il y en avait un mur, des cubitainers de rosé qu'elle avait stockés dans sa cave. Il était juste frais comme il faut.

Mon ami, c'était une drôle de fiesta. Au début, les gens se sentaient un peu coincés. Les fêtes, chez nous, c'est surtout la famille, et GMC, on ne comprenait pas très bien pourquoi elle faisait ça. Les gens d'ici n'ont pas l'habitude des cadeaux gratuits. Ils savent qu'un cadeau, un jour ou l'autre, fatalement, tu dois le payer. Je ne veux pas dire qu'ils trouvaient ça louche, mais enfin... Ils sont venus par curiosité. Puis ils se sont dégelés, et c'est parti.

Ça leur a fait une impression énorme de se retrouver comme ça, la nuit, à l'air, devant un feu, avec toute cette viande et tout ce vin et tout l'espace. C'était comme si d'un coup tu te retrouvais à une autre époque, quand tout était possible, quand la terre et les femmes, les prenait qui voulait. Oui, ça les a secoués.

Un peu ça, un peu d'avoir bu, nous nous étions mis à causer, à quelques-uns, comme on ne le fait que rarement. Les gens ne se parlent guère. Ils se palpent avec des mots, pour se tenir à distance, comme les fourmis : Ça va ? Ça va... La femme, les enfants, tout bien ? Tout bien... Des dialogues de trois kilomètres, mais total, rien ne se passe, parce que parler, pour les gens, ça sert d'abord à ne rien dire. Si tu commences vraiment à dire les choses, c'est comme si tu retirais ta cuirasse, alors, tu as intérêt à te placer les fesses au mur, parce qu'il y en a qui sont drôlement rapides...

Ce soir-là, GMC leur a parlé de ses campagnes, quand elle partait dans les rizières en opérations avec des marsouins, dans des coins aux noms bizarres... Les embuscades, les rafales, les blessés qui te claquent dans les bras, les secours qui arrivent au dernier moment.

Les gars l'écoutaient la bouche ouverte. Mes bonshommes, à côté d'une vedette pareille, ils se sentaient petits garçons. Eux, la guerre, ils ne l'ont pas tellement faite. A part Zappy qui s'est tiré deux ans en Algérie ; pas étonnant qu'on l'ait perdue. Comme il était dans les communications, il a passé son temps à vingt mètres sous terre, à Alger. C'était pas tellement le casse-pipe.

De quoi auraient-ils bien pu se vanter, en échange ? Ils ont parlé de chasse. Ils ont sorti tous leurs carnages. Pas trop les lapins, parce que depuis qu'il y a eu la myxomatose, quand tu tombes sur un lapin, tu as intérêt à commencer par lui faire du bouche-à-bec. Pour le ranimer. Et puis tu le places dans la glace. Pour qu'il soit plus frais. Après, si ça te dit, tu le relâches, et tu peux essayer de le chasser. Les lapins, c'est foutu. Mais nous avons des sangliers. Ce sont presque des vrais. Régulièrement, on balance dans les bois des sangliers d'élevage. Ce n'est pas dit qu'ils soient tués tout de suite. Il y en a qui en réchappent et qui redeviennent sauvages.

Ils y sont tous allés de leur histoire, même Gaby. Il nous a ressorti le vieux mâle qu'il s'était fait, à l'affût, alors que plus personne n'y croyait, et que la bande allait rentrer bredouille. Ce mâle, on le connaissait par cœur. Comme Gaby le fait grossir à chaque fois, bientôt ça va devenir un mammouth. Les histoires, c'est fait pour être beau, pas pour être vrai.

GMC écoutait nos héros. Elle sait y faire. Ils n'en pouvaient plus. Ils se gonflaient, mon ami... Le roi n'était pas leur cousin.

Finalement, quand ils ont eu tué tous leurs sangliers, Victor a lancé :

« Vous vous souvenez, en 44? Ça, c'était de la chasse... Le gibier qu'on s'est levé... »

J'ai dressé l'oreille. Les autres l'ont regardé. Nous étions un petit groupe, un peu à l'écart. Il a continué :

« Oui, cette petite, la blonde, vous vous rappelez pas? C'était pas du vieux mâle, on peut le dire. C'était du tendre. Elle avait de beaux petits nichons... »

Gaby lui a balancé un coup de pied soigné. Il s'est tu... Deux ou trois ont ricané, je n'ai pas pu voir qui. Le feu avait baissé, il commençait à faire sombre. Je ne les connaissais pas tous. Je sais que la Noire n'était pas là. Le Petit non plus. Les réunions de vieux, ça ne le passionne pas.

GMC n'a pas bronché. Elle a demandé qui voulait du café, nous avons parlé d'autre chose.

Sur le coup, je me suis dit que peut-être des salopards du village avaient rejoint les salopards du maquis, la nuit où ils ont violé cette fille. Je ne le savais pas, et je ne tenais pas à le savoir. Autant laisser courir. Puis c'est difficile de juger. Un type, une fois, admettons, il a fait une grosse saleté. Ça ne l'empêchera pas de mener une vie propre, ensuite. C'est pour ça que j'aimais autant que ça reste dans l'ombre, cette histoire. Moins tu en sais, mieux ça vaut.

Brusquement, je fais un bond.

« Qu'est-ce qu'il y a, Coco ?

– C'est rien, c'est mon palu... »

Je n'ai jamais eu le palu, mais je n'ai pas envie d'expliquer la vérité. Et la vérité, c'est que je suis le roi des couillons, toutes catégories. Je viens de comprendre que ce méchoui, ce n'était peut-être pas pour rien que GMC l'avait mis en train. Elle voulait faire parler les types. Et elle avait gagné. C'est bien joli de nous tomber du ciel comme ça, mais j'ai dans l'idée qu'elle n'est pas forcément l'inconnue au bataillon qu'elle prétend être. J'en aurai le cœur net.

J'ai calculé... Puisqu'elle voulait jouer au petit soldat, j'allais lui en trouver un. J'ai pensé à Karl. C'est cet ancien légionnaire, qui est resté un temps au jas du Gabian.

Un ancien légionnaire, quand il se passe quelque chose, forcément, ça intéresse les flics. Mais à l'époque, Karl était déjà parti. Ils n'ont pas pu l'inquiéter.

Je n'avais pas perdu sa trace. Il s'était bien débrouillé. Il avait d'abord commencé comme brocanteur, et quand il a vu qu'il était doué pour le trafic, il s'est lancé antiquaire à Uzès.

Tous ces Parisiens pleins d'argent, leurs mas de la dernière pluie, il faut bien qu'ils les remplissent. Le moindre bout de planche mangé des vers, tu peux le leur vendre une fortune, si tu sais y faire.

Karl, il savait. En plus, il avait la clientèle des Allemands. A présent, le Jas, il aurait pu le racheter, s'il avait voulu.

Du temps qu'il était dans le secteur, j'avais eu un bon contact avec lui. Il lui arrivait de passer à

Malaveil, je lui mettais de côté la presse allemande que j'avais pu trouver. Il avait ses têtes, Karl. Mais entre nous ça collait.

La Légion, il n'en parlait jamais. Ce n'était pas le genre à se vanter. Mais il ne fallait pas y toucher, à sa bande de mercenaires. Il ne tolérait pas.

Peut-être que de rencontrer une ancienne d'Indo ça lui dirait? C'est encore plus rare qu'un bahut cévenol. Qu'est-ce que je risquais?

Je lui ai téléphoné à son magasin. Ça tombait bien, il comptait passer, écrémer un peu le secteur, avant l'arrivée des gros bataillons d'estivants. Qu'il vienne à la maison, Marie lui ferait une choucroute. Ou un couscous, comme il préférerait.

Il a dit oui, d'accord. Lundi en huit, ça va? Ça va?

Marie, elle fait ce qu'elle veut, en cuisine. Elle lit une recette, elle réfléchit un petit coup, elle se lance, et c'est toujours réussi. Des fois, elle invente, le résultat n'a plus grand-chose à voir avec la recette de départ.

En ce moment, elle calcule de mettre des merguez dans la choucroute. D'après elle, ça devrait bien relever. Sûr que pour relever, ça relèverait un mort. Je me demande si Karl, il va apprécier. Pourquoi pas des berlingots dans le couscous?

L'invention, c'est bien, mais Marie ça lui arrive d'envoyer le cochonnet un peu loin.

⑨

Je voulais laver ses bleus, ils étaient pleins de terre. Il ne voulait pas. Il me dit toujours :

« Maman, ne te fatigue pas, je les laverai. »

Ce matin, il s'est changé pour aller au village. J'ai pu les prendre. J'avais mis une bassine d'eau à chauffer. Autant en profiter pour faire une grande lessive. J'ai vidé ses poches. Il y avait un Opinel, un morceau de ficelle, et ce morceau de ferraille. J'ai tout posé sur la table.

Le morceau de métal s'est retourné. C'était un écusson. J'ai vu la rose. Je me suis appuyée contre la table. D'un coup, j'ai eu froid. J'ai respiré calmement, comme quand je faisais, petite, pour ne pas hurler quand le père s'approchait avec ses mains humides et son souffle de bête.

Mon petit... Pourquoi est-il allé chercher ça? Ce n'est pas possible... Il ne sait rien. C'est peut-être simplement la curiosité? Alors, pourquoi ne m'en a-t-il pas parlé?

J'ai tout replacé dans ses poches. J'ai remis ses bleus où je les avais trouvés. Je me suis assise.

Je suis une femme d'âge, maintenant. Je ne suis pas vieille. Je ne suis plus jeune. Je ne l'ai jamais été. Les hommes, c'était l'horreur, pour moi, depuis le premier, cet ivrogne, celui qui m'a écrasée par surprise et que je ne pouvais pas tuer, mon père.

Et puis il y a eu les autres, tous ces chiens en chaleur

120

qui tournaient par chez nous parce que j'étais là. Ils ne m'ont jamais approchée. Je les sentais de loin. Ils n'ont jamais réussi à m'atteindre, et ils ont bien fait. J'avais un petit couteau. Je m'exerçais à frapper des troncs d'arbres.

Je ne voulais voir personne. J'ai fui l'école dès que j'ai pu. Je ne voulais rien savoir. Je ne savais rien. Je ne quittais pas mes moutons. J'étais plus sauvage qu'eux. Je ne parlais à personne, jamais.

Et puis... Ce jour-là, je gardais sur la friche de Riou. A cet endroit se trouve un calvaire. Un chemin quitte la route pour mener chez les Aubanel.

J'ai vu venir une voiture. Il n'en passait jamais au Mas. Celle-là était ouverte. Le conducteur s'est arrêté, au croisement. Il est descendu. Il avait une carte à la main, il l'a regardée. Il hésitait.

Ce n'était pas quelqu'un d'ici. Je n'avais jamais vu un homme comme lui. Quand il marchait, la terre paraissait légère. Il a tourné la tête d'un air vif, comme pour rejeter une mèche de cheveux. Il m'a vue. Il m'a souri. Il m'a dit : « Mademoiselle, s'il vous plaît... »

Il cherchait une chapelle, celle de Sainte-Réparade. Il y a bien une Réparade, chez nous, mais c'est une ferme abandonnée. La chapelle se trouve sur le territoire de Monteils. J'ai réussi à le lui expliquer.

Il a pris un air comique d'enfant déçu. Je m'étais approchée, pour lui parler. Pour la première fois, j'étais tout près d'un homme, mais lui n'était pas comme les autres. J'ai senti son odeur. Il sentait le repos et un léger parfum frais.

En riant, il m'a dit : « Vous n'allez pas m'abandonner? »

J'ai laissé les moutons à Flambeau. Personne ne s'en approcherait tant que je ne serais pas revenue.

Je suis montée dans sa voiture. Sur le capot, j'ai vu

une rose rouge, dans un insigne. Il m'a tenu la portière.

Je regardais ses mains, pendant qu'il conduisait, des mains claires, vivantes, pas les pinces de corne des gens d'ici. Sa voiture sentait le cuir, et son odeur. Je me suis détendue, d'un coup, comme si un ressort venait de lâcher. J'ai renversé la tête en arrière, contre le dossier. J'ai fermé les yeux. J'entendais le vent de la course et le chant des roues. J'avais l'impression que mon corps n'avait plus de barrières, qu'il s'étendait aux dimensions du paysage.

Quand la voiture s'est arrêtée, je me suis inclinée contre lui. Je ne sais pas si nous avons vu cette chapelle. Je ne me souviens de rien. Dix-huit ans de malheur sont partis dans un flot de joie qui m'a emportée. C'est vrai, je ne me souviens de rien. Au catéchisme on nous avait parlé une fois de ces religieuses qui rencontrent Dieu et qui oublient tout. J'avais tout oublié.

Je me suis retrouvée près des moutons. Flambeau me léchait les mains. J'ai respiré mon bras. Il me restait sur la peau l'odeur d'une autre peau, et dans mon corps une fatigue que je n'avais jamais connue.

Je l'ai attendu. Du temps a passé. Rien ne changeait. Quelquefois, des vols de bombardiers passaient, très haut, ça ne m'intéressait pas.

Il est venu aussi cette fille de riches. Parce qu'elle s'installait au Mas, elle s'est imaginée qu'elle pouvait me parler. Je ne voulais pas. Je n'avais rien à dire à personne. Je voulais revoir quelqu'un.

Quand je l'ai revu, il était avec elle. Il la déposait à l'entrée du Mas. Je me suis cachée. Ils ne m'ont pas vue. Ils se sont embrassés avant de se séparer. Je me suis sentie mourir. Je n'avais rien, et elle qui avait tout me prenait le seul homme qui m'ait jamais approchée.

Je n'aurais jamais dû lui répondre. Je savais que des hommes ne peut venir que le malheur. Je n'avais que ce que je méritais.

Je les ai revus, plusieurs fois. Il allait chez elle, la chercher. Ils ne m'ont jamais aperçue.

Je n'aurais jamais dû approcher de cet homme. C'était un homme pour elle, pas pour moi. Moi, je n'ai pas le droit de rêver.

Et puis j'ai su que je n'avais pas rêvé. J'attendais un enfant... Je ne serais plus jamais seule. Moi, j'allais avoir un enfant, de lui, ce serait mon enfant. Ce bébé, il me le fallait.

J'ai eu peur. Si je restais seule, on me le prendrait. Au village, ils me regardaient comme une folle. Ils me le prendraient, ils diraient que c'est pour son bien, qu'on ne peut pas laisser un bébé à une sauvage telle que moi. Il lui fallait un père. Un père qui me le laisse.

Au village, il n'y avait qu'un homme qui ne m'avait jamais couru après. Il était bien trop soûl pour ça. On ne l'appelait pas encore Pivolo.

Un soir, je suis allée le trouver. Il regardait jouer aux boules, sur la place, devant l'église. Il était lourd – lourd, bête et laid. Il puait le pastis, mais il tenait encore debout.

Je me suis placée près de lui. Quand les autres ont vu ça, ils ont commencé à le charrier. Alors, j'ai pris son bras, ça les a tous sidérés, lui le premier. Au bout d'un moment, je l'ai emmené. Il m'a suivie comme un chien.

Ce n'était pas un homme, mais il était tellement soûl qu'il a pu s'imaginer que, pour une fois, il en était un. Lui, l'imbécile épais, pouvait se pavaner devant tout le monde. Ensuite, il a eu du mal à me revoir. Je l'évitais. Quand il y est parvenu, je lui ai dit : « Tu m'as fait un enfant. »

Nous nous sommes mariés. Je ne sais pas ce qu'il s'est imaginé, s'il voulait me garder, ou s'il a eu peur de mon père. Il n'a probablement rien pensé. J'ai décidé pour lui. J'ignore s'il a eu des doutes. Sans lui, on aurait attribué l'enfant à mon père.

Nous nous sommes mariés. J'ai eu mon enfant, c'est tout ce qui m'importait. Je n'étais plus seule. J'avais quelqu'un pour qui j'étais tout ce qui existe au monde.

La demoiselle blonde était toujours là, mais l'autre espaçait ses visites. Une fois, je les ai aperçus. Lui portait un uniforme d'officier allemand... Je ne sais pas si c'était vraiment lui. Le soleil se couchait, je les voyais à contre-jour. Je n'avais jamais pensé qu'il pouvait être allemand. Ça ne changeait rien.

Ensuite je ne l'ai plus vu. Parfois, je l'apercevais, elle, qui attendait ou qui se promenait, seule. Moi j'avais ce petit, et elle n'avait rien.

La guerre s'achevait. C'était la guerre des hommes, ce n'était pas ma guerre. Et puis les cloches ont sonné, au village. J'ai demandé à Mme Desmichels de garder mon enfant un moment, je suis descendue voir. Elle a dû s'imaginer que j'allais chercher mon mari. Je m'en moquais bien. Je voulais seulement voir...

J'ai vu. Ils se soûlaient, comme d'habitude. J'ai écouté. Ainsi, ces ivrognes, c'étaient les maquisards? Ils cherchaient à faire un exploit. Ils voulaient des Allemands, ou des filles qui avaient couché avec. Une fille, oui, je pouvais leur en indiquer une. Ils paraissaient prêts à croire n'importe quoi. Elle qui aimait prendre les hommes, elle serait servie. Je n'étais pas rancunière, j'allais lui en amener.

124

Le chef de la bande n'était pas difficile à repérer. Il n'a pas demandé mieux que de trouver une occupation à ses hommes.

Et je suis là. J'écoute la pluie. Ce sera bientôt le printemps. J'ai jeté du pain dans la cour, des merles sont venus. J'écoute la pluie... Je ne sais pas... Je ne sais rien. Ce que j'ai fait, je ne le regrette pas. Le malheur est arrivé avec cette fille blonde. Il était juste qu'elle en reçoive sa part.

J'écoute la pluie... Je revois cette troupe qui s'est mise en marche vers le Mas, par le raccourci en face de chez Coco. Ils plaisantaient. Je n'imaginais rien. Je me contentais de mettre la machine en marche.

Ils plaisantaient. L'alcool les poussait. Ce n'étaient que de pauvres types. Pour une fois, ils allaient pouvoir jouer aux justiciers, s'ils ne se dégonflaient pas en route. Leur rôle d'emprunt ne leur allait pas plus que leurs fringues militaires.

En débouchant du chemin, ils se sont arrêtés pour attendre les traînards. La nuit tombait. C'est à ce moment-là que la voiture est arrivée, phares éteints. Le conducteur a freiné au dernier moment.

J'ai vu la rose sur le capot. Je l'ai vu, lui. Il avait changé. Il paraissait fatigué, vieilli. Il les regardait, les mains sur son volant, le visage fermé. C'est ce qui les a alertés. Quelqu'un qui ne manifestait pas sa joie en les voyant, eux, les libérateurs, les héros du jour, c'était suspect. Ils l'ont fait descendre, l'ont fouillé. Il avait gardé ses papiers militaires... Leur boche, ils le tenaient enfin.

J'étais paralysée. Je n'avais pas voulu cela. Si je le défendais, je me dénonçais. Je ne pouvais pas, je n'étais pas seule, mon enfant m'attendait. Je n'ai rien fait, rien dit. Tout s'est passé très vite.

Ils l'ont frappé. Ils lui ont lié les mains derrière le dos. Quelques-uns voulaient le fusiller. Un autre a parlé de le clouer sur une porte de grange. Plusieurs ont dit oui. Et puis il y a eu ce feu.

Quelqu'un venait d'allumer un tas de ronces et de branches sèches. Les types ont regardé monter les flammes. Leurs ombres tremblaient sur la route.

Le chef s'est approché du prisonnier. Qu'est-ce qu'il venait faire ici? Espionner? Il a souri. Il n'a rien répondu. Son visage s'est fermé. Il paraissait s'ennuyer.

Le chef l'a secoué, l'a poussé. Il est tombé sur le dos. Ils l'ont piétiné. J'ai entendu crier :

« Il ne veut pas parler, ce cochon.

– Il n'y a qu'à le griller! »

Ils l'ont ramassé, inconscient. Ils l'ont balancé dans le feu, tête première. J'ai mordu mon poing pour ne pas hurler.

Ses cheveux se sont enflammés, puis ses habits, et il y a eu cette odeur... Ils ont rajouté des branches... Ils contemplaient cette silhouette qui noircissait. L'air s'est empli d'une odeur de drap et de chair brûlés. Ils ont fait circuler une bouteille de gnole, puis ils ont renversé la voiture dans le brasier. Ils se sont écartés. Le réservoir a explosé. Ils ont applaudi. Au bout d'un moment, leur chef les a secoués. Ils n'étaient pas là pour ça. Il m'a fait signe de continuer.

Je les ai menés devant la maison de la demoiselle. Elle est sortie à leur rencontre, comme si elle les attendait.

Je les ai laissés. Je suis redescendue prendre mon petit. La Desmichels m'a demandé ce qui se passait. Je lui ai répondu que c'étaient les maquisards, et que je n'en savais pas plus.

Quand je suis sortie, le lendemain, la voiture était toujours là, calcinée. Le corps avait disparu. Je me suis avancée sur le chemin, vers chez la demoiselle. C'était ouvert. La maison paraissait abandonnée... Elle, on ne l'a plus jamais revue. Les maquisards avaient disparu.

C'est comme si cette histoire n'avait jamais existé. Il n'y a pas eu d'enquête. Personne n'a posé de questions. Personne non plus ne s'en est vanté. Le silence s'est refermé comme une mare sur un caillou.

J'aurais pu croire que j'avais rêvé, mais il est resté cette épave de voiture. Peu à peu, les ronces l'ont recouverte.

Mon petit a grandi. Il a marché. Il était beau. Il ne ressemblait à personne.

Mon père est mort. Ils auraient pu tous mourir, il me restait mon petit.

Un jour, je l'ai vu qui essayait d'atteindre la ferraille, en écartant les ronces. Je lui ai dit de ne pas y aller. Nous avons cueilli des fleurs. C'était le printemps. Mon petit venait d'avoir six ans passés. Je lui ai donné le bouquet à jeter sur la carcasse rouillée. Pivolo m'a vue. Il ne m'a rien dit. C'est de ce soir-là qu'il a commencé à me battre.

Je l'ai laissé faire. Je ne voulais pas crier, pour ne pas inquiéter mon enfant. Je ne sentais pas les coups. Rien ne pouvait m'atteindre. Pivolo tenait à peine debout. J'aurais pu le renverser d'une seule main. Je me disais que tant qu'il s'occuperait de moi il laisserait mon fils tranquille.

Plusieurs fois, le gosse a assisté à la scène. Je tâchais de faire comme si c'était un jeu. Le petit ne me croyait pas. Il essayait de me défendre. A ce moment-là l'ivrogne s'arrêtait.

Le jour où il s'est retourné contre mon fils, j'ai pris le fusil. C'était le fusil de mon père. J'ai attrapé le pot à riz, sur la cheminée. Je l'ai renversé. J'ai saisi la cartouche que j'y gardais au sec. De la chevrotine pour sangliers. J'ai armé le fusil.

Le bruit l'a stoppé net. Il me regardait, stupide d'étonnement. J'ai épaulé. S'il avait touché le gamin, je lui faisais sauter la tête. Il l'a senti. Il est parti sans rien dire. C'est de ce jour-là qu'il est allé installer son gourbi dans une des caves.

Nous ne nous sommes plus parlé. Il m'a rendu un service. En échange, je le nourris. Il m'a aidée. Je l'aiderai tant qu'il sera là.

J'écoute la pluie... Je n'ai pas fait le souper. Je vais m'y mettre, puis je descendrai à mon restaurant.

Mon petit grandissait. Il m'aimait. Je n'aurais peut-être pas dû le laisser m'adorer comme il le faisait. Je n'ai pas pu l'en empêcher.

Les ronces aussi ont grandi. Les premières années j'avais très peur. Je m'attendais toujours à un malheur. Pas pour moi, il ne peut rien m'arriver. Pour mon petit. Un accident, une fièvre, une maladie. Je tremblais quand il allait à l'école. J'aurais voulu le garder. Mais je savais qu'il ne fallait pas qu'il devienne un sauvage, comme moi.

Coco s'en est bien occupé. Il a toujours été très bon pour nous. Il a fait tout ce qu'il a pu pour nous aider à vivre, pendant la guerre. Quand le petit allait à l'école, il s'arrangeait pour s'occuper de lui, pour qu'il ne traîne pas, pour qu'il ait une maison au village. Il le prenait à midi, l'enfant supportait mal la cantine.

Je sais que je plaisais à Coco. Je n'ai pas été généreuse. Je ne pouvais pas. Même si mon mari était parti, je n'aurais jamais pu vivre avec un autre.

Mon petit grandissait. C'était le plus beau. Il avait ce que n'ont pas les gens d'ici, même quand ils sont bien braves. Il était différent. C'était un seigneur. Il ne montrait pas d'arrogance, au contraire. Il avait une façon à lui de s'effacer avec le sourire, une manière de faire attention aux autres... Tout le monde l'adorait.

J'étais jalouse. Je ne voulais pas le perdre. Pas tout de suite. Il ne voulait pas me quitter, et je n'avais pas le courage de le pousser au-dehors.

Les filles ne l'amusaient guère. S'il lui est arrivé de sortir avec, il le faisait par gentillesse.

Le temps a passé. J'ai commencé à croire que le malheur ne viendrait plus. Le malheur était venu et reparti avec cette fille blonde. Cela faisait vingt ans, à présent, mon petit était devenu un homme, c'était fini. Le malheur ne serait plus que cette chose naturelle qui vous arrive au fil du temps, et je me moquais bien de vieillir : je vieillirais avant mon fils.

Le malheur est arrivé quand je ne l'attendais plus. Il est arrivé avec ce touriste assassiné, il est arrivé avec le fusil de mon père, et ils m'ont pris mon petit, ils m'ont pris ma vie, ils l'ont condamné à mort, et je ne pouvais rien dire, rien faire, j'étais paralysée, comme le jour où ils ont brûlé son père.

Ils l'ont pris. Je n'ai pas compris. J'étais comme une souris aveugle attrapée par un chat. Il y a eu ce procès interminable.

Je n'ai rien dit. Je n'ai rien pu dire. Ils l'ont condamné. Et puis le chat a desserré ses mâchoires, quinze ans plus tard. Ils me l'ont rendu...

Je ne crois plus au bonheur. Ils m'ont rendu mon petit, et bientôt, je serai vieille. J'ai beau faire semblant, je ne peux cesser d'avoir peur. Je viens de trouver ce morceau d'acier dans sa poche. J'aurais dû détruire cette ferraille, la faire enlever. Qu'est-ce qu'il est donc allé y chercher ? Le hasard ? Je ne crois plus au hasard. Je ne sais pas... M'adresser à qui ? A Coco ? Pour lui dire quoi ? Que mon petit a ramassé un vieil écusson de voiture ? Il m'aime bien, mais il va me rire au nez.

J'essaie de me dire que je dramatise. Voici quinze

ans, je n'ai pas eu besoin de dramatiser. Le drame est venu tout seul. Cette fois encore, je le sens qui rôde. Je ne sais que faire.

J'écoute la pluie... Je n'ai plus le temps de me mettre au souper. Je vais descendre au village. Il le faut. Marcher me fera du bien.

ÇA m'a fait drôlement plaisir de revoir Karl. Il est passé ce lundi comme prévu, vers midi. En venant, il avait eu le temps de faire un arrêt à Belvézet, où il chauffait au corps un pépé depuis pas mal de temps, pour un vaisselier. Ce pépé se faisait prier, et pas qu'un peu. Et puis sa télé venait de tomber en panne, il ne pouvait pas s'en passer. Il avait pris le pli de discuter avec elle tous les soirs, chaque soir, depuis tantôt vingt ans. Il l'appelait Adèle, comme sa défunte. Il ne lui avait pas encore mis une jupe, mais ça n'allait pas tarder. Alors, de se retrouver sans partenaire, il ne tenait plus. Karl n'avait eu qu'à procéder à un échange standard, télé contre vaisselier.

Karl, il sait ce qu'il veut. Quand il est bien quelque part, il est bien. Sinon il change, et il n'a pas honte de faire mieux. En ce moment, il se gagne de l'argent plus gros que lui. Et quand ça ne l'amusera plus de ramasser du pognon à la pelle, il s'arrêtera.

GMC était descendue du Mas. Elle s'était faite belle. Pour une fois, elle avait quitté sa combinaison verte de tankiste pour des jeans et un pull en mohair. Rien que leur façon de se regarder et de se serrer la main, tu comprenais qu'ils étaient de la même famille. Tu parles s'ils avaient fait l'Indo ensemble! Ils ont commencé leur litanie de noms en Minh et en Bang, tu aurais cru une secte. Moi, je n'y comprenais pas grand-chose, mais eux, ils se régalaient. Et en avant avec le colonel Machin, qui avait ordonné une belle

131

connerie au 3e Zouaves, du côté de la plaine des Joncs, et si le capitaine Duschmoll n'avait pas été là pour un coup... On sentait que, sans le capitaine Duschmoll, l'Indochine, on la perdait.

GMĆ, je ne l'avais jamais vue comme ça. Elle frétillait comme une anguille dans de la purée de mirabelles, et Karl pareil. Ils en parlaient, de leur Indo. Ils en parlaient comme on parle de sa jeunesse quand elle en a déjà pris un bon coup. Vrai, ils te donnaient presque le regret de ne pas y avoir été, à Bang Minh, avec les Viêts, la malaria, les pagodes et les renforts qui n'arrivaient pas. Salauds de renforts!

Ils étaient joyeux comme deux bons copains qui ne se sont pas vus depuis une paie et qui se retrouvent. A part qu'ils ne s'étaient jamais rencontrés. Mais pour se croiser, ils s'étaient croisés. Et c'est reparti pour un tour, avec l'Algérie.

Question Algérie, Karl avait pris du retard, vu qu'après Dien-Bien-Phu les Viêts lui avaient offert un stage de recyclage. Il en était revenu pas bien lourd. Il n'était déjà pas obèse au départ. De toute façon, quand tu n'as que la peau et les os, à part te désosser, les types ne peuvent plus te faire grand-chose. On lui avait offert un bon lavage de cerveau. Ce n'est pas très nourrissant. Une fois que tu as compris comment ça marche, c'est facile. Ça vaut la chorale de Cavaillon. Il suffit de marquer la cadence, et tout le monde est content.

Heureusement, leur guerre d'Algérie, ils l'ont gardée pour le dessert, sinon la daube de Marie se serait ratatinée.

Marie, je ne veux pas la forcer, ce n'est pas ma domestique, Dieu garde, je ne lui demande rien. Quand j'ai parlé d'aller à la pizzeria avec les amis, houlà... Elle a voulu savoir ce que ça voulait dire, et si quelqu'un avait jamais eu à se plaindre de sa cuisine, et patin et couffin. Marie, pendant la prochaine guerre, celle contre les Cosaques, quand on fera la Résistance comme en 40, on pourra l'appeler Quart-de-tour, parce qu'elle démarre impeccable... J'avais beau lui dire : Mais non, Marie, mais non, ta cuisine, elle est extra, personne n'a jamais prétendu le contraire, on en mangerait sur la tête d'un galeux... Rien à faire... Je te jure, les gens, le problème, ce n'est pas de les mettre en branle. C'est pour les arrêter.

Total, elle nous avait préparé un bon petit repas, l'anchoyade et la daube, et je prenais soin de ne pas laisser le verre de GMC au sec.

Cette femme, elle sait se tenir. Ce n'est pas le genre à se garder la vedette. Une fois passé son coup de fièvre avec Karl, elle s'est intéressée à Marie. Elle lui a posé des questions sur sa vie, comment elle se débrouillait et le reste, mais attention, des vraies questions, pas bêtes. De ce genre de questions qui mettent en valeur celui qui répond.

Marie rayonnait. Je ne l'avais jamais vue comme ça. De fait, on ne se voit pas tellement. Je ne dis pas ça pour essayer de m'excuser, mais c'est vrai. Quand elle est au four, je suis au moulin.

Du coup, l'ambiance était extra, autant comme la daube. C'est important, parce que, même si ta daube est fondante, quand Marie se met à tirer sa gueule, le repas risque de paraître longuet. Je l'ai mal élevée.

Là, ce n'était pas le cas. On baignait dans la gentillesse. Juste ce que je voulais. Au café, Karl nous a raconté comment il se débrouillait pour maintenir son parc de véhicules opérationnel à 150 p.100 à Cao-Bang. Simple. Il piquait les engins des troufions d'à côté. Ensuite, un coup de peinture sur un pochoir, tu changes l'insigne régimentaire, et ni vu ni connu. Autant de pris sur l'ennemi.

A l'entendre, on avait l'impression que cette guerre, ils se la seraient volontiers faite entre unités différentes. Ça se comprend, parce qu'un spahi, mettons, tu le reconnais. Mais va reconnaître un Viêt méchant d'un bon paysan. Tout compte fait la solution, c'était de les tuer tous. Seulement, on ne peut pas dire que ce soit du travail en finesse. Enfin, chaque métier a ses soucis.

Une fois le café bu, j'ai sorti mon vieux marc, un terrible, le spécial des grandes occasions. Celui-là, il ne m'en reste pas lourd. C'est le père Cousse qui le distillait au Revest, ça ne date pas d'hier. Cousse, ça fait un moment qu'il est rayé des contrôles. Il avait un alambic, un vrai bijou. Pas la grosse machine, mais il brillait comme un astre.

Quand j'ai eu parlé d'alambic, Karl a demandé :
« Où ça ? »

Il m'a fait rire. Au moins, il ne perd pas le nord. Je le lui ai expliqué. Qui pourrait bien vouloir d'un alambic ? Une table, un bahut ou même un pétrin, j'admets. Tu peux y poser ta collection de paupières de dinosaures fossiles. Mais un alambic, pour quoi faire ?

Karl m'a toisé avec pitié.

« On voit bien que tu n'y connais rien, Coco... Du moment qu'un objet est vieux, c'est tout bon. On ne lui demande pas de servir à quelque chose. Si en plus il est beau, c'est parfait. »

D'après lui, les vieux objets, c'était une folie en ce moment. On ne pouvait pas imaginer... Si par exemple je lui dénichais un soufflet de forge, alors là je lui rendrais service. Et même dix, il était preneur. Si jamais je tombais sur un cimetière de soufflets de forge, que je le prévienne. Les soufflets de forge, dans le Luberon, les Parisiens s'en font des tables. C'est une vieille tradition, si tu n'as pas ton soufflet grand comme la moitié d'un terrain de foot, tu n'es qu'un minable.

Ah ! bon ? J'y penserai. Seulement, nous, les soufflets de forge, par ici...

Ce qui marchait pas mal non plus, c'était les reliques militaires. Attention, hein, les allemandes... Parce que les françaises, honnêtement, on ne se battait

134

pas pour. Mais un poignard S.S., ou un casque à pointe, ça oui... La dernière guerre, c'était devenu comme la conquête de l'Ouest. A part que les Allemands jouaient tous les rôles, les cowboys et les Indiens. On n'imaginait pas : une véritable folie. Un bouton d'uniforme, un simple bouton, tu pouvais le vendre dix francs comme une fleur. D'ailleurs, les Allemands avaient réalisé le filon. Ils fabriquaient des croix de fer toutes neuves à la tonne. Et pas que ça...

La planche m'a paru bien savonnée. C'était le moment. J'ai dit à GMC :

« Le Petit m'a raconté que vous aviez une belle collection d'insignes.

– C'est exact. J'en ai à peu près de tous les régiments que j'ai connus. »

Mon Karl, ça l'intéressait. GMC ne demandait qu'à nous montrer ses merveilles. Nous sommes passés chez elle, avec la voiture de Karl.

Je n'avais pas remis les pieds dans cette maison depuis la Libération. Je n'aurais jamais reconnu. J'en suis resté soufflé.

Le Petit avait fait un sacré travail. La grande pièce du bas, tu aurais cru un musée. Tout un mur blanc, avec des cavités, et dans chaque une bondieuserie chinoise. Moi, je n'aurais pas supporté, ce n'est pas des bons dieux pour les Européens. Il s'en trouvait avec des têtes horribles, ou alors des oiseaux bizarres, de vrais cauchemars. Chacun ses goûts. La folie des autres, je ne critique jamais. Enfin, pour regarder un moment, ça allait. C'était du beau matériau et du beau travail.

Karl, ça lui a plu, c'est normal. Tu ne vois bien que les choses que tu connais. Il regrettait de ne pas avoir profité de son séjour pour ramener quelques petites atrocités dans ce style. Seulement, quand tu es légionnaire, le règlement ne prévoit pas de te voir charrier des pagodes.

GMC a allumé un feu. Toutes ces diableries, éclai-
rées par le reflet des flammes, ça vous dépaysait. Elle a
mis de la musique de là-bas, j'imagine. Une espèce de
trompe très grave, comme un bœuf triste perdu dans la
brume, et des bruits de clochettes. Ça faisait un peu
peur. Elle nous a servi une liqueur chinoise, et pendant que nous sirotions, elle nous a montré ses insignes.

Karl, tu parles s'il s'en souvenait. Celui-là, c'était
l'insigne du 4e régiment de marsouins qui s'était battu
à Long Binh contre la division viêt 327... Et celui-là...
Et en avant la musique. Leur guerre, c'était quelque
chose. Ils avaient l'air de drôlement la regretter. Puis
ils se sont accrochés à propos du lieutenant-colonel
Valda. GMC prétendait qu'il était balafré, vu qu'il
avait sauté sur une mine dans le Delta. Karl soutenait
le contraire, et qu'elle confondait avec le commandant
Rumpelmeyer. Dur combat.

J'ai dit à GMC :

« Ne vous disputez pas. Vous avez peut-être des
photos? »

Et comment! Elle est allée chercher une valise, et
c'est reparti.

Des photos, il n'en manquait pas, depuis Leclerc
jusqu'à Cogny, en passant par Bao-Daï. Mais pas de
Rumpelmeyer. Ils ont bien cherché. Ils tombaient en
extase devant des gus, manches retroussées, chapeau
de brousse. En plus, avec les ombres, vu le climat, tu
ne voyais pas grand-chose. Pour moi, ils se ressemblaient tous. Mais pas pour eux. Ils s'étaient mis à se
tutoyer.

« Et celui-là? Tu t'en souviens? »

Un peu, mon neveu. Ces types, c'étaient des sur-
hommes, ce qu'ils avaient fait, aucune bête immonde
ne l'aurait fait. Et après? Ça sert à quoi d'être le héros
d'une guerre perdue? Déjà qu'une guerre gagnée, ce
n'est pas la joie...

Je ne les comprenais pas. Pour eux, leur guerre,

c'était le bon temps. Ils ne se posaient pas la question de savoir si elle était juste. Ils avaient mal au cœur qu'elle soit finie, c'est tout. A les entendre, on aurait pu croire qu'il s'agissait d'un grand jeu. Ils y avaient risqué leur peau, c'était ce qui primait.

Ils ont sorti toutes les photos. Karl s'est même reconnu sur une, celle d'une prise d'armes au Cap Saint-Jacques. A l'époque, il portait la barbe. Ça lui faisait drôle de se revoir.

Au fond de la valise, il est tombé sur un cliché, format carte postale. C'était la reproduction d'un tableau. Il l'a examiné attentivement. J'ai regardé aussi. Ça représentait une espèce d'arc de triomphe. On ne pouvait pas bien juger, c'était en noir et blanc, ça n'avait pas l'air mal, comme peinture... Dans l'angle, on distinguait assez mal une signature : EM, ou FM 41.

Karl a remarqué :

« C'est intéressant... Qu'est-ce que c'est ? »

Elle a répondu :

« Juste un tableau. »

J'adore ce genre de réponse. Des fois qu'on l'aurait pris pour un moule à hosties...

Il a insisté :

« C'est de qui ?

– Je ne sais plus. On a dû me donner ça il y a longtemps... »

J'ai eu l'impression que Karl venait de lever un drôle de buffle. Mais quoi ? Ça n'était jamais qu'une reproduction de tableau.

La valise était vide, la guerre finie.

Heureusement, il restait les disques. Nous nous sommes installés devant le feu à écouter des vieilles marches de la Légion, des machins comme ça. J'ai reconnu l'inévitable « Boudin », Karl m'a demandé si je savais ce que ça voulait dire. Evident. On leur donnait du boudin, parce que ça revient moins cher que le caviar.

Il a souri. Je n'y étais pas. Le boudin, c'était la couverture que les légionnaires portaient roulée sur leur sac, dans les premiers temps... Ah! bon...

C'est assez joyeux, les marches de la Légion. Ça vous donne l'impression de suivre un enterrement. Bref, ils s'amusaient comme des petits fous. Moi pas tellement. J'étais sidéré de les voir. De tout ce temps perdu, pour eux, il ne restait qu'une espèce de conte de fées.

Il se faisait tard. GMC nous a proposé de rester à manger. Elle n'avait pas de boîtes de singe, mais elle pouvait nous faire une omelette au lard, ou aux champignons, ou... Karl s'est excusé. Il fallait qu'il rentre. Il était enchanté. Il espérait qu'elle passerait à Uzès bientôt. Si, si, il y tenait. Il connaissait un ancien adjudant-chef qui avait traversé la baie d'Along en pédalo blindé, ou un exploit dans ces eaux. Et c'est reparti.

Finalement, il a dit :

« Tant pis, je reste. »

Nous avons mangé l'omelette et du rôti de veau froid, de la salade, du chèvre extra... Mes deux zigotos continuaient leur voyage au pays des merveilles.

Pour finir, GMC nous a passé des diapos. On voyait toujours le même genre de zèbres en tenue de campagne. Et puis des engins, de tout petits véhicules bizarres. Des crabes... a dit Karl. Pour aller dans la vase? C'est ça même. Et des tanks. Ça, je reconnaissais. C'étaient les Sherman de la Libération. Et des files de soldats, des blessés. Toutes les images d'une guerre, on a vu ça cent fois.

Ce qui m'intéressait, c'était le décor, les rizières, des paysannes aux dents noircies. J'ai demandé :

« Qu'est-ce qu'elles ont? Des caries? »

Ils m'ont répondu en chœur :

« Bétel. »

Sans doute, une maladie tropicale. Et puis des cochons maigres, des gosses dodus, en train de jouer dans la boue, des bonzes, de vieilles paysannes sous leur chapeau conique. Ils étaient probablement tous morts.

Je regrettais de ne pas avoir connu ce pays. Maintenant, c'est trop tard. Fini le bon temps. Plus question pour nous d'y remettre les pieds. Dommage. C'était un beau pays, et je comprenais que mes zozos le regrettent. Ce qui me tuait, c'est qu'ils n'avaient été là-bas que pour le détruire, ils ne s'en rendaient même pas compte. Ils parlaient de cette guerre comme on parle d'un vieil incendie de pinèdes.

Je les connaissais. Ce n'étaient ni des crapules, ni des tueurs maniaques. Pourtant...

Pourtant rien. On ne peut pas juger. Si tu as fait quelque chose, tu peux en parler. Sinon, tu peux la fermer.

Après ces diapos, ça paraissait étrange de se retrouver au Mas, dans la nuit d'un printemps frisquet, avec des troupeaux de nuages qui filaient dans le vent.

Nous avons laissé GMC. Karl m'a raccompagné. Mine de rien, j'ai demandé :

« Au fait, et ce tableau ?

– Ça me dit quelque chose, Coco. Il faut que je vérifie.

– Tiens-moi au courant, mon beau.

– Pourquoi ? Tu t'intéresses à la peinture en plus ?

– Exact. Je vais ouvrir une galerie, dans mon bistrot, cet été. J'afficherai, en grand : ON PEUT APPORTER SES CROUTES.

– Toujours rigolo, hein, Coco ?

– Toujours, mon ami. Je vais te dire, Karl, si je ne me fais pas rire moi, qui c'est qui s'en chargera ?

– C'est vrai. »

C'est beau, la nuit. Le monde paraît différent, et... Mais je n'avais pas envie de me faire un poème.

Karl m'a déposé. Je l'ai remercié. Je lui ai promis de lui chercher un beau soufflet.

(11)

C'est dimanche. J'entends le bruit des cloches qui monte de la vallée. Aujourd'hui, maman ne travaille pas. Je vais aller prendre la voiture de GMC pour faire quelques courses au village. Je ne sais pas trop quoi acheter. Peut-être des caillettes aux herbes. Ferrand les fait bonnes. Sauf l'été. Il n'a plus le temps, alors il fabrique n'importe quoi. C'est bien assez bon pour les vacanciers.

Il vient de pleuvoir. La route devant la maison est encore toute luisante. Beau temps pour les escargots. Je me demande qui les ramasse encore, par ici. A coup sûr, les escargots arrivent en boîtes, d'Amérique, comme le reste. Comme les poulets.

Quand le vieux Leblanc pense qu'on fait traverser l'Océan à des poulets, ça le rend fou. Ça m'est égal. Ils pourraient les faire venir de la lune, ça changerait quoi?

J'ai l'impression de tourner en rond. Au début, je croyais qu'il devait se passer quelque chose. Il ne se passe rien. Le temps passe, c'est tout. Je ne me plains pas. C'est formidable de pouvoir sentir l'air sur sa peau. Rien que pour ça, ça vaut la peine d'en avoir réchappé. Mais... rien. Il n'y a rien. Aucune piste. Tout ce que j'ai trouvé, c'est un insigne sur une épave de voiture. La marque? Le garagiste me l'a dite sans problèmes. C'était une Rosengart. Elle venait d'où, avec un nom pareil? Il n'en savait rien. Le nom ne veut plus rien dire. Simca rachète Chrysler, ensuite ça devient Talbot, mais c'est la même voiture, ou presque.

Ce qu'il sait, et ça ne m'avance guère, c'est que la marque Rosengart a disparu. Il faudrait que je m'adresse à un journal spécialisé. Ils tiennent des rubriques où ils répondent à ce genre de questions. Bonne idée, merci.

Je ne vais rien demander du tout. Cette voiture, personne ne peut m'en parler, alors que les gens pourraient te raconter les aventures du moindre tas de cailloux.

Justement. Ce n'est pas un tas de cailloux.

J'ai gardé l'insigne. Je l'ai fixé au mur de ma chambre, avec deux petites pointes. Ça m'a fait penser à la collection de GMC, mais je ne suis pas collectionneur.

Maman m'a paru bizarre, ces temps-ci. Elle ne veut jamais me dire ce qui ne va pas, une vraie tête de mule. Inutile que je le lui demande. Ce qui ne va pas, chez elle, c'est moi. Elle doit encore se faire du souci, mais alors là je ne comprends plus... Dieu sait si je suis sage, depuis mon retour. Je fais très attention à être gai. Je pense à chantonner quand elle est là. Je me fais l'effet d'un coucou suisse. Il ne me manque que la clef dans le dos pour me remonter. Maman n'est pas folle. Elle doit sentir quelque chose...

J'ai l'impression qu'on me surveille, mais qui? Je ne sais pas. Il n'y a personne. Pourtant, c'est comme si quelqu'un me regardait sans que je puisse le voir. Parfois, j'ai envie de me retourner brusquement. J'aurais l'air d'un fou. Je le suis peut-être. Je ne veux pas l'admettre. Si c'était pour en arriver là, ça ne valait pas la peine de revenir au Mas. Je n'avais qu'à me rendre directement à l'asile.

Sinon, ça va. J'ai commencé les jardins. Chez Marie-Do, j'ai de quoi voir venir. Elle veut que je refasse entièrement son jardin intérieur. Elle n'a pas tort, c'est un bel endroit : une terrasse perchée quatre ou cinq mètres au-dessus d'un champ de lavande. De là, tu vois tout le paysage. Il n'est pas très grand, ce jardin, vingt mètres sur trente, peut-être. Dans l'angle pousse le fameux cyprès, celui que l'on aperçoit de loin. A côté, il y en a un autre, plus petit, qui lui permet d'accrocher un hamac. Près de la cuisine, un énorme figuier et un vieux mûrier au tronc creux. Pour le reste, c'est la jungle, avec des chardons et de la folle avoine.

J'ai d'abord achevé son bassin, je l'ai cimenté. Il est alimenté par la déverse du toit. Avec les caillasses retirées, je lui ai fait une terrasse dallée, le long du mur du séjour. C'est un coin à l'abri du vent. On y est bien au soleil, l'hiver.

De chez un pépiniériste, nous avons rapporté un peu de tout : un abricotier, un kaki, un pommier, un plant de bambou, un hibiscus à fleurs mauves, n'importe quoi. J'ai planté une passiflore contre le grand mur en ruine du fond. J'ai retourné un bon coin de terre, au pied de ce mur, et semé un petit potager. En attendant qu'il fasse assez chaud pour se baigner, je puise de l'eau dans le bassin, pour arroser.

Je me fais du souci pour le kaki, c'est un bois fragile. A la première tempête, s'il y a des fruits, les branches risquent de casser. Pour le reste, j'attends de voir ce que ça va donner. Je me demande si le citronnier sauvage va supporter le gel, sauvage ou pas. Mais le bambou, je reconnais que c'est gracieux.

J'ai installé un rosier grimpant, à petites fleurs blanches, et je lui ai bricolé une armature à voliges. Il devrait recouvrir tout un secteur, entre le grand cyprès et le potager... Dès que tu commences à travailler un bout de terre quelque part, tu te sens chez toi, comme si cette terre était tienne. Marie-Do me laisse faire. Ce jardin ne ressemble à rien, il est agréable. La brousse qu'il y avait avant n'était pas mal non plus.

J'aime travailler chez elle, parce que les résultats, tu les vois tout de suite. Quand je repense à tout ce temps qu'ils m'ont forcé à passer sans rien faire, j'ai envie de tuer.

Chez le Belge, c'est autre chose. Il est légume, légume. Il m'a fait faire des planches de tout : courges, haricots, petits pois, pommes de terre, maïs. Il a dû oublier les bananes. Qu'est-ce qu'il compte faire de tout ça ?

J'ai commencé un potager pour maman en y mettant aussi des plantes décoratives, quelques pieds de tournesol, des roses trémières et des belles-de-nuit. J'ai mis aussi un figuier et deux abricotiers. J'ai clôturé à cause des biquettes du vieux Desmichels.

Au village, je crois que c'est fini. Je ne les inquiète plus depuis que je fréquente. Pour ce que je sortais... Je n'ai plus ni l'âge, ni l'envie de courir les bals.

J'ai rencontré Annick par hasard. Elle faisait un stage à la poste, j'y étais allé pour Coco. Elle n'est pas d'ici. C'est ce qui m'a décidé. Parce que, pour les gens du coin, je reste celui sur qui la foudre est tombée. Ils en parleront encore dans dix générations. L'été, je parie que des abrutis doivent demander où ça s'est passé, et s'il reste des gens qui ont vécu ça. Je ne veux pas que l'on montre des gens du doigt à cause de moi, plus tard.

J'étais au pied du mur. Ou je reste à l'écart, et plus question de m'installer. Ou j'essaie de commencer une autre vie. Qu'est-ce que je risque ?

Du côté d'Annick, pas de problèmes. Elle sait. Sa famille est pied-noir. La violence, ils en connaissent un rayon. Ce qui compte, pour eux, c'est que leur petite soit heureuse. Elle se trouve bien avec moi. Alors, autant essayer, nous verrons bien. Je n'ai pas à me forcer, elle comprend beaucoup de choses. Parce que la solitude, seul, vraiment seul, à la longue, c'est usant.

Le village sera rassuré une bonne fois, et surtout

celui qui doit s'intéresser encore à moi. Tant que je resterai seul, il se méfiera. Il guettera pour savoir si je ne le guette pas. Une fois marié, il se dira que c'est fini. Il voudra tenter quelque chose avant que je m'en aille, il se découvrira. Je ne vois pas d'autre solution. Je ne peux pas en parler à Annick.

J'y tiens. Ça m'a fait du bien de retrouver un corps de femme, les gestes de l'amour, entendre une autre voix, rêver de nouveaux projets. Je fais comme si j'y croyais. J'y crois, si on veut. Avec elle, je continue à me dédoubler. Je regarde quelqu'un commencer une histoire qui pourrait être la mienne, si je n'étais pas obligé d'en finir une autre. Une vieille histoire qui n'a sans doute plus de sens.

Je ne suis pas fou. Je n'ai pas rêvé. Je n'ai pas attendu tant de temps pour rien, ce n'est pas possible. Même si rien ne doit finir, je sais bien comment tout a commencé. Je revois ce jour-là comme si c'était hier...

C'était une belle journée de septembre. Je m'étais levé tôt pour aller faire un tour dans les bois, du côté d'Orgnac, repérer des traces de gibier. La chasse était ouverte. Je la prépare bien avant l'ouverture. Quand tu connais ton gibier, tu sais où aller.

J'étais tombé sur une coulée de lièvre, au creux d'un massif de noisetiers. J'avais trouvé quelques poils roux. Plus loin, des plumes, éparpillées entre deux buissons. J'ai reconnu les rémiges bleu et blanc d'un geai. C'était la carte de visite d'un renard. J'ai été jusqu'à une mare, dans un fond argileux, relever les empreintes dans la boue. Tiens, des sangliers, sans doute un couple. Quelques traces plus petites montraient que la laie venait de mettre bas. Les marcassins trottinaient avec elle... J'ai tout effacé. Inutile qu'un promeneur les découvre. Il faudrait que j'y retourne, à la tombée de la nuit.

En m'en revenant, j'ai arraché un plant de sauge. GMC en voulait, pour son jardin.

A l'époque, elle m'intimidait. Je la voyais peu. Je n'étais pas si dégourdi, juste un petit paysan. Elle, elle venait de l'autre bout du monde, elle avait traversé des océans et des guerres. Elle tombait de la planète Mars. Nous étions des étrangers, incapables de parler la même langue. Du moins, je le croyais. J'éprouvais un vague malaise devant elle. C'était une femme. Elle avait un corps. Mais son visage figé en faisait un objet intouchable. J'étais très jeune. Comme pour tous les jeunes, la vie, c'était pour moi, en partie, l'attrait sexuel.

Avec GMC, pas question d'attrait. Cette femme représentait la mort, avec son visage mort.

A présent, je n'ai plus cette impression. En vieillissant, elle redevient une femme, parce que le sexe a perdu de son importance. C'est à présent un besoin comme les autres, alors que, plus jeune, il colorait tout, même si je ne m'en rendais pas compte.

J'étais innocent. Je ne savais rien. Je ne comprenais rien. J'étais jeune comme un jeune chien, et guère plus futé. Je commençais à peine à y voir plus loin que mon ombre. Je ne tenais pas à quitter les jupes de ma mère. J'allais devenir cette espèce d'animal qui ne peut s'écarter de son piquet, même si tu brises la chaîne. J'étais beau, pas trop bête. J'allais commencer à saisir le monde...

Je revois cette matinée. GMC m'avait proposé à boire, pour me remercier de la sauge. J'avais accepté deux doigts de pastis. Je me souviens de sa couleur dans le soleil. D'habitude, les choses, je les vivais, je ne les enregistrais pas. Mais ce matin, tout s'est fixé.

C'était le dernier matin de ma jeunesse, et je n'en savais rien.

A un moment, nous avons entendu la sirène de la voiture des gendarmes. L'été, c'est fréquent. A l'époque, il y avait moins de voitures, la route était moins bonne. Pourtant, les touristes se plantaient déjà à tour de bras. On en prenait son parti. Chaque année, c'était pareil, comme une espèce de guerre saisonnière où chacun risquait sa peau. Pas moyen de signer un armistice avec les Parisiens.

Nous nous sommes demandé ce que ça pouvait bien être. A la sortie du village, en tirant sur Vallon, il y a une ligne droite. La route est belle, bien dégagée. C'est là que les accidents se produisent.

J'ai fini mon verre. J'ai dit à GMC que si elle avait besoin d'autre chose, ce serait volontiers. Je suis sorti.

J'aime bien la vue, de devant chez elle. On aperçoit le calvaire du chemin des Hauts, et nos toits, en enfilade. On devine la vallée, masquée par le marronnier du vieux. J'ai regardé un moment... Je suis redescendu, juste comme la R4 des gendarmes arrivait en cahotant par le chemin.

(12)

C'EST Zé qui est tombé dessus. Je m'en souviens, il faisait un temps magnifique, ça me faisait regret de rester à mon bar. Mais il n'y a pas de raisons que je laisse le travail à Marie chaque fois qu'il fait beau. Toujours est-il que les jambes me démangeaient, ce matin-là.

Zé, en période de chasse, il est dangereux. Plusieurs fois, il a failli se faire cartonner. Il a pris l'habitude de se faufiler dans les bois, un peu pour faire le voyeur, un peu pour s'amuser. Seulement les chasseurs, ils tirent d'abord, ils regardent après. Pas ceux de chez nous. Eux, ils savent. Le gibier, ils le connaissent. Mais les Marseillais. Oh! pauvre. Avec eux, ce n'est plus de la chasse, c'est le génocide pour tout ce qui bouge. Quand ils arrivent, j'enferme Gardénal.

Toujours est-il que Zé, ce matin-là, il repère une voiture dans un pré, au début du chemin qui mène au Mas. Elle était drôlement bien installée. Le chemin fait un coude. En bordure, il y a un muret assez haut, garni de buissons. Le touriste avait placé son engin en écran, à l'entrée du pré. Une bâche tendue entre la galerie de la voiture et un peuplier achevait de clore le tout. Ça faisait comme une cour intérieure.

Zé, curieux comme pas deux, ça l'a intrigué. Il traîne un peu, il n'entend aucun bruit. Alors, qu'est-ce qu'il fait, il contourne la bâche, et il va derrière le peuplier, regarder.

Il tombe sur un type étendu, du sang... Il n'a pas

cherché à en savoir plus long. Il est parti au village, en courant comme un fou. Si ça se trouve, aussi bien, il se serait planqué dans un coin, crainte qu'on l'accuse. Mais là, il a rencontré le Toine, qui l'a fait causer, et qui l'a conduit aux gendarmes.

Les gendarmes connaissent Zé. Ils savent qu'il lui arrive de mélanger ce qu'il vit avec le cinéma qu'il a dans la tête. Leur métier, c'est de vérifier. Alors, ils sont allés jeter un œil.

Houlà! Quand ils ont vu ça, ils se sont affolés. Le brigadier a téléphoné tout de suite à ses collègues de Vallon, aux flics, au diable et à son train.

Drôle de spectacle. Dans les restes d'un foyer, un homme s'était écroulé, tué à bout portant par une décharge de chevrotines en plein torse. Un type d'une cinquantaine d'années, costaud, en pull et pantalon de velours. Des plombs avaient atteint la voiture.

D'après les plaques du véhicule, le malheureux venait de Paris. L'argent et les papiers avaient disparu. Pas de traces de lutte, pas d'indices, débrouille-toi avec ça...

Les gendarmes sont logiques. Une fois qu'ils ont su que le champ appartenait au père Leblanc, ils sont montés le voir aussi sec. Il leur fallait bien commencer par un bout. L'enquête a débuté comme ça.

Tout de suite, c'est devenu un cirque. Je m'en souviens, c'était en 65. Il paraît qu'à l'époque la France s'ennuyait. En tout cas, les journalistes ne devaient pas avoir grand-chose à se mettre sous la dent. Ils se sont abattus sur le pays comme un nuage de sauterelles. Il y en avait partout. Tu soulevais le couvercle d'une poubelle, sur quoi tu tombais? Sur trois journalistes en train de cuisiner une souris.

Il s'est amené la télé, et toutes les radios. Comme au village tu ne peux pas loger, ils faisaient la navette au diable vert, en voiture. Tu te serais cru dans un western, la ruée vers l'or, à part que ce n'était pas de l'or, c'était du sang. Mais pour les journaux, l'un vaut l'autre.

Au début, je ne comprenais pas bien. Qu'est-ce qu'ils voulaient? Des morts? Ne me faites pas rigoler, ils en ont plein leurs pages, tous les jours que Dieu fait. Qu'est-ce qu'il avait de spécial, celui-là? Les pieds palmés ou quoi?

Ce qui les excitait, c'était le mystère, le côté aventure sur la route. Tout le monde est touriste maintenant, sauf nous. Nous, on est entouristés par les autres. Je parle des gens des villes. Ils ont tous leur voiture, leur caravane. Ils partent, comme ça... Ils arrivent dans un joli coin. Ils s'offrent une soirée de camping sauvage. Et zoup, ils se font massacrer, pire que s'ils étaient au fin fond de... Je sais pas, moi... la Corse ou l'Afghanistan. Sans raisons. Sans rien...

Les citadins, ils frémissent en lisant ça. Ils peuvent se dire : Tu te rends compte, Tatave, ce coin, Malaveil, on a dû passer à pas deux cents kilomètres, l'été dernier, en revenant de la Costa... Ben oui, Adèle, on a eu chaud. Ce que c'est que la vie... Alors, ils achètent la 22 long rifle, celle qui est en vente libre. Ils apprennent le karaté à la mémé. Ils font limer en pointe les dents de leur chien. Ils commencent à s'organiser en autodéfense, et ils se flinguent. Ils n'ont pas tort : c'est beaucoup plus sûr de se flinguer entre soi.

Comme il n'y avait pas de mobiles, les journalistes sont allés chercher des histoires anciennes... Ce Parisien, c'était un vieux des services secrets. Il en savait gros sur ce qui s'était passé dans la région pendant la Résistance, l'argent parachuté et tout... Vous croyez? Un peu, mon neveu. Règlement de comptes... Ou alors, c'était un espion russe. Un espion français qui n'est pas capable d'être aussi un espion russe, c'est qu'il ne connaît pas son métier. Ou alors un chercheur de pétrole.

J'ai l'air de plaisanter, mais les journalistes, eux, ils

ne plaisantent pas. Leurs couenneries, ils te les assènent à bout portant. Et les lecteurs, du mystère, ils en redemandaient.

Au début, avec leur cinéma, ils m'ont bien amusé. Ça n'a pas duré.

Les faits? Un mort par chevrotines. Un soir, tard. Bon. Et en plus, en pleine période de chasse. Ce qui veut dire que, si tu entends deux ou trois coups de fusil, tu n'y prêtes pas cas.

A partir de là, on pouvait imaginer que le tueur, c'est un chasseur. Pour une raison ou une autre, il se dispute avec le touriste. Il s'affole, il tire. Il disparaît.

S'il est venu en voiture, ce qui est probable, il peut être aussi bien à sa maison, tranquille comme Baptiste, à Marseille, Alès ou Pont-Saint-Esprit. Il suit l'affaire dans ses pantoufles. Si ça se trouve, il en discute même avec la compagne de ses jours et le tourment de ses nuits... René-Jules, elle lui dit, promets-moi de ne pas retourner à la chasse, c'est trop dangereux. Et en plus, le noir me va mal. – Nénette, je te le promets.

Ça me paraît la seule explication. Un accident. De chasse... C'est vrai qu'en France les gens se tuent plus volontiers à coups de voiture. On n'en fait pas tout un plat. Si ce Parisien s'était emplâtré contre un platane, cent mètres plus loin, qui s'en serait soucié?

La seule chose correcte, selon moi, c'était de faire passer une visite médicale aux chasseurs, pour éliminer les fous, et classer l'affaire.

Les flics ne l'entendaient pas de cette oreille. Le flic a besoin de crimes, comme la vache du taureau. Sans crimes, il n'existe pas. Et la presse avec.

Supprimez les crimes, et les arbres, plus la peine de les couper pour en faire du papier. Plus de problèmes d'énergie, il suffit d'envoyer les journalistes au charbon. Mais ce n'est pas possible. Parce que, si tu ne refiles pas des histoires au public, vu la vie que les gens mènent, exaltante et tout, il ne leur reste qu'à se flinguer. On ne s'en sort pas.

Tout le monde était bien d'accord pour monter les blancs en neige, dans cette affaire. Comme on ne pouvait pas arrêter tous les chasseurs des vingt départements environnants, il fallait faire avec ce qu'on avait sur place. On s'est donc intéressé aux gens du Mas et des environs.

Au Mas, Poulag, tout ce qu'il avait à dire, c'est qu'il n'avait rien à dire. Son champ n'était pas un terrain de camping, ni une décharge de cadavres. Il n'allait pas se mettre à poser des mines pour empêcher les touristes de s'installer.

Ce qu'il faisait ce soir-là? Son travail. Il n'attendait après personne... Et qui est-ce qui le prouvait? Personne. Leblanc n'avait plus rien à prouver. Il avait prouvé qu'on pouvait être prisonnier cinq ans avec les Allemands. Ça n'allait pas recommencer à cause d'un Parisien, non? Les Parisiens, qu'ils restent à Paris. Lui, il n'y allait pas, dans cette ville. Alors?

Alors, les gendarmes sont passés au suivant. GMC? Elle ne chassait pas. Ce soir-là, elle était restée chez elle, à lire, comme d'habitude. Elle n'avait rien d'autre à déclarer.

Les Desmichels? Comme ils sont plusieurs, ils peuvent se soutenir. Ils étaient ensemble à regarder la télé, pour changer. Même qu'ils pourraient raconter le film. Vous pensez, pour une fois qu'on en passait un bon, avec Fernandel!

Comme il fallait bien faire quelque chose, ils ont embarqué Pivolo, faute de mieux, histoire de permettre à nos messieurs de la presse de prendre quelques clichés. Cet ahuri, pas ravi, ruait dans les brancards, ils lui ont passé les menottes. Ça fait tout de suite plus riche, dans un tableau, des bracelets.

Avec sa gueule de sanglier cabossé, il vous donnait un assassin très présentable. Pur produit de campagne. Et même campagne de Russie, avec son étui de masque à gaz allemand et sa vieille capote. Les journalistes l'ont trouvé génial, plus vrai que nature. Du jour au lendemain, il a été célèbre.

Du temps qu'on le cuisinait, d'autres équipes allaient prospecter un peu partout. Du travail sérieux. Au village, tout le monde y est passé, et pas qu'une fois. Si jamais tu te trompais de l'épaisseur d'une aile de vampire, dans une nouvelle déclaration, houlà, ils ne te rataient pas.

Les gens d'ici ne sont pas bavards. Les affaires de Malaveil, ça ne regarde pas les étrangers, encore moins la police. Parce que c'est bien joli, de parler. Mais après, tout le monde s'en va, et toi tu restes. Si tu as dit de trop grosses bêtises, ne t'inquiète pas, tu n'en auras pas de regrets. Tu les payeras, tes paroles. Pas forcément tout de suite. Nous autres, nous avons le temps.

Les flics, à force, ils devenaient chèvres. Les gens réagissaient devant eux comme les trois petits singes, ceux qui se ferment les yeux, les oreilles et la bouche. Ils n'avaient rien vu, rien entendu, et tout ce qu'ils pouvaient raconter, ça ne pesait pas bien lourd. Arrêter les chasseurs? Il aurait fallu arrêter tous les hommes valides. Et puis, tu n'as pas besoin d'être chasseur pour tirer sur un éléphant dans un couloir. Pivolo? Un courant d'air nocturne. Personne ne le voyait. Alors...

Alors les flics sont allés cuisiner ceux du Jas du Gabian. Ils ont recherché Karl, qui avait un alibi en béton. Ils ne pouvaient pas arrêter d'Arabes. Comme nous n'avons pas d'industries, nous n'importons pas de Nord-Africains.

Il a bien fallu qu'ils relâchent Pivolo. Ils ne lui ont pas fait d'excuses pour autant. Pivolo s'est plaint qu'ils lui avaient volé son pastis, avec l'étui du masque qui lui servait à protéger la bouteille. Il a attendu d'être dehors pour proférer, sinon il se retrouvait avec la tête au carré.

Du pastis, les journalistes lui en ont fourni. Pivolo leur a raconté tout ce qu'ils ont voulu. Enfin, il a essayé. Ça devait avoir un rapport avec ses histoires de maquis, parce que ça commençait régulièrement par : C'était pendant l'occupation... allemande...

Ça n'allait jamais beaucoup plus loin. Ce que Pivolo a bien pu faire pendant l'Occupation, personne ne le saura jamais. Les journalistes en ont été pour leurs frais généraux. Ils ont quand même repris des clichés du libéré, brandissant un litre. C'était mieux que rien. Et puis ils sont restés là à attendre, le doigt sur la détente.

Les flics se sont décidés à faire intervenir leur mannequin-vedette, l'inspecteur Bialot, celui qui avait résolu l'affaire des bijoux du Carlton, le trafic des cigarettes et autres fariboles. Un as. Quand Bialot est là, ce n'est pas le moment d'aller aux asperges. Il ne se déplace jamais pour rien. Ça allait y aller.

Quand tu exiges à tout prix du résultat, tu fais une connerie à tous les coups. Je me méfiais. Qu'est-ce que ça pouvait bien leur faire que l'affaire reste en l'état ?

Tous autant qu'ils sont, ils ont voulu sauver la face. Il leur fallait une tête. Bialot, je ne sais pas si c'est un génie, en tout cas c'est un type logique. Il a arrêté le cirque. Plus la peine de cuisiner des gens dont on ne tirerait rien. Il fallait repartir du terrain. Chercher la petite bête dans les brins d'herbe, au lieu de trier les poux dans les cheveux des bons citoyens. Repartir à la chasse à l'indice. Et donner la parole aux gendarmes du coin.

Ceux-là, on les avait envoyés sur la touche, voir si la clef du champ de tir n'avait pas mis les voiles. Forcément, ce n'étaient pas des grands flics cruels, avec des trench-coats et des allures de gangsters. En plus, ils parlaient avec l'accent de la région, imaginez-vous ça. Le gendarme de Saint-Tropez, quasiment.

Sans le vouloir, ils auraient ridiculisé leur corps

d'élite... Alors, ils étaient rentrés à la maison, jouer avec leur taraïette, le cœur un peu gros, comme le gosse qui sent qu'on ne veut pas de lui. Ça ne veut pas dire qu'on ne l'aime pas, mais il ne s'agissait pas d'amour, il s'agissait d'une affaire d'ordre national.

Bialot s'en est allé trouver nos deux brimés, le brigadier Lebrun et le gendarme Langlumé. Il leur a passé la main dans le dos, et du baume sur le cœur. Ils en avaient bien besoin. Encore, Lebrun, ça pouvait aller, il avait sa sardine de brigadier. Mais le jeune Langlumé voyait sa carrière sapée à la base, après un coup pareil. Un journaliste l'avait même appelé : « Langlumé du cerveau... » Il trouvait ça dur, Langlumé. Ces choses-là sont rudes... Il n'avait plus le moral. Il se voyait traînant ce grelot toute sa vie... Ah, oui! Langlumé, de Malaveil... Il risquait de ne jamais trouver à convoler, après une histoire pareille. Même dans les annonces du *Chasseur français*. Bialot les a regonflés, et leur a intimé de retourner voir les lieux du crime.

La voiture n'était plus là. On en avait tiré tout ce qu'on pouvait en tirer. Quant à l'herbe, les curieux venaient de la piétiner un bon coup. Trouver un indice dans ces conditions, ça tenait du miracle, à moins de le fournir soi-même.

Des indices, les premiers jours, il en pleuvait. Dès qu'un abruti jetait le papier de son caramel dans le champ magique, un autre génie venait le porter à la police, avec des pincettes et un air gourmand... Les flics auraient pu commencer une chouette collection de papiers de chewing-gum.

Lebrun et Langlumé, pas chiens, se sont mis à flairer le secteur consciencieusement. Ils n'y croyaient plus, mais puisqu'on le leur demandait gentiment.

Bialot les observait en fumant sa pipe. Fumer, c'est beaucoup dire, il ne l'allumait jamais. Il détestait ça. Mais si tu veux être une vedette, tu as intérêt à te faire une image de marque : un bandeau noir sur l'œil, une mèche, n'importe quoi, mais quelque chose qui soit ton signe. Bialot s'était vissé une pipe une fois pour toutes au coin de la gueule. Tout le monde était content.

Les miracles, ça existe. Au bout d'une petite heure, Langlumé, qui balisait le sol du regard, s'est baissé. Il a ramassé une écharde de bois, peinte en rouge, presque au pied du saule. Ce bout de bois, tout le monde avait dû le voir sans y prêter autrement cas.

Langlumé, lui, ça lui a vaguement rappelé quelque chose... Sur le coup, il ne pouvait pas dire quoi... Mais ce rouge lui tirait l'œil. Il fallait qu'il calcule, ça allait lui revenir... Du diable, où est-ce qu'il avait bien pu voir précisément de ce rouge?

Bialot a fait placer l'écharde sous enveloppe, et le gendarme Langlumé dans un bureau paisible. Il lui a fourni le cadastre, avec les maisons bien indiquées, et la liste des habitants. Il lui a demandé de la reprendre et de pointer les gens, en tâchant de se souvenir de celui qui pouvait bien avoir un objet quelconque en bois peint en rouge.

Exécution... Il ne lui restait plus qu'à prier pour que Langlumé n'ait pas vu cette couleur dans un film porno. Nos gendarmes ne sont pas cinéphiles. Langlumé s'est attaqué soigneusement à la liste, en commençant par Malaveil. Ça lui a pris trois heures. S'il avait attaqué par le Mas, il en aurait eu pour deux secondes.

Effectivement. Dès qu'il est arrivé au Mas, il s'est exclamé:

– De dieu! C'est lui!
– Qui ça, lui? a demandé Bialot.

⑬

La première fois que les gendarmes sont venus, ils sont allés directement chez Leblanc. Ses chiens ont aboyé comme des démons. Le vieux est sorti de son poulailler pour voir ce qui se passait. Il ne s'en faisait pas pour deux sous. Il les connaissait bien, nos gendarmes. Il était là depuis longtemps quand le brigadier Lebrun a été nommé à Malaveil. Il s'est imaginé que c'était au sujet de son ouvrier agricole, Jeannot, un drôle de pistolet.

Jeannot, c'était un inquiet. Il n'en finissait pas de se ronger. Au physique, on ne l'aurait pas dit. Jeune, grand, solide, avec un bon sourire, il semblait sympathique. Seulement, il croyait que la moitié du monde en voulait à sa peau. Il ne supportait aucune remarque. Son dernier patron lui ayant fait une réflexion, Jeannot n'avait pas traîné. Le temps d'attraper son fusil, et il le pointait dans le ventre du malheureux.

Il s'était retrouvé à l'asile départemental. Quand il se sentait mieux, il en sortait. Il louait ses services aux gens, pour se faire un peu d'argent. Les amateurs ne se bousculaient pas, sauf le vieux.

Lui, il avait connu des S.S. et des bombardements et tout le diable, comme il disait, alors il ne craignait personne. Il embauchait son Jeannot, jamais pour très longtemps, parce que le travail le rendait fou.

Quand les gendarmes sont arrivés, je descendais de chez GMC. Je voulais passer mon chemin, par discrétion, Lebrun m'a fait signe de ne pas bouger.

156

Ils voulaient savoir ce que le vieux avait fait la veille au soir. Leblanc a trouvé cette question stupide.

« Qu'est-ce que ça peut bien vous faire, sauf votre respect, brigadier?

— Ça me fait rapport à votre champ de la route de Vallon, monsieur Leblanc.

— Et quel rapport avec mon champ, brigadier?

— Le rapport, c'est que votre champ, quelqu'un en a fait un abattoir, hier au soir. Le voilà le rapport. »

Au début, les gendarmes ne savaient pas trop comment se débrouiller. Les délits, chez nous, ça ne va jamais très loin. Un vol de linge à l'étendage, du chapardage... Du petit calibre, quoi... Un touriste assassiné, ça les prenait au dépourvu.

Pour cette première visite, ils se sont contentés d'interroger le vieux. Ils m'ont dit de ne pas quitter le Mas, et ils sont redescendus chercher de l'inspiration.

Ils sont remontés dans l'après-midi. Cette fois, ils ont interrogé tout le monde. Que leur dire? Ce mort, nous n'y pouvions rien. On l'avait retrouvé dans un champ du vieux, et après? S'il avait vendu son champ à un Américain, irait-on interroger les habitants de Chicago?

Ils sont repartis de nouveau, mais pour revenir en force, avec des tas de journalistes.

Au début, j'ai confondu journalistes et flics. Ces types qui vous prenaient en photo sans vous demander votre avis, et qui vous posaient des questions stupides, qu'est-ce que vous vouliez que ce soit? Dès que j'ai su de qui il s'agissait, je les ai envoyés promener. Maman ne leur a jamais ouvert. Ils collaient pire que les mouches pendant l'orage. Je ne sais pas si journaliste c'est un métier propre, en tout cas, ils le faisaient salement.

D'après eux, il fallait que l'assassin soit quelqu'un de chez nous. Alors, les policiers ont arrêté mon père. Ça ne s'est pas passé dans la maison. Ils l'ont eu alors qu'il revenait d'une de ses virées. Ils lui ont passé les menottes et ils l'ont embarqué.

Je n'étais pas sur place quand ça s'est produit. Je préférais m'éloigner. J'en avais assez de leur harcèlement. Si j'avais été là, je me serais battu. Mon père est ce qu'il est, mais on n'a pas le droit d'embarquer quelqu'un sous prétexte qu'on n'a pas trouvé mieux.

Le lendemain soir, Coco est passé voir ce que nous devenions. Il apportait les journaux de Paris. Ça m'a fait un choc de voir mon père en photo, en première page, comme une vedette, avec l'air d'un fou, et des titres incroyables :

« LE FORCENÉ DU MAS TRAGIQUE »

ou :

« L'ASSASSIN DES CÉVENNES »

J'avais toujours cru que les journaux, c'était sérieux. J'ai constaté qu'ils racontaient n'importe quoi. Ça leur était égal d'écraser les gens, pourvu qu'ils puissent en tirer une histoire.

Ça a traîné. Plus ça traînait, plus il venait de journalistes. Je ne sortais de la maison que par-derrière, ou alors très tôt le matin, ou tard le soir. Le premier qui se serait mis en travers de mon chemin, je lui collais mon poing dans la gueule.

Au village, d'un côté, ça ne plaisait pas aux gens qu'on les asticote. D'un autre, ils en étaient plutôt fiers. Se retrouver brusquement le centre du monde leur montait à la tête. Le premier chien coiffé venu qui voulait faire une déclaration trouvait tout de suite vingt journalistes pour l'écouter. De la folie pure...

Dès que mon père a été arrêté, on m'a regardé comme si j'étais le fils d'un assassin. Des gens qui m'avaient connu toute ma vie...

Ils l'ont relâché. J'ai dit à Coco :

« Tu vas voir qu'ils nous arrêteront tous.

– Parle pas de malheur, petit ! »

Pourtant, je m'imaginais que ça finirait bientôt. Un sujet ne fait jamais beaucoup de profit aux journaux. Il suffit de regarder les titres. Ils allaient forcément passer à autre chose.

Je me trompais. Ils se sont accrochés. Et puis les policiers ont fait venir un commissaire célèbre, paraît-il. Celui-là, il ne ratait jamais son coup. Bien le tant mieux. Il verrait qu'il n'y avait rien à voir, et tout ce beau monde dégagerait de devant.

Un matin, ils ont débarqué tôt, une voiture et deux fourgonnettes de gendarmes. J'ai entendu leurs sirènes couiner dans la montée. Je suis sorti. Je me demandais ce qu'ils allaient encore inventer. J'ai vu.

Ils ont giclé de leurs véhicules. Ils m'ont braqué. Ils m'ont passé les menottes, bras par-devant, puis ils sont entrés. Je me suis débattu, je ne voulais pas qu'ils aillent ennuyer maman. Ils m'ont bousculé. Ils sont ressortis très vite. L'un d'eux brandissait triomphalement mon fusil. Ils m'ont jeté dans la voiture, et roule. J'étais content parce que maman n'était pas sortie. Je ne voulais pas qu'elle me regarde dans cet état.

Je ne m'en faisais pas. Cette histoire n'avait aucun sens. Je l'avais dit à Coco : ils nous arrêteront tous, les uns après les autres... J'étais jeune, j'étais curieux, j'avais l'impression de vivre un film. Ils allaient me garder un jour ou deux, comme le père, puis ils me relâcheraient, et ce serait le tour de GMC.

Ça m'a fait rire. Un flic m'a envoyé un coup de coude. Il m'a dit :

« Il n'y a pas de quoi rire. »

Ça m'a fait rire encore plus.

Quand ils m'ont débarqué au village, pour me mener devant leur grand chef, je riais toujours. C'est là qu'ils ont pris cette photo, qu'ils devaient passer et repasser des tas de fois, avec des légendes du genre :

« LE RIRE DE L'ASSASSIN
AU VISAGE D'ANGE »

Je ne savais pas que j'avais un visage d'ange, ni que j'étais un assassin. Tout ça, c'était de la comédie... Ça ne pouvait pas durer.

Je me trompais.

J'ai attendu au cachot un bon moment. Combien de temps? Je ne sais pas. Je n'entendais pas sonner l'horloge. Puis ils m'ont amené devant leur commissaire. J'ai reconnu sa pipe. C'était Maigret. Il n'avait rien d'impressionnant. Il m'a fait retirer mes menottes. Il m'a demandé de m'asseoir. Il m'a présenté mon fusil. Est-ce que je reconnaissais cette arme?

J'ai trouvé ça idiot. Ils venaient me prendre mon fusil chez moi, ils m'embarquaient comme un bandit, tout ça pour me demander si je le reconnaissais? J'ai dit : « Vous êtes malade ou quoi? Bien sûr que c'est mon fusil. »

Un flic a commencé à me secouer. Le commissaire lui a fait signe d'arrêter. Il avait le sourire. Il a dit : « Et ça, vous reconnaissez? »

C'était une écharde de bois, avec des traces de peinture rouge. Elle avait l'air de venir de la crosse de mon arme. Je le lui ai dit.

Du coup, il a retiré sa pipe. il souriait encore plus largement. Il m'a lancé : « Très bien, jeune homme, très bien. Je vois que nous allons pouvoir nous entendre! »

Dans mon dos, les flics rigolaient. Ils m'ont fait sortir du bureau. Je suis retourné au cachot. Langlumé m'a demandé ce que je voulais comme sandwich, jambon ou fromage? J'ai dit fromage, je m'en foutais. J'étais assommé. J'avais du mal à calculer. Qu'est-ce que ça signifiait, cette histoire? Ils ne s'imaginaient tout de même pas que ce Parisien avait été tué avec mon fusil?

Ce fusil me venait de grand-père, le père de maman. C'est un vieux fusil à deux coups, en acier qui vire au noir. La marque, une tête de sanglier, est presque usée, à force. Il porte un peu à gauche. Il a aussi un sacré recul. Il vaut mieux le caler correctement, quand on épaule.

Il a eu des malheurs. Un jour, mon père l'a fracassé

160

contre le dallage. Il piquait des crises, à un moment. C'est avec lui que ma mère l'a mis en joue, la fois où il a voulu me battre. Plus tard, dès que j'ai eu l'âge, elle me l'a donné.

La crosse se trouvait fendue dans toute sa longueur. C'était du vieux bois, quelques chocs de plus, elle se serait disloquée. Je l'ai consolidée avec une pièce d'acier, du fil de fer bien serré, et je l'ai peinte en rouge. Coco m'avait fait cadeau d'un pot de peinture de cette couleur. Ça ne me gênait pas, au contraire. Ce fusil ne ressemblait pas aux autres. Je ne l'aurais échangé contre aucun engin plus moderne. Plus vieux, je n'aurais pas trouvé. Avec lui, je prenais ce que je voulais. Personne ne m'a plaisanté à son sujet. On m'a proposé plusieurs fois de me l'acheter, comme si c'était l'arme qui fait le chasseur. J'ai refusé.

J'y tenais. A l'époque de la chasse, je me trimbalais avec partout. Zappy nous avait même appelés les inséparables. Je ne m'en séparais jamais. Pas par manie. Mais au Mas nous sommes au bout du monde. En le quittant, où qu'on aille, on traverse des champs, des friches ou des bois. Il aurait suffi qu'un matin je l'oublie pour que le lièvre de ma vie me déboule sous le nez. Ce genre de chose, c'est mathématique. Alors, je le prenais, quand je devais me rendre quelque part, je m'arrangeais pour y aller en zigzaguant, de façon à provoquer une occasion. Ça me réussissait. Je partais voir Coco les mains nues, j'arrivais avec un lapin et deux perdrix. Ça me faisait plaisir de lui faire plaisir. Je n'avais pas d'argent, je ne pouvais guère faire de cadeaux.

Ce fusil, c'était un ami. Il y avait maman, et il y avait lui. Qu'est-ce qu'il s'imaginait, ce flic, avec sa pipe?

Je n'ai pas tardé à le savoir. Ils m'ont ramené devant lui. Le fusil était encore sur le bureau, la crosse vers moi. Le commissaire a sorti son fragment de bois d'une enveloppe. On aurait dit un chanoine en train de manier une relique. Il a placé cet éclat près d'une fente de la crosse. Il m'a dit :

« Regarde bien ! »

J'ai regardé. Ça collait. Sauf que la fente avait été colmatée, camouflée, et que l'écharde ne pouvait plus y entrer.

Je me suis penché, pour voir de plus près. C'était maquillé très proprement. Sans cet éclat de bois, on ne s'en serait jamais aperçu. Bon, et après ?

Le commissaire avait le sourire. Il m'a demandé :

« Tu sais où on l'a retrouvé, ce bout de bois ?

– Dans votre pipe. »

Cette fois, ils m'ont tabassé. Il les a laissés se détendre un moment. Puis il a ajouté :

« Tu peux faire le malin, pour moi, c'est classé. Emmenez-le. »

Cette fois, ils m'ont conduit à la prison de Nîmes. Nîmes, c'est la capitale du département. Je n'y avais jamais mis les pieds, je n'avais rien à y faire. Il paraît qu'il y a des arènes, la fameuse tour Magne, et des grands cafés. Les flics ne m'ont pas offert le circuit touristique complet. Ils m'ont conduit directement à la maison d'arrêt départementale.

Je ne comprenais toujours pas. Je me disais qu'ils allaient un peu loin dans leurs idioties, jusqu'à Nîmes. Quand ils auraient assez fait joujou, ils me relâcheraient.

Cette histoire d'écharde m'intriguait. Si je l'avais perdue, je m'en serais aperçu tout de suite. J'aurais vu sur la crosse une trace plus pâle... Pas forcément... La saleté s'infiltre avant qu'un morceau se détache. Admettons.

Peut-être que maman, en constatant qu'il manquait un petit morceau, avait arrangé l'endroit sans me le dire. J'ai rêvé là-dessus un moment... Ce n'est pas trop le genre de maman de remarquer ce genre de détail. Elle n'a guère le temps. Elle s'intéresse plutôt à mon

162

linge. Mais à part elle, qui diable aurait pu rapproprier cette crosse? Je ne voyais pas.

Cette écharde, ils l'avaient retrouvée dans le champ de Leblanc. Est-ce que j'étais passé par là, récemment? Je ne m'en souvenais pas. Mes trajets, je les connais bien, je les refais souvent. Je sais où je mets les pieds. Alors?

C'était gros comme une montagne. Quelqu'un essayait de me coller cette affaire sur le dos. J'ai frissonné. Ça ne tenait pas debout. Qui aurait bien pu me faire ça? Pourquoi?

Je devais avoir tout le temps de me poser ces questions. Je me les pose encore en ce moment...

Ce sont de bonnes questions. Je me souviens du moment où je les ai inventées, à Nîmes. J'étais seul, en cellule. Je venais d'être inculpé, devant monsieur le juge. Pour moi, ça ne signifiait rien. Je ne possédais pas encore la pratique de ce vocabulaire. Il y a eu des formalités. Je laissais faire. Je réfléchissais. Ce n'est que dans cette cellule que l'évidence m'est tombée dessus.

Une chance, j'étais allongé. Jusqu'ici, leurs combines ne m'affolaient guère. Je n'avais rien à voir dans cette histoire. Eux avaient le droit de se tromper. Ils étaient payés pour. En fin de compte, ils me relâcheraient, puisque j'avais raison. On n'en parlerait plus. Ils n'avaient pas de preuves...

D'un coup, j'ai réalisé que cette écharde leur suffirait. Des preuves, il ne leur en fallait pas un 30 tonnes. Juste ce petit morceau de bois, au bon endroit, au bon moment. Ça ne m'empêchait pas d'avoir raison, mais quand tu es seul à le savoir, autant dire que tu as tort.

Ça m'a intéressé. Il devait y avoir une explication très simple. J'avais le temps de la chercher.

Ce soir-là, après la soupe, il n'y avait pas d'activités

culturelles au programme. J'en ai profité pour tout retourner dans ma tête.

C'était fou, mais je devais supposer que quelqu'un avait combiné cette histoire... Qui sait? Il s'agissait peut-être d'une plaisanterie de Zappy, juste pour ridiculiser les flics? Demain, il passerait voir Lebrun. Il lui dirait : « Lebrun, l'écharde, dans le champ, c'est moi... »

Ce n'était pas possible. Parce que du jour où ils ont trouvé le cadavre, le fusil n'est plus sorti de la maison. Il aurait fallu que Zappy prenne l'écharde AVANT, en sachant d'avance à quoi elle allait lui servir. Et ça, seul l'assassin le savait.

Ça m'a abasourdi. Si je pensais correctement, ça signifiait que cet étranger avait été tué uniquement pour que l'on puisse placer cette écharde auprès de lui. Donc, que quelqu'un voulait m'attribuer un crime.

C'était trop énorme. Cette fois, je devenais fou. J'ai tout repris, posément. Supposons que le crime ait lieu. C'est un hasard, un crime accidentel. L'assassin, qui veut détourner les soupçons, prélève cette écharde, et la dépose dans le champ.

Impossible, puisque je n'avais pas pris mon fusil depuis ce crime. Personne n'avait donc pu ôter ce maudit bout de bois. Sauf maman, ce qui est impensable. Le père n'était pas là. Et s'il était entré la nuit, tu l'aurais entendu? Je crois... En tout cas, une machination pareille, contre son fils? Ça ne tenait pas debout... Donc, nécessairement, l'écharde avait été prise avant. Et là, aucun problème, aucun, mon dieu, non...

Ce fusil, je le menais et je le laissais partout. Si mettons j'allais couper du bois chez GMC, je le posais chez elle, à l'intérieur, à l'abri. Je le reprenais quand j'avais fini, pour aller faire un tour. Je n'allais pas redescendre à la maison le chercher.

Pareil chez le Belge. Les Desmichels? Non. Ils habitaient tout à côté, je n'avais pas de raison de porter mon fusil chez eux. Mais il m'arrivait de le poser devant chez nous, le temps de bricoler. A ce moment-là, ce n'était pas une affaire de retirer une écharde d'un coup de canif, pratiquement sous mon nez.

Je l'avais aussi quand je partais voir Coco. Je le plaçais dans un coin du bar. Si je devais rester un moment, et qu'un jeune me dise : « Tu me le prêtes? Je fais juste un petit tour, je reviens »... je n'avais pas de raisons de refuser. En échange, le jeune me passait son vélomoteur, on s'arrangeait comme ça. Du moment qu'il payait ses cartouches.

Ils sont plusieurs à me l'avoir emprunté. Comme j'étais bon chasseur, ils voulaient l'essayer, pour voir ce qu'il avait de spécial. Il avait une allure fantastique, avec sa crosse rouge et ce vieil acier. Coco me disait : « Avec ça, il ne te manque plus que la barbe, tu semblerais Garibaldi. »

Pour lui, ce devait être un compliment. Garibaldi. A l'époque, je ne le connaissais pas. On m'aurait dit que c'était le cousin de Mussolini, je l'aurais cru. Ce n'est qu'après que j'ai su qui c'était. C'est fou tout ce que j'ai pu apprendre. Grâce à une écharde.

La lumière me gênait. Je n'ai pas trouvé d'interrupteur. Je ne savais pas l'heure qu'il pouvait être. Impossible de le deviner d'après le jour, il n'y avait qu'un petit vasistas, à la vitre opaque, qui donnait sur une cour sombre. Pas moyen de dévisser l'ampoule, elle était sous verre, protégée par un grillage. Quasiment bouclée, elle aussi. Une chance, j'avais un mouchoir propre. Je l'ai plié, je l'ai posé en écran devant mes yeux.

Si je comprenais bien, tout un chacun avait largement eu le temps de se procurer cette écharde depuis... Voyons voir... Cela faisait quatre ans que je me promenais avec cet engin. Je venais d'avoir mes vingt et un ans, et j'avais commencé de me servir du fusil à dix-sept ans... C'était bien ça.

J'ai essayé de dresser une liste de tous ceux qui... J'ai dû y renoncer. J'aurais pu inscrire pratiquement tout Malaveil, à partir de douze ans.

J'ai essayé par l'autre bout. Et ceux capables de tuer un homme, froidement? Allez savoir... Personne, bien sûr, et tout le monde. Quand tu es en confiance, c'est personne. Mais je n'avais plus confiance. Tous ces braves types que je croyais bien connaître, je me suis aperçu que je ne les connaissais pas du tout.

Surtout, surtout, pourquoi me faire ça, à moi? A moi, Noël Roux, vingt et un ans, exempté du service militaire, pas de métier, pas d'argent? A moi qui n'avais jamais rien fait à personne? Parce que c'était bien moi qu'on visait, avec ce fusil. Pourquoi?

Je n'arrivais pas à dormir. Je ne savais comment m'occuper. Je n'avais rien à lire. Juste ces quatre idées à retourner dans ma tête, comme quatre sous au fond d'une poche. J'ai pensé à maman. Je m'en suis voulu de l'avoir oubliée. Ça ne me ressemble pas. Maman, même quand je ne pense pas à elle, c'est comme si j'étais avec elle, en temps normal. Normal, mon temps ne l'était guère. J'ai pensé à maman très fort. Je savais qu'elle pensait à moi. J'ai senti une impression de chaleur m'envahir. Je me suis détendu. La prison n'y pouvait rien. Maman et moi, nous étions ensemble.

Je n'avais pas envie de me déshabiller. Je ne me sentais pas chez moi, pas avec cette lumière. J'ai juste disposé la couverture sur moi. Ça manquait d'air, mais il ne faisait pas si chaud. Je me suis tourné contre le mur. J'ai fait le vide, comme si j'étais contre maman. Il n'y avait plus qu'elle, plus que sa présence... J'ai pu m'endormir.

A FORCE d'en voir, on se croit malin. Avec l'âge, tu te dis que plus rien ne peut te surprendre. Quand les autres tordus sont allés marcher sur la Lune, par exemple, je n'ai même pas ouvert la télé. La Lune, ça faisait déjà vingt ans que Tintin avait marché dessus. Moi, la Lune, je l'aimais bien, et ça ne me plaisait pas du tout que les Américains, ou qui que ce soit d'ailleurs, y mettent les pieds. Il faut voir la poubelle qu'on a réussi à en faire, de la Terre, alors, la Lune, j'aurais préféré que personne n'y touche. En plus, je ne vois toujours pas ce qu'il y a d'extraordinaire. Tu prends une fourchette, tu places un petit pois sur le manche, tu donnes un coup sec sur les dents, et vlan, ton pois, avec un peu de chance, tu l'envoies dans l'œil du voisin. On faisait ça, au réfectoire de l'école, quand j'étais gosse. Tu prends une fusée, tu y mets deux ou trois gros cons, tu fous le feu, et tu les envoies dans la Lune. Où est la différence ?

Les gens ont besoin de tout trouver merveilleux. Mais moi je trouve encore plus merveilleux une cigale qui sort de son cocon, encore toute molle.

Tout ça pour expliquer que je ne suis pas le type qu'on peut impressionner facilement. Pourtant, quand j'ai appris que les flics venaient d'arrêter le Petit, j'ai eu un choc. La veille, il m'avait dit, pour rire : « Tu vas voir qu'ils nous arrêteront tous... »

Et voilà... C'est Dédou, le fils des Desmichels, qui est passé me prévenir :

« Oh! Coco, ils viennent d'embarquer ton filleul! »

Le temps de me retourner, ils l'avaient déjà emmené à Nîmes... J'ai dit à Marie de garder le bar. Le Petit venait de se faire arrêter. J'allais aux renseignements. Qu'elle ne s'inquiète pas. Dès que je sais quelque chose, je reviens le lui dire.

Au Mas, j'ai frappé chez la Noire. Elle m'a ouvert tout de suite, comme si elle m'attendait. Elle ne pleurait pas. Pas de scène. C'était pire. Elle se tenait droite comme un arbre foudroyé. Je me suis excusé. Je venais pour essayer de savoir ce qu'on pouvait faire. Qu'est-ce qui s'était passé au juste?

Elle a entendu les sirènes des voitures des flics. Le Petit est sorti voir. Et puis les policiers sont entrés. Ils lui ont réclamé le fusil. Personne ne le leur cachait, il est assez visible, accroché au-dessus de la cheminée. Ils l'ont pris. Un monsieur avec une pipe a bien regardé la crosse. Il a passé son doigt dessus. Il a demandé :

« Madame, où sont vos affaires de toilette? »

Elle leur a indiqué l'étagère, au-dessus de l'évier. Ils ont pris son rouge à lèvres.

Là, je l'ai interrompue :

« Pour quoi faire? »

Elle ne savait pas. Mais l'homme à la pipe avait l'air intéressé. Il a dit aux autres qu'il allait le faire analyser.

Analyser le rouge de cette pauvre Noire? Ça rimait à quoi? Du rouge, elle s'en mettait pour aller à son travail, j'avais remarqué. Elle l'achetait à la droguerie, où ils ont tout juste un petit présentoir, avec trois teintes : clair, moyen et foncé. Ça doit dater des croisades, au moins. La Noire, comme elle est brune, elle prenait le foncé. En fait de soins de beauté, c'était tout. Nous n'avons pas d'esthéticienne ou de machin comme ça, ici. Même pas un coiffeur pour dames.

Bon. Ça n'a pas traîné. Quelques-uns sont partis, avec le fusil et l'homme à la pipe. Elle a compris qu'ils emmenaient son fils, elle a voulu sortir. Mais ceux qui restaient lui ont dit de ne pas bouger, ils devaient perquisitionner. Ils lui ont montré un papier, comme quoi ils avaient le droit. Ils lui ont tout foutu en l'air, tout retourné. Ils ouvraient tout, ils essayaient de soulever les dalles, ils ont même fouillé les cendres de la cuisinière. Ils n'étaient pas contents, parce qu'ils se collaient de la poussière, à fouiner dans tous les coins.

Tout ce qu'ils ont trouvé, c'est Pivolo qui dormait dans son cagibi. Ça ne lui a pas fait spécialement plaisir de revoir ses amis flics. Il ne le leur a pas caché. Il ne voulait pas quitter son trou, alors ils l'ont expulsé brutalement. Mais il n'avait pas peur, il était salement remonté contre eux. Il les a encore accusés de lui avoir piqué son étui de masque à gaz, il râlait.

Sur ces entrefaites, les journalistes sont arrivés. Une chance pour lui, sinon, c'était sa fête.

Cette fois, la Noire n'a pas pu les empêcher d'entrer. Ils en ont profité pour mitrailler dans tous les coins, avec leurs flashes. Et puis ils sont partis.

Et est-ce qu'elle savait où ils avaient conduit son gosse? Oui. A la prison de Nîmes. Et de quoi on l'accusait? Non.

Je lui ai dit de ne pas s'inquiéter. La police venait de commettre une erreur de plus. Plus grosse, c'était tout. J'allais m'arranger pour trouver un avocat, le plus tôt possible. Elle continuait à travailler aux Routiers. Je passerai la voir.

Honnêtement, ce que j'ai dit à la Noire, je le croyais. Je pensais que ça devait s'arranger, vite. J'étais naïf... J'avais une excuse : je ne connaissais pas la justice. Il lui fallait un coupable. Ils l'ont eu.

Je suis toujours secoué quand je repense à tout ça. Je ne peux pas m'habituer. On sait que ça existe, la saloperie. Mais s'habituer, pas moyen. Enfin, pas moi...

Alors, voilà... Ils avaient embarqué le Petit. Je me

suis renseigné. Il était inculpé d'homicide volontaire. Je n'ai pas attendu qu'ils lui collent un avocat d'office. Je lui en ai trouvé un, et un bon, maître Farge, du barreau d'Aix. Un type que quand il plaide, les mouchoirs sortent. D'accord, il n'était pas donné. Mais pour moi la liberté du Petit, ça n'avait pas de prix. Et puis, à ce monsieur, ça ne lui déplaisait pas de plaider une cause qui promettait. Il n'a pas été chien. Il ne comptait pas que là-dessus pour vivre. Il a un cabinet d'affaires prospère. Quand il se donne la peine de plaider, c'est pour son standing.

Il a pris les choses en main. D'après lui, c'était mal barré. Ce crime, il n'y avait toujours pas de motif. Mais grâce à l'écharde qu'ils venaient de découvrir, la police pensait avoir découvert l'arme, et tenir le meurtrier.

C'était loin d'être gagné. Mais il ferait tout ce qu'il est possible de faire sur la terre comme au ciel, amen.

De ce côté-là, j'étais tranquille. Le Petit était en bonnes mains. Mais si je pensais que le plus gros était passé, je me trompais. Les flics tenaient enfin quelqu'un. Il leur fallait étoffer leurs dossiers. A part cette écharde miraculeuse, ils n'avaient pas grand-chose à se coller sous la dent creuse. Ils ont déclenché une offensive locale, mais alors ils ont mis le paquet. Je n'aurais jamais imaginé. Ils ont pris le pays par les oreilles, et ils l'ont secoué. Ils étaient partout. Ils posaient de nouveau des tas de questions à tout le monde. Cette fois, ils avaient une cible précise.

Attention, ils ne posaient pas n'importe quelles questions. Ils cherchaient à te faire dire que le Petit, c'était une réincarnation de Raspoutine, un tueur-né, tout juste s'ils ne te soufflaient pas les réponses. Quand tu vois ça, tu te demandes à quoi ça rime, cette comédie. C'est couru d'avance.

J'ai commencé à paniquer. Je savais que les gens d'ici ne diraient rien de mal sur le Petit. D'abord parce qu'il n'y avait rien à dire. Et puis parce qu'ils n'avaient pas intérêt. Ce n'est pas ce qui m'inquiétait. J'ai eu l'impression que les jeux étaient faits. On pouvait bien le condamner, ça dérangeait qui? Il n'était pas d'une famille considérable. Il n'avait aucune relation. Son père, mieux vaut ne pas en parler. Sa mère n'était jamais qu'une laveuse de vaisselle. Et lui, un jeune sans emploi, sans avenir, autant dire rien. Il faisait un coupable idéal. Là, au moins, il servait à quelque chose. Il prouvait que la police faisait bien son métier.

C'était ça, le plus dangereux, cette mécanique. Elle existe, mais tant qu'on ne tombe pas dedans, on ne s'en rend pas compte. Et sa force, c'est que les gens y croient encore, à la justice et à l'ordre. Dès que le Petit serait condamné, je voyais très bien ce qu'ils se diraient. L'éternelle histoire... Ils trouveraient ça triste. Mais après tout, hein, il n'y a pas de fumée sans feu... Du moment que la justice, qui est une institution considérable et sérieuse, trouve le Petit coupable, c'est qu'il doit l'être.

Qu'est-ce que je pouvais faire? J'allais voir les gens. Je leur parlais. Je les secouais. Je leur disais : c'est pas possible, vous n'allez pas laisser faire ça, si les flics vous interrogent, dites-leur que... Ils m'écoutaient. Ils m'aiment bien. Ils me connaissent. Je savais ce qu'ils pensaient, au fond. Ils se demandaient ce que ça pouvait bien me faire. Après tout, le Petit, ce n'est pas mon fils. Si je m'occupais tant de lui, quel intérêt je pouvais bien avoir? A tous les coups, je devais fricoter avec sa mère...

Les gens ne sont pas très compliqués. Les choses, ils les expliquent simplement. Ils n'ont besoin que de deux clefs : le cul ou le fric. Comme dans cette affaire je n'avais rien à gagner, c'est que c'était une histoire de cul.

Ils me laissaient parler. En même temps, j'entendais leurs méninges qui cliquetaient. Et je ne pouvais pas leur dire : Mais non, vous vous trompez, la Noire, je m'en fous pas mal. Il s'agit bien de ça. Il s'agit de ce Petit qui est en prison. Cause toujours. Il aurait peut-être mieux valu, dans son intérêt, que je m'écrase. Mais je ne pouvais pas rester sans rien tenter.

Quand j'y repense... Vous croyez connaître un peu votre village et vos concitoyens, vous vous apercevez que vous ne connaissez rien du tout. J'ai honte pour eux. Des rumeurs sont sorties de je ne sais pas où. Pas de l'égout, on n'en a pas. Des rumeurs dégueulasses. Oh! rien de très compliqué... Que le Petit, on ne savait pas de qui c'était le fils... Pauvres couillons! Qui donc peut se vanter d'être sûr de connaître son père? Naturellement, il devait forniquer avec sa mère. Il ne la quittait jamais, hein, ça veut bien dire quelque chose?

Quand vous arriviez à coincer la queue d'un ragot, impossible de remonter jusqu'à la tête. Les gens ne faisaient que répéter, à regret bien sûr, ce qu'ils avaient entendu dire, mais ils ne le faisaient pas pour le plaisir. Tout au plus histoire de montrer comme les autres sont méchants...

Je n'avais qu'un poing. Je l'enfonçais dans ma poche, et je tâchais de garder mon calme. C'était le seul moyen de savoir où en était leur enquête.

Je voyais la Noire, de temps en temps. Elle, elle ne variait pas. Elle est restée silencieuse. Elle ne s'est pas abaissée à mendier la pitié de qui que ce soit. Elle attendait. Elle ne recevait personne. Pourtant, les journaux et la télé, de la mère douloureuse, ils en redemandaient. Avec la Noire, ils ont perdu leur temps. Sa maison était une forteresse dont elle ne sortait pas. Elle a même cessé d'aller travailler, pour décourager les plus enragés.

Oui, ç'a été une période difficile. Ça n'en finissait pas. On ne savait pas trop ce qui se magouillait.

172

Ils appellent ça l'instruction. Qui instruit qui ? C'est bizarre, ce qu'on arrive à faire avec les mots. Ainsi, cette chasse aux bobards, c'était une instruction ? Il fallait que je me cramponne pour ne pas faire un scandale, ça n'aurait servi à rien.

Faute de mère, les journalistes se sont rabattus sur le père. Ils sont parvenus à le débusquer deux ou trois fois. Ils n'en ont pas tiré grand-chose. Pivolo, il y a un moment qu'il est brouillé avec la logique. Mais il rendait toujours très bien en photo. Chose affreuse, il rayonnait, presque. On aurait dit que de savoir son fils en prison le faisait revivre.

Ç'a duré comme ça. Et les mois passaient. Je me demandais si la justice savait ce qu'elle faisait. C'était comme s'ils avaient paré au plus pressé, en attendant... Ils avaient trouvé un... disons un sosie, si vous voulez. Mais à l'usage, le Petit, ce n'était pas une si bonne affaire. Il était bien jeune, il n'avait pas une gueule d'assassin, au contraire. Il n'avait toujours aucun motif. Et il n'avouait pas. Il n'a jamais flanché.

En plus, il était sincère. Il aurait pu dire que cette écharde, il ne la connaissait pas. Que jamais son fusil n'avait perdu une plume. Pas du tout. Il admettait tout ce qu'on voulait. Mais il ne l'expliquait pas, et il refusait de servir d'explication.

C'est ce qui l'a perdu, finalement. On a cru qu'il était très fort, alors qu'il n'était qu'honnête.

Cette écharde, il fallait bien la restituer à son propriétaire. Dans cette histoire invraisemblable, c'était la seule solution possible. Finalement, la justice préférait une injustice plutôt que rien. Une injustice, au moins ça existe. Ça rentre dans une catégorie connue. Ça peut même se réparer. Alors que le mystère, ce n'est pas admissible. Les gens ont besoin de logique. Et d'un mauvais coupable plutôt que pas de coupable du tout.

Il a fait très beau, cet automne. Les gens traînaient sous les platanes, devant leurs portes. Ils parlaient.

J'appelle ça radio-village. Ils étaient tous branchés sur la même longueur d'onde. Le message était clair : le Petit avait fait une bêtise. C'était un bon petit. Mais il avait une hérédité pas fameuse, avec Pivolo. Il était sauvage, comme sa mère. Il avait dû perdre les pédales. Encore une chance que ce soit tombé sur un touriste. Aussi bien, il aurait pu étrangler une mémé. Ou une petite fille. Que voulez-vous, dès que la famille ne tourne plus rond, c'est la fin de tout.

Pourtant, c'étaient des gens qui l'avaient connu, fréquenté, auxquels il avait rendu service, qui respiraient le même air que lui...

Et que faire ? Un obscur sentiment de justice les travaillait. Ce n'est que plus tard qu'ils se rendraient compte que leur coupable, c'était une victime.

La seule chose à chercher, c'était qui avait bien pu poser cette écharde dans le pré. Ça, personne ne l'a essayé. Ça n'avait pas de sens. Le Petit était trop jeune pour avoir une histoire et des ennemis. Donc, à quoi bon chercher ? Moi le premier je ne voyais pas... Mais la justice disposait d'énormes moyens. Elle pouvait mobiliser des centaines de véhicules et des milliers de flics. Il paraît même qu'elle a des cerveaux électroniques. Tout ce qu'ils ont trouvé à nous envoyer, c'est une pipe...

Jusqu'au bout, j'ai cru au miracle. C'est tout ce qui me restait. Sinon, qu'est-ce que je pouvais faire ? Poser des bombes ? Prendre un fusil et tirer sur les flics ? Je ne leur en voulais pas. Je les comprenais. J'aurais voulu qu'eux, ils me comprennent. Qu'ils comprennent que ça ne pouvait pas être le Petit.

C'est là que j'ai réalisé comment marchait leur presse. Le Petit était beau, mais en photo il rendait incroyablement. Pour eux, c'était super. Ils avaient pris tout un tas de clichés de lui. Ils en ressortaient régulièrement, avec des légendes différentes. Ils auraient pu aussi bien se contenter de mettre un numéro. Les lecteurs voyaient tout de suite de quoi il s'agissait. C'était un peu comme une publicité pour une loterie, mais il n'y avait qu'un seul lot, un seul billet, et un seul gagnant.

S'il avait été moins beau, ils ne se seraient pas acharnés comme ça. Ces gens-là ne se rendent plus compte de ce qu'ils font. Ils ne sont pas responsables. Le public non plus. Il achète son journal, et basta. Il a à peine le temps de voir les titres. Inutile de l'accuser de vouloir quoi que ce soit. Personne n'est responsable.

J'essayais de discuter avec Marie, elle non plus ne comprenait pas. Elle était prête à admettre n'importe quoi. Marie, elle est catholique, et les catholiques n'en sont ni à un mystère, ni à une écharde près. Finalement, il ne restait que Gardénal pour m'écouter. Ce chien comprend tout.

Je m'agitais comme un écureuil dans un bocal, avec autant de résultats. A quoi bon... On m'écoutait. On savait que le Petit n'aurait fait de mal ni à un cheval, ni à une vache, encore moins à un touriste qu'il ne connaissait pas. Bien sûr, bien sûr... Tout ça, on me l'accordait. Des deux mains. Merci. Mais tout de même, cette écharde... Cette écharde, je l'ai encore en travers.

(15)

JE m'arrange assez bien avec le temps. Il passe sans me toucher vraiment.

Je pense à ces histoires de vies antérieures, à ces gens qui ont l'impression de se retrouver dans des endroits où ils n'avaient jamais mis les pieds.

Pour moi, la prison, ça reste ça : une vie antérieure qui est ma vie et qui n'est pas ma vie. Je n'ai jamais été étonné d'y être. Je n'y croyais pas. Ce n'est que maintenant que je commence à prendre conscience : c'était un rêve éveillé.

L'instruction a duré une bonne année. Je ne sais pas ce qu'ils cherchaient. Je ne savais rien, et je ne voulais rien savoir. Ils me tenaient. Tant qu'ils me tiendraient, je n'allais pas les aider. Ils auraient voulu que je participe à leur mascarade. Je n'étais pas payé pour.

Un an... je n'ai rien dit. Je revois les séances chez le juge d'instruction. Le véhicule de la gendarmerie aux vitres opaques. Les secousses du trajet. L'attente. Et puis mon avocat.

C'était un cadeau de Coco. Il s'appelait maître Farge. Je le rendais fou. Il me paraissait très jeune, avec sa tête tragique, son air concentré et sa pâleur. Il semblait vouloir faire l'impossible. Je ne lui en demandais pas tant. Je ne demandais rien. J'avais compris que c'était réglé d'avance. Une seule chose dépendait de moi : ma collaboration. Ils s'en passeraient.

Le juge me faisait retirer les menottes. Je pouvais m'asseoir. Il disait ce qu'il avait à dire. Il posait ses questions. Je le regardais, en silence. Mon avocat me suppliait de répondre. Au début, il demandait l'autorisation de me prendre à part, pour me faire la leçon. A la fin, il ne se donnait plus cette peine. Même un avocat peut apprendre.

Puis le juge posait son menton sur ses mains jointes. Il me regardait à son tour. Il faisait des suppositions : Qu'est-ce que je cherchais ? Je voulais plaider la folie ? Non. C'est l'affaire qui était folle, pas moi. Je le fixais en souriant. Il haussait les épaules. Il prenait mon avocat à témoin : « Maître, votre client est impossible ! »

Le maître en savait quelque chose. Ils m'amusaient, tous les deux. Ils paraissaient plus affectés que moi.

La séance tournait court. Je retrouvais les menottes, le véhicule et le trajet. J'écoutais les bruits de la rue. J'étais devenu un fait divers.

Avant cette histoire, je ne lisais pas de journaux. En prison, si. Il y a beaucoup d'heures. Je ne m'intéressais qu'aux faits divers. Ça me faisait rêver.

C'est simple, un fait divers. C'est la tuile qui tombe quand tu passes. C'est quelque chose qui n'a pas de raison d'exister, comme si Dieu était devenu fou.

Je ne crois pas en Dieu. Ou alors, Dieu c'est un coup de pied dans une fourmilière... Il m'était tombé une très grosse tuile. J'essayais de ne plus y penser, à quoi bon ? Je ne pouvais que me répéter les mêmes éléments. Je butais toujours sur cette conclusion : On avait voulu me faire condamner... Pourquoi moi ? Il me semblait que si je pouvais répondre à cette question, je tiendrais le coupable.

Mais justement... Je n'avais rien fait, à personne. Je ne connaissais personne. Pour quels motifs m'en aurait-on voulu ? Ça ne tenait pas debout.

Pour les autres, si. A condition que ce soit moi l'assassin. Et je ne pouvais pas prouver le contraire. Eux, ils avaient cette écharde rouge. C'était ma parole contré une écharde. L'écharde avait raison. Une parole d'homme ne vaut pas très cher.

J'ai quand même cru que leur procès serait plus rapide. Qu'est-ce qu'ils cherchaient donc? Rien de spécial. C'était leur routine. Chez eux, la digestion dure environ un an, que la proie soit coriace ou pas.

Le juge m'a sans doute pris pour un petit malin, avec mon refus. Il se trompait. Je n'étais pas si futé. Mais je ne voulais pas m'expliquer avec cet homme qui parlait trop bien pour moi. Il ne me demandait pas d'explications. Il voulait que je lui donne raison. Que je réagisse au signal, comme un rat dressé. La cage, d'accord. Le dressage, non.

J'ai beaucoup rêvé. Je faisais le vide. J'étais devenu très fort à cet exercice. J'oubliais mon corps, la cellule et cette lumière artificielle. Je me retrouvais au Mas... Je bougeais très peu, pour ne pas rompre le charme. Je retrouvais la forme des pierres du mur, devant notre porte, et la rumeur des poules du vieux Leblanc. Je décollais. Je reprenais ma liberté. Puis un bruit venait tout casser. Le Mas éclatait en morceaux. Je me retrouvais en cellule, dans cette pâte grisâtre du temps qui s'étirait à l'infini.

Mon avocat a tout essayé. La sympathie, d'abord. Il me disait que, pour pouvoir m'aider, je devais l'aider.

Je ne le pouvais pas. Tout me paraissait opaque. Alors, il essayait autre chose. Il voulait m'amener à me contredire, me pousser à réagir.

Je pensais qu'il piquait l'argent de Coco, et que c'était bien dommage. Ça lui aurait fait de la peine si j'avais dit à sa vedette de me laisser tranquille. Alors, je l'écoutais. J'essayais de deviner ses ficelles. Il croyait que j'allais lui parler enfin, me décider à révéler je ne sais quoi... Non, c'est lui qui m'intéressait. Je n'avais pas tellement de distractions.

J'essayais de me mettre à sa place. Drôle de métier.

Il paraissait y croire. Comme tout le monde. Les gendarmes jouaient au gendarme, le juge au juge et les gardiens à garder. J'étais le seul à ne pas jouer.

Pourtant, j'étais le centre de leur théâtre. Tout marchait à cause de moi. Je comprends à présent comment tourne leur société. Elle fabrique des machines. Elle les fait fonctionner. Pour faire des saucisses, il faut du cochon. Pour faire de la justice, il faut un innocent. Ou un coupable, c'est pareil. Le cochon aussi est innocent. La saucisse n'est pas coupable. J'étais cet innocent lancé dans la machine à faire des coupables. Je finissais par en rire. Ça inquiétait Eugène, le gardien.

Un bon type, Eugène. Il était libre de passer sa vie en prison. Quand il me demandait ce qui m'arrivait, il me donnait encore plus envie de rire. Je me retenais pour ne pas le scandaliser. J'aurais voulu lui demander pourquoi il ne s'évadait pas.

Il m'a un peu parlé. Il avait déjà tiré plus de trente ans. Il me traitait bien, il devait avoir pitié de moi. Il m'a dit une fois qu'il n'aurait pas voulu être à ma place. Moi non plus.

Le temps passait. Mon avocat ne me cachait pas que je risquais très gros. Si je ne faisais rien pour l'aider, je n'aurais qu'à m'en prendre à moi. Pauvre cher maître. Il devait regretter de s'être laissé entraîner là-dedans. Ça lui ferait un mauvais point, dans sa carrière, si la mienne se terminait mal. Peut-être que non. Un avocat, ses causes, ce sont ses décorations. Perdre une cause difficile ne doit pas être déshonorant. Au contraire.

Il y a eu la comédie de la reconstitution. J'ai demandé à mon avocat de prévenir Coco. Je ne voulais pas que maman soit là. Les autres, je m'en moquais. Mais pas elle. Il a voulu savoir pourquoi. Je lui ai demandé s'il avait une mère, il a rougi. Il a fait la commission.

Ça s'est passé un soir de printemps, au bout de presque un an. Cette fois, j'étais dans une grosse Peugeot, entre deux gendarmes. Ils me gênaient pour voir. Un motard ouvrait la route. Ils me transportaient comme un ministre.

Le juge suivait, dans une autre voiture. Il n'était pas seul. Ils avaient monté une véritable caravane.

Nous avons contourné Alès. J'ai reconnu le boulevard extérieur. Puis nous avons pris la route de Saint-Ambroix.

J'aurais voulu qu'ils aillent moins vite. J'ai eu brusquement envie de partir. C'est dans cette voiture que j'ai senti que j'étais en prison. Pas la peine de me raconter d'histoires, je n'étais pas libre dans ma tête.

J'aurais voulu sortir, marcher toute la nuit dans les châtaigniers, rejoindre le Mas en évitant les routes.

Je n'aurais pas dû venir. Ils m'auraient entraîné de force... Et puis, je voulais voir où ça s'était passé.

J'ai vu.

Un flic faisait la victime. Le juge m'a demandé d'y aller. Je n'ai pas bougé. Il a haussé les épaules. Un autre flic a pris mon rôle. Tout le monde a bien regardé. Moi aussi.

Le Parisien – le flic qui jouait le rôle – s'était enfermé dans une nasse. Il avait même ajouté une bâche. Il ne pouvait sortir qu'en en soulevant la toile, ou en contournant le peuplier auquel elle était fixée. Il ne pouvait rien voir. Par contre, on le voyait de loin, sauf de la route. C'est sans doute ce qu'il cherchait. Il n'était pas visible du Mas. Mais en descendant, une fois franchi le croisement de la route d'Orgnac, impossible de rater son campement. De plus, il avait fait du feu. L'assassin n'avait eu qu'à s'asseoir à proximité, et attendre. Il pouvait le descendre à distance, comme au tir au pigeon. Le tueur s'était sans doute posté derrière le peuplier. Tout avait dû se jouer en deux minutes.

J'ai reconnu Langlumé. Il a indiqué au juge à quel endroit il avait trouvé son écharde. Au pied du peuplier. On imaginait très bien la crosse du fusil heurtant le tronc de cet arbre... Mon metteur en scène savait ce qu'il faisait. C'était du travail sans bavures, intelligent. Le hasard l'avait servi.

Je ne sais pas ce que le juge a tiré de cette séance. Nous ne nous sommes pas éternisés. La lune était couverte. Les gendarmes utilisaient de fortes torches électriques. Le brigadier Lebrun a fait celui qui ne me reconnaissait pas. Je ne pouvais pas lui en vouloir. Je n'ai remarqué personne d'autre, même pas Zé. Nous sommes repartis.

Cette fois, je comprenais. Le semeur d'écharde venait du village ou du Mas. C'était quelqu'un disposant de son temps, qui pouvait circuler librement, et qui probablement vivait seul, ou du moins sans avoir de compte à rendre. Il lui fallait un endroit isolé, pas trop éloigné du Mas. Ni trop près... Une occasion sur mesure...

J'ai essayé de me souvenir. Il était venu des campeurs, une fois, l'été passé, débarqués là par hasard. Le père Desmichels les avait laissés s'installer sur l'aire, en face de chez lui. Deux couples de jeunes, dans des tentes séparées. La chasse n'était pas ouverte. Ces tentes se trouvaient trop près du réverbère, on pouvait voir ce qui se passait. Ces jeunes ne constituaient pas une bonne cible.

Sans cet étranger, je serais libre. Mon semeur serait encore en train d'attendre une proie convenable. Je me suis demandé si ce n'était pas lui qui avait indiqué ce terrain à sa victime. J'ai vu la scène. Le semeur passe par là. Le Parisien ralentit, lui demande s'il connaît un terrain de camping dans les parages. Non, mais justement, ici, tenez, vous pouvez vous installer. Ce champ appartient à un vieux qui ne vous fera pas de difficulté. Vous pouvez vous y installer en confiance. Le village est à côté, si vous voulez faire des courses.

Puis il a patienté jusqu'à la nuit. Il est allé chercher son fusil, et mon écharde, prélevée à l'avance, pour l'occasion. Il s'est posté... Il a sans doute profité du passage d'un camion pour tirer...

Nous roulions plus vite qu'à l'aller. Dommage. Je n'étais pas pressé. Mon gendarme de droite sentait la sueur et le vin. Celui de gauche a remarqué qu'il avait faim. Il avait posé son képi sur ses genoux. Une madame gendarme l'attendait, quelque part, avec le ragoût à réchauffer dans une casserole. J'ai essayé de deviner ce qu'il allait manger. C'était un type assez tassé, comme ils le sont presque tous. Ils manquent d'exercice. Il devait aimer les viandes en sauce. Mais la viande, c'est cher. Elle lui avait peut-être acheté des tripes en boîte. Si je n'avais pas été là, il en aurait parlé avec son collègue :

« Ma femme m'a fait des tripes, collègue! »

Ou peut-être des pieds-paquets...

Je n'avais jamais tant pensé aux gens. Je n'en avais jamais tant vu. Ils s'occupaient de moi sans vraiment me voir. Je n'étais pour eux qu'un numéro de plus. Eux, ils étaient des milliers à garder les prisonniers. Ils constituaient le prolongement des prisons, comme des tentacules qui vont et viennent, mais qui restent attachés au corps auquel ils appartiennent.

Le chauffeur a mis la radio. Les nouvelles n'avaient pas changé. La voix qui les disait non plus. Elle insistait toujours bizarrement sur certaines syllabes. Les nouvelles, le chauffeur s'en moquait. Il a éteint.

Nous sommes arrivés. Les gendarmes m'ont livré. Ils sont allés rejoindre leurs épouses et leurs tripes. J'ai regagné ma cellule. J'avais besoin d'être seul.

Le procès a eu lieu au début de l'été. J'ai refusé de m'y intéresser. Qu'ils en finissent... Mon avocat a été très bien. Il ne pouvait pas plaider la folie, j'avais refusé. Des experts m'ont reconnu sain d'esprit. Trop aimables... Il a expliqué que je n'étais pas coupable.

Pourquoi? Je ne sais pas. Je n'ai pas suivi. Je sentais qu'il se donnait un mal de chien.

Je regardais le jour, par les carreaux de la salle. Ou alors je fixais mes mains. J'avais demandé à maman de ne pas venir. Elle est venue quand même. Elle n'a rien pu dire. Je lui ai souri. Elle avait vieilli, maman. Ça devait être plus terrible pour elle que pour moi.

L'avocat-contre a expliqué que j'étais un tueur, un individu dissimulé, dangereux... Il avait l'air de très bien me connaître... je ne le connaissais pas. Il a parlé de ce pauvre touriste de façon émouvante, on aurait pu penser qu'ils étaient parents...

De temps en temps, il me désignait aux jurés comme si j'étais un phénomène. Il trouvait mon indifférence monstrueuse.

Indifférent? Même pas. Je n'étais pas là. J'étais exactement à trois mètres plus haut, légèrement sur la gauche. Je m'étais installé dans un angle. Je n'en ai pas bougé. Celui qu'ils jugeaient, en bas, n'avait pas à réagir. Il n'y était pour rien. Il répondrait de mes dettes. Pas moi. Je regardais les gens le regarder. Il ne se comportait pas si mal, pour son coup d'essai.

C'était un spectacle. Ces gens-là y croyaient sans y croire. Ils remplissaient leur rôle depuis toujours. Ils devaient être interchangeables, à force d'entendre les mêmes répliques, un peu comme l'enfant de chœur qui pourrait remplacer son curé.

Pour eux, il ne s'agissait pas vraiment de moi. Juste d'un cas de plus. Je n'étais pas un individu, mais un personnage. Et un mauvais, puisque je refusais de leur donner la réplique. Ce n'était pas compliqué. Il aurait suffi que je dise : « J'ai été très vilain. Je ne le ferai plus. Pitié... »

Pas question. Qu'ils se débrouillent entre eux.

Ils ne me l'ont pas pardonné. Ils peuvent tout comprendre, et presque tout admettre. Sauf qu'on les ignore. C'est le seul péché sans rémission.

Ça a traîné. Un jour... Puis deux... A la fin du

troisième, les jurés sont allés délibérer. J'ai attendu, dans une petite salle qui sentait la poussière, entre mes deux gendarmes. J'ai reconnu Pieds-Paquets. Il commence à prendre un peu de couperose. L'autre, je ne le connaissais pas, c'était un jeunot qui se rasait de trop près. Il s'était coupé sous le nez. Je voyais sa pomme d'Adam monter et descendre au-dessus de son col d'uniforme. Il avait l'air d'un volatile déguisé en gendarme.

Je me suis dit qu'avec un cou pareil il serait facile à guillotiner. Ça m'a donné envie de rire.

Cou-de-Poulet semblait nerveux. Il ferait un mauvais accusé, autant qu'il reste gendarme.

Au bout d'un long moment, on m'a fait rentrer. Les jurés sont revenus. Ils avaient l'air empruntés. Tout compte fait, ç'avait tout de même duré presque deux heures, leur séance privée. Le temps de faire trois belotes.

Le président a lu un papier. J'étais coupable, coupable, coupable... En foi de quoi, j'étais condamné à mort.

La salle a réagi. Elle a soupiré. Pas forcément de satisfaction. Ni d'horreur. Je crois qu'ils étaient soulagés, comme le public qui attend le passage du tour de France au bord de la route, et le soleil tape, et c'est long, et brusquement il voit déboucher un coureur solitaire.

C'était moi. Pour eux, ça signifiait quelque chose. Moi, ça ne me concernait toujours pas. La mort, ça ne signifie rien, tant qu'on ne l'a pas vécue.

Mon avocat s'est caché la tête dans la main droite. C'est sans doute ce qui est prévu en pareil cas. Le procureur est resté immobile, l'air grave. Il n'était pas mal non plus.

J'ai regardé le public. J'ai reconnu Coco, je l'ai vu qui pleurait sans se cacher. Ça m'a fait de la peine. Je ne voulais pas ressentir quoi que ce soit, ce n'était pas le moment.

J'ai demandé une cigarette à Pieds-Paquets. Il me l'a donnée. Ce n'est pas bon pour les poumons. Jusqu'ici, je n'avais pas eu l'argent pour fumer. J'allais pouvoir m'y mettre.

J'étais redescendu. J'avais réintégré ma place. J'étais content. J'étais fixé. Ils avaient ce qu'ils voulaient. Ils y avaient mis le temps. Maintenant, ils allaient me foutre la paix.

La France est un pays riche. Ils auraient pu décider ça en dix minutes, et me tirer une balle dans le crâne. Ça ferait trop de chômage pour ces gens de la police et de la justice.

J'ai essayé de penser que j'étais condamné à mort. Ça n'avait toujours pas de sens. Pas plus que le reste. Si, pourtant... C'était dans la logique des choses. Je n'éprouvais rien. J'étais anesthésié. C'était ça ou la folie. Je préférais ça. Je refusais de me donner en spectacle. Je ne voulais pas de leur pitié. J'avais heurté la folie de front. Je veux dire : la folie des choses, pas la mienne. J'étais sous le choc.

Ils m'ont emmené encore une fois. Ce coup-ci, je paraissais impressionner mes deux gendarmes. J'avais pris du galon. Il y a une hiérarchie, dans le crime, et, bien que n'étant pas le plus ancien, il s'en faut, je venais de décrocher le grade le plus élevé.

J'ai regagné ma cellule. Je croyais en avoir fini. Je me trompais. Maître Farge est venu me relancer. Il m'a parlé de recours en grâce. Qu'est-ce que ça voulait dire? Ah! bon, une séance de rattrapage... Je ne pouvais pas lui refuser cette consolation. J'ai signé. Pour Coco, pour maman. Pour voir.

J'ai vu. Ma peine a été commuée. Cette fois, j'étais condamné à la prison à perpétuité. On m'a envoyé aux Baumettes, près de Marseille. Là, autre chanson, je n'étais plus seul.

Pour moi, la perpétuité, ça n'avait pas plus de sens que la mort. Mais je ne supporte pas la promiscuité. Je ne veux pas que l'on m'impose des gens que je n'ai pas choisis.

J'ai fait une tentative de suicide presque réussie. J'avais troqué deux paquets de cigarettes contre une lame de rasoir... Ce suicide, on en a parlé. C'était enfin un signe de remords. Maître Farge s'est démené pour le faire croire. Il est venu me voir, à l'infirmerie. Je l'ai prévenu que je recommencerais. Pas question que je passe ma vie avec des voyous.

Il m'a dit de prendre patience. Ma peine serait réduite. En attendant, si je m'engageais à commencer des études sérieusement, il se faisait fort de m'obtenir un régime spécial. J'étais un cas particulier. Je pouvais espérer de l'aide. Une fois passée l'émotion du procès, pas mal de gens commençaient à se demander si l'on n'avait pas commis une erreur monstrueuse, en me condamnant. Voyez-vous ça... Je croyais que le monstre, c'était moi... Oui, bien sûr. Mais que je songe à me suicider, juste après avoir sauvé ma tête, paraissait troublant.

Si je lui promettais d'être raisonnable, de son côté, il ferait tout son possible pour m'obtenir une cellule individuelle... Il connaissait quelqu'un qui avait l'oreille de la Chancellerie.

J'ai promis. J'ai eu ma cellule. L'assistante sociale m'a mis en contact avec des bénévoles qui venaient donner des cours dans les prisons. J'ai discuté avec une grande fille timide. Je lui ai dit que je voulais commencer par le certificat d'études. Ce n'était pas son rayon. Elle m'a encouragé, et m'a confié à un instituteur. J'ai travaillé, travaillé, travaillé...

J'ai encore changé de rôle. Je suis devenu le gentil détenu qui essaie de se réhabiliter. On a trouvé mon acharnement exemplaire. Je n'avais rien d'autre à faire qu'à m'acharner. A m'acharner à perpétuité, pour ne pas lâcher pied.

Il est d'usage de récompenser le bon exemple. Deux ans plus tard, ma peine était ramenée à vingt ans...

Quand maître Farge m'a appris la nouvelle, pour la première fois depuis longtemps, j'ai senti quelque chose bouger. La vie recommençait à circuler. L'éternité ne signifie rien. Vingt ans, si. Je venais d'en faire trois. Il m'en restait dix-sept. Quand je sortirai, j'en aurai quarante et un. Dehors, ils seraient encore là, pour la plupart... Je n'ai pas pensé à maman. Pas tout de suite. J'ai pensé à mon semeur d'écharde. S'il avait la patience de m'attendre, nous allions pouvoir nous rencontrer.

J'ai remercié maître Farge. Je me suis excusé pour ma conduite antérieure. Il était content, cet homme.

Je reprenais pied. Dix-sept ans...

Ça pouvait encore s'arranger. Si j'étais un prisonnier modèle, et si je faisais de bonnes études, ma peine serait encore réduite. Il ne tenait qu'à moi. Un modèle? Tant qu'ils voudraient.

J'ai commencé une vie de petit garçon sage. Une vie d'interne. Les matons me foutaient la paix, je revenais d'assez loin pour ça. Avec les autres détenus, je n'avais que les contacts indispensables. Dès que je l'ai pu, j'ai demandé à m'occuper de la bibliothèque. J'ai lu énormément. Ma culture marchait plus vite que mes études. Le tout, c'est de se placer sur les rails.

Je me suis discipliné. Travail, gymnastique, contrôle de soi. Ne pas céder aux mouvements d'humeur. Ne pas déprimer. Ne pas renoncer. Je n'aurais jamais cru posséder une telle énergie.

Le temps passait. A Marseille, j'ai eu mon certificat d'études. Et mon brevet à Lyon, où j'ai été transféré. Je suis tombé en plein dans la vague des émeutes. Ça ne m'arrangeait pas. J'avais mieux à faire que de balancer des tuiles sur les casques des C.R.S. J'ai tâché de calmer mes camarades.

Ça m'a valu de nouveau une réduction substantielle, et une autre mutation. Melun. J'y ai passé mon bac.

Là aussi, je travaillais à la bibliothèque. Les prisons ne sont pas encore des facultés. Je me demandais quel

187

type d'études j'allais devoir entreprendre quand ils m'ont libéré, après une ultime réduction.

Je venais de passer quinze ans et deux mois en taule. Quinze ans, c'est la durée prévue dans les administrations pour avoir droit à une retraite. Avec jouissance différée...

Je suis là, au soleil, devant la maison. Au creux des fossés, les premières violettes sortent. J'en ai cueilli un bouquet pour maman.

Quinze ans. J'ai tenu quinze ans... J'aurais pu tenir davantage, ce n'est pas une question de temps. J'étais remonté une fois pour toutes. Je ne pourrais plus recommencer. Le ressort est cassé. Si j'entendais les sirènes des flics, cette fois, je partirais, personne ne me retrouverait.

Je suis là, accroupi. Déjà six mois que je suis rentré. Je n'ai pas avancé d'un pas. J'attends.

Je sais que l'autre attend aussi. Il est patient. Je suis chez moi. Je peux attendre.

C'EST reparti pour un tour. En mai, c'est toujours comme ça. A peine tu commences à te dire que tu vas profiter du printemps, la chaleur s'installe, tu te retrouves en été sans avoir réalisé.

Des fois, je me demande si je ne ferais pas bien d'aménager un terrain de boules, sous les platanes, juste en face du bar. Gaby me donnerait l'autorisation, il n'y a pas de problèmes. Le tout, c'est de savoir qui viendrait y jouer. Parce que mes rigolos ont pris leurs habitudes en bas, sur la promenade. Pour les tirer de là, il me faudrait un palan, et encore...

Puis qu'est-ce que ça me rapporterait, finalement? Ils ne boiraient pas plus. Tout ce que j'aurais, c'est le bruit des boules choquées, quand ils attendent leur tour. Rien que d'y penser, j'en suis malade. Qu'ils restent où ils sont.

Sinon, ça roule comme ça roule. Gardénal a fait des petits à une chienne de sa race. Ce n'est pas la première fois. Du coup, la patronne de la bête est venue. Ce sont des gens qui se sont fixés là, il n'y a pas trop longtemps, sur la route de Vallon. Des retraités.

Elle, elle est donc venue me parler des exploits de mon chien avec sa chienne. Je crois surtout qu'elle aurait bien voulu un bon gros matou qui lui en fasse autant, à sa petite chatte. Elle est encore pas trop mal. Quoique maintenant, avec tous les trafics qu'ils inventent, une femme, tant que tu n'as pas vu en vrai

189

comme elle est, dans un lit ou pas, tu ne peux rien dire. Et puis, franchement, je n'ai pas envie de commencer des galipettes. Place aux jeunes.

Si encore elle vivait seule, je ne dis pas. J'expliquerais à Marie que je vais faire pisser Gardénal, et allons-y. Lui il s'expliquerait avec la chienne, et moi avec la dame. Mais avec le mari, ce n'est pas possible. Elle n'a qu'à attendre d'être veuve comme tout le monde.

Ma pauvre Marie ne tient pas la grande forme, en ce moment. Tout ce qu'elle sait faire, c'est de soupirer. Ma grand-mère avait un proverbe, elle disait :

Cœur qui soupire
N'a pas ce qu'il désire...

Mais qu'est-ce qu'elle pourrait désirer d'autre, Marie, du moment qu'elle m'a ? Je ne vois pas. Peut-être qu'elle me fait un deuxième retour d'âge... J'ai presque envie de lui dire d'aller un peu voir à l'église, des fois qu'elle y trouverait un harmonium à gonfler. Moi, je trouve que c'est grossier d'imposer son humeur aux gens. Regardez les Chinois, ils sourient toujours. A la longue, ils doivent avoir la crampe, mais au moins ils ne se laissent pas aller.

Tiens, voilà messieurs nos gendarmes. Eux, ils ne sont pas chinois. Ils ne risquent pas de se déchirer la gargamelle à force de sourire. En plus, c'est chez moi qu'ils viennent. Houlà, qu'est-ce qu'ils m'amènent ?

« Alors, messieurs, quel bon vent ? Vous prenez quelque chose ?

— Jamais pendant le service.

— Comme vous voudrez, brigadier. »

Ils désirent causer. Eh bien, causons. De quoi au juste ? Du prix des bananes sèches ? Ben non. Du Petit.

Je m'en doutais à peine... Ils veulent savoir ce que j'ai à en dire. Comme s'ils ne le savaient pas. Surtout Langlumé, depuis le temps qu'il est là, ce grand fifre. C'est lui qui a remplacé Lebrun, quand il a pris sa retraite. Il n'en a guère profité. Il a eu un machin au foie, un truc rare, il paraît. C'est bien tout ce qu'il aura jamais eu de rare, ce pauvre Lebrun. Pourtant, il ne buvait pas ni rien. Maintenant, c'est Langlumé qui est brigadier. Ils lui ont collé un jeune pas piqué des hannetons. Il s'appelle Navarin, cette fleur d'anchois. Il ressemble à un mélange de vache et de garçon boucher, avec son air triste, son œil humide et sa moustache molle. Je me demande où ils vont les chercher...

« Alors, comme ça, brigadier, vous enquêtez discrètement sur le Petit, hein? Eh bien, ce que j'en pense, du Petit, c'est que c'est un brave petit. Que ça l'a toujours été. Je trouve même qu'il a bien de la patience de le rester, après ce qu'il a subi. Voilà ce que j'en pense. »

J'ai dû m'énerver. Langlumé m'a dit de ne pas le prendre comme ça. Non mais! Il veut mon avis dans du papier de soie, maintenant? Je le prends comme je veux, je suis chez moi. Je ne suis pas venu le chercher. S'il veut mon opinion, il l'a, et sans faux col. A part ça, je le retiens pas.

Du coup, il a rougi. Ça ne lui plaît guère qu'on lui cause comme ça devant son harki.

« Coco, ne cherche pas d'histoires.

– Brigadier, la sardine que vous arborez sur votre manche ne vous autorise en aucun cas à me tutoyer. Quant aux histoires, pas la peine de les chercher, vous vous débrouillez très bien pour nous les servir toutes faites. »

Du coup, il a joué les vertus outragées. Comment? Qu'est-ce que je voulais dire? Qu'est-ce que j'insinuais?

Rien. Pas la peine de lui rappeler que, sans son écharde pourrie, il n'y aurait jamais eu d'affaire. Je me suis contenté de sortir une vieille coupure de journal, que je conservais dans le tiroir-caisse. Il faut savoir se mettre des munitions de côté.

« Lisez ça, brigadier. Lisez. »

Un sympathique article. Il racontait qu'aux Indes la police avait dispersé une manifestation d'aveugles en tapant dans le tas comme des sourds. Ce sont des non-violents, dans ces pays, je me suis laissé dire.

Langlumé a lu. Il m'a balancé la coupure sur le zinc en disant qu'il ne voyait pas le rapport.

Moi, si. Maintenant, s'il insistait, je pouvais peut-être me mettre un turban. Comme ça, il verrait mieux. J'ai pris un grand torchon, et j'ai commencé à me le rouler autour du crâne. Marie qui descendait à ce moment-là à cause du ramdam m'a demandé si je devenais fou. « C'est lui qui m'affole », j'ai répondu en montrant Langlumé.

Il a préféré partir.

Marie voulait que je me calme. Mais je suis calme, moi. Je suis très calme. Seulement, quand tu vois des choses pareilles, qu'est-ce que tu veux, tu deviens dingue. Ils collent un innocent en prison, ils le laissent pourrir deux siècles, et quand il ressort, ils commencent à fouiner pour voir... Pour voir quoi? Quelle casserole il vont encore lui attacher? Tu veux rester calme dans des cas pareils?

Je me suis repris. J'ai réfléchi. Ça doit être juste l'enquête épisodique de routine. Il faut bien qu'ils les utilisent, leurs beaux gendarmes. Dire que, quand Langlumé va prendre sa retraite, on risque de se fader Navarin comme brigadier... La race ne s'arrange pas.

L'ami Karl s'est pointé. Il m'a trouvé un peu rouge.

« C'est rien, Karl, c'est rien. C'est les premières chaleurs. J'ai mes vapeurs. Mais toi, tu es beau comme un Jésus. Tu es venu aux fraises ou aux asperges? »

Il a regardé s'il pouvait parler tranquillement. Il n'y avait que les enragés de la belote. Ceux-là, tu peux leur tirer dessus à coups de grosse Bertha, ils ne broncheront pas. Ce sont des souches. Le soir, il te faudrait le siège éjectable pour t'en défaire. Ils ont dû naître un carton à la main. C'est bizarre, quand même, passer une vie à jouer à la belote...

J'ai calculé que ces types, finalement, tu les collerais en prison, pourvu qu'ils puissent jouer, ils ne s'en apercevraient même pas. On pourrait en faire des remplaçants. Pourquoi pas? Dans le temps, ça se faisait bien, avec les soldats. Si tu tirais un mauvais numéro, tu pouvais t'en acheter un, à condition que papa puisse te le payer, bien sûr.

Je l'ai expliqué à Karl. Cette chose, je ne l'invente pas, parce que mon arrière-arrière-grand-père il avait tiré un mauvais numéro. Mais lui, il n'a pas pu se payer d'ersatz. Attends, c'est pas ça... Il en avait tiré un bon, et il a remplacé un fils de richard. Il est allé conquérir l'Algérie.

« Moi, je suis allé la perdre », a remarqué Karl.

Comme ça, nous étions quittes. L'histoire, ce n'est pas plus sérieux qu'une partie de billes. Ça dure plus longtemps.

« En parlant d'histoire, Coco, est-ce que tu te souviens de la dernière fois où on s'est rencontrés, avec cette fille GMC?

— Tu penses.

— Et ce tableau qu'elle nous a montré, enfin, la photo, tu t'en souviens aussi?

— Un peu, mon neveu. »

Ce tableau lui avait tiré l'œil, au Karl. Avec son métier d'antiquaire, il rencontre pas mal de monde, des étrangers, un peu de tout. Il y a un moment de ça, voici cinq ou six ans, il était passé chez lui des Allemands, pas très jeunes. Ils lui avaient raconté une histoire. Ils recherchaient un cousin à eux, qui se trouvait dans la région, pendant la guerre. Ce cousin était peintre, professeur aux Beaux-Arts, en Allemagne. Il était chargé de retrouver des œuvres d'art, et d'en dresser un inventaire. Il avait séjourné un an et demi dans le Midi, puis avait disparu. Il n'était pas le seul. Mais comme il habitait Avignon, et qu'il devait avoir du temps, peut-être avait-il recommencé à peindre...

Ces Allemands s'adressaient à Karl pour savoir si, par miracle, vu son métier, il n'aurait pas aperçu un tableau de lui. Cela faisait pas mal de temps qu'ils cherchaient. Ils n'avaient encore trouvé aucun indice. Ils ne se faisaient pas beaucoup d'illusions, mais on ne sait jamais. La mère de leur cousin vivait encore, elle était âgée, et c'est pour elle aussi qu'ils...

« Bon, j'ai dit à Karl, abrège. Et alors? »

Alors, cette visite, ça lui était sorti de l'idée. L'autre jour, quand il a vu cette photo, ça lui a rappelé quelque chose. Les cousins lui avaient laissé un catalogue des œuvres du disparu. En rentrant, il l'a feuilleté. Aucun doute, ce tableau, le tableau de GMC, venait bien de cet Allemand. Il avait vu sa reproduction dans le catalogue. D'ailleurs, il me l'avait porté.

Karl trimbale en permanence une petite sacoche, pour ses papiers. Il prétend que c'est pratique. Moi, je veux bien. Si tu veux tout perdre d'un coup, pas de doute, c'est drôlement pratique.

Il en a tiré un livret. Sur la couverture, un nom : Franz Mezel. Mezel? Si c'est un nom allemand, ça, moi, alors, je suis breton... Et puis une indication de galerie, un de ces trucs allemands à rallonge. L'allemand ce n'est pas une langue pour les Européens.

J'ai feuilleté. C'était des tableaux, des paysages, des vues de monuments, quelques portraits. Ça me paraissait bon, pour ce que j'y connais. Le tableau de GMC, je l'ai retrouvé sans problèmes : il te crevait les yeux.

Karl m'a demandé ce que j'en pensais. Qu'est-ce qu'il voulait que j'en pense? Il n'y avait aucun doute, aucun.

C'est là qu'il se posait des questions. Ce peintre, il avait peut-être fini à la Légion. Mais pourquoi GMC ne l'avait-elle pas dit? Qu'est-ce qu'elle avait dit, au juste? Rien. Que c'était un cadeau, pas plus. Si c'était un souvenir d'un légionnaire, elle ne l'aurait pas caché...

On ne sait jamais avec les femmes. Il y a peut-être une histoire sentimentale, là-dessous. GMC n'avait pas envie d'en parler. Qu'est-ce qu'il comptait faire, Karl? Pour le moment, il n'avait guère le temps. Mais si moi je pouvais voir auprès de GMC, ce serait bien. D'accord. Dès que j'apprends quelque chose, je le préviens. Il aimerait renseigner ces pauvres Allemands sur leur cousin.

Drôle d'histoire... Ce serait intéressant de retrouver ce peintre. Ça ne devait pas être le méchant bougre, je le vois mal s'engager dans la Légion. Je sais bien que dans la Légion il y a de tout, mais ce n'est pas l'endroit idéal pour manier le pinceau.

Il avait eu de la chance d'être dans le coin, ce peintre, pendant la dernière, plutôt que de se geler sur le front de l'Est. Avignon, ce n'est pas si mal. Il a dû en profiter pour aller à Aix, faire la route Cézanne et la Sainte-Victoire. Peut-être qu'il a fini garçon de café sur le cours Mirabeau... Ou canard boiteux dans l'étang de Berre, pendant que tu y es... Il faudra que j'en parle à GMC.

Ce doit être une vieille histoire de cœur, je n'ai qu'à lui en toucher un mot avec ma délicatesse habituelle. S'il a porté le képi blanc, on doit pouvoir le retrouver.

Sinon, elle l'aurait connu où? Ce tableau est daté de 41... En 41, GMC...

Brusquement, ça m'a frappé raide, comme une balle entre les deux yeux. Cette photo, le peintre la lui avait peut-être donnée précisément pendant qu'il était dans la région. Et elle aussi. Parce que, au fond, GMC, personne ne savait d'où elle sortait. Son nom? J'ai dû le savoir. Elle a raconté au Petit qu'elle s'était mariée avec un militaire, et qu'elle s'était trouvée veuve

195

presque tout de suite. Inutile d'aller voir sa boîte aux lettres, ce n'est pas ce nom-là qui m'intéresse. Mais j'aimerais bien voir son nom de jeune fille. Parce que sinon, comment veux-tu la reconnaître, avec la gueule qu'elle a? Même sa mère ne pourrait pas. Puis je me suis dit que j'avais trop d'imagination. Peut-être. Seulement, comment se fait-il qu'elle soit venue s'enterrer ici, précisément ici, au Mas, dans ce coin perdu que personne ne connaît? Le hasard? Il a bon dos.

En tout cas, pas question que j'aille l'interroger naïvement. Parce que, ou je me trompe complètement, ou alors GMC, c'est une vieille connaissance.

Mais pourquoi serait-elle revenue?

Et pourquoi est-ce que le Petit est revenu? Quand tu te sens chez toi quelque part, c'est là que tu reviens, même si tu y as connu un gros malheur. Parce qu'il n'y a pas tellement d'endroits où tu puisses te retrouver, en fin de compte.

Pas la peine de rêver. Il fallait que je découvre qui c'était en vrai, GMC. Comme si je n'avais pas assez de soucis avec le Petit! J'espère que ces enclumes de gendarmes ne vont pas me le perturber, avec leurs gros sabots. Ça n'a pas été malin de ma part d'envoyer paître Langlumé...

Au diable les gendarmes. J'allais m'occuper du matricule de l'étrangère.

J'AI mal dormi. Sans doute le changement de temps. C'est en voyant le ciel ce matin, très tôt, ce ciel entièrement dégagé, à peine rayé par la traînée d'un avion, que j'ai pris conscience de l'horreur de la prison. Ils m'ont privé du ciel tout ce temps...

A Melun, j'étais tombé, au hasard de mes lectures, sur un livre qui parlait des colonies pénitentiaires, *Les petits vagabonds*. Au siècle dernier, on enfermait les enfants coupables du délit de vagabondage dans des sortes de bagnes. A Belle-Ile-en-Mer, on les préparait à devenir matelots. Ces gosses n'avaient commis qu'un seul crime, voyager. En lisant ce livre, j'avais le cœur serré. Un mur les empêchait de voir la mer.

Si je n'étais pas né au Mas, j'aurais pu faire des études. J'aurais aimé apprendre. Pas seulement des connaissances, apprendre à chercher. Par exemple, ces petits vagabonds, j'aurais voulu savoir d'où ils venaient, où ils allaient, comment ils vivaient, quel était leur avenir. Ça m'aurait plu. Pour moi, il a toujours été trop tard. Sans la prison, je n'aurais jamais ouvert un livre.

J'ai encore moins de temps à ma disposition. Il faut que je me dépêche. C'est tout bête, Annick est enceinte. Je croyais qu'elle prenait la pilule, elle a arrêté sans prévenir. Elle veut un enfant de moi. Et moi, est-ce que je veux un enfant? Dans d'autres conditions, peut-être... Je ne sais pas. Je n'ai pas pu y penser. Je n'ai même pas quitté ma mère. Etre père, pour moi, ne signifie rien. Mais Annick a confiance. Je ne peux pas la laisser tomber.

J'y tiens. Si je n'avais que ça à faire, je pourrais vivre avec elle. J'ai l'impression de recommencer un procès. Cette fois, je joue le rôle de fiancé. Je m'entends bien avec Annick, c'est facile. Mais de temps en temps, je perds pied. Je suis à l'écoute. Elle me croit distrait. C'est le contraire.

J'ai décidé de me mettre à fouiller tout ce que je pourrai. Je ne vois rien d'autre à faire, puisque rien ne se produit.

Chez le vieux Leblanc? Pas question. Chez lui, on n'entre pas. Même quand il n'est pas là, il faudrait traverser sa meute de chiennes en folie.

J'ai ratissé à fond le gourbi du père. J'avais retiré les sacs qui obturent la fenêtre, ouvert la porte. J'ai pris mon temps. J'ai viré les loques qui lui servent de matelas. Dessous, il y avait une couche de cartons, entrelardés de vieux journaux. Certains dataient de la guerre. On voyait des photos de soldats allemands. J'ai regardé les titres : *Signal, Der Adler...* Il y en avait de la Libération, *V, Radard.* Puis des plus récents, des *Paris-Match*, et même un *Lui.* La plupart des numéros dataient des mois d'été. Il doit les récupérer dans les poubelles des vacanciers.

J'ai examiné les murs, pierre par pierre... Rien. J'ai regardé le sol. Il n'a pas été retourné. Je n'ai pas été déçu. Le père utilise certainement d'autres cachettes, à supposer qu'il ait quelque chose à cacher.

Je suis pressé. Nous devons nous marier le mois prochain, fin juin. Annick ne tient pas à ce que sa grossesse soit trop visible.

Nous nous installerons à Pont-Saint-Esprit, en septembre. Son père possède une entreprise de transports, il pourra m'employer. Dès que j'aurai le permis, il me confiera un car.

J'ai dit oui. Je ne veux pas les contrarier. Ils sont

gentils. Ils veulent le bonheur de leur fille, et le mien par la même occasion. Ils m'ont adopté.

Mon beau-père voulait que je descende tout de suite au Pont. J'ai refusé. J'ai prétexté des travaux à terminer, au Mas. En plus, c'est vrai. Je ne peux pas les laisser tomber au gros du travail.

Le père Leblanc va mieux, mais il doit faire très attention à son poignet, ne pas forcer avec. Il a l'impression d'être en verre, ça lui a donné un coup de vieux. C'est dur pour lui d'être obligé de s'économiser. Par moments, il me parle comme il parlerait au fils qu'il n'a pas eu. Ne pas savoir ce que vont devenir ses terres lui crève le cœur. Ou plutôt, il le sait. Il se dit que c'était bien la peine...

J'y vais le plus que je peux. Je l'écoute. Je le vois s'obstiner à des tâches inutiles, changer l'espacement de ses pieds de vigne, pour utiliser un nouvel engin. Il se lance dans des projets irréalisables. Il essaie d'y noyer son chagrin. A ce train, il ne va pas s'éterniser. Dédou est gentil, lui aussi. Ça lui fait le cœur gros de voir que je me marie, et que je pars. Lui ne veut pas quitter le Mas. Je le comprends. Il va rester encore plus seul. Son père perd tout doucement la tête, sa mère s'essouffle. Dans vingt ans, je me demande ce qui restera de cet endroit.

Peut-être Marie-Do... Elle ne vieillit pas. Elle garde son calme. Je lui ai demandé en plaisantant pourquoi elle n'écrivait pas un livre. Elle m'a dit qu'il lui en restait encore quelques-uns à lire, mais que, ensuite, qui sait? Comme sujet? Oh! une histoire de guerre...

J'ai continué mes fouilles chez le Belge, un après-midi où il avait conduit sa femme chez le dentiste à Vallon. Du travail facile. Le Belge aime l'ordre. Chez lui, on dirait un magasin d'exposition de meubles. Si tu veux trouver de la poussière, tu as intérêt à l'apporter. J'ai tout examiné soigneusement. Il aurait pu truquer un meuble, installer un tiroir caché...

Dans son armoire, il conservait des dossiers volumineux. J'ai trouvé avec effarement des factures d'électricité qui dataient de trente ans. Les gens me scient.

Il ne restait que la cave. Alors là, le gag. Des montagnes de cartons, bien classés, avec de vieux journaux, de vieux bocaux, de vieux objets, de vieux livres. Sur une table, de l'argile et des ébauches de bustes. Et artiste, avec ça. Je n'avais pas le temps d'inventorier tout ce bric-à-brac. Un type aussi décourageant ne peut pas être dangereux.

Je me suis attardé sans y prendre garde. Comme j'émergeais de sa cave, je l'ai vu qui revenait, en voiture. Il était seul. Il avait sans doute laissé sa femme au village.

J'aurais dû retourner une planche, pour repiquer des salades. Je n'avais rien fait. Il n'a rien dit. Il est allé inspecter sa forteresse. Puis il est revenu, il a commencé à me faire un cours de morale, avec notes et commentaires. Ce Belge a raté sa carrière, il aurait dû être prof.

J'ai écouté, pas trop longtemps. Puis j'ai eu comme un vertige. Je me suis demandé ce que je faisais là, devant ce guignol. J'ai marché droit sur lui. Il a reculé. Il avait peur. Il a manqué tomber. Il a bredouillé qu'il ne me dénoncerait pas. Je suis parti. Je n'y retournerai plus.

Ça m'a fait un drôle d'effet de voir ce type saisi par la peur. Il m'a regardé comme on regarde un fauve. Ce n'était pas seulement sa peur qu'il trimbalait. C'est celle du village. Pour mes concitoyens, rien n'a changé. Depuis plus de quinze ans, ils continuent de penser que c'est moi, leur tueur inconnu. Bien la peine d'être doux, raisonnable et travailleur!

Qu'ils crèvent. Ils ne m'intéressent pas. Tout ce qui m'importait, c'était ce jeu commencé dans le champ du vieux Leblanc. Le chat et la souris. Le chat n'avait pas l'air pressé de sortir ses griffes...

Peut-être que le jeu est fini? Comment savoir? Ou alors, je fais erreur. Il y a un chat, mais est-ce que je suis toujours la souris? Comment ça? C'est bien moi qui étais en cause, avec cette écharde? Oui...

Décidément, je n'avançais pas. Il m'aurait fallu essayer d'autres hypothèses.

Et je suis là, en plein milieu de nulle part... Le matin est bleu. J'apprécie. Merci, matin. C'est sympa d'être revenu.

J'ai prévenu maman, pour Annick, et notre mariage. Elle est d'accord. Ça la rassure. Mais aussi, ça l'angoisse de se retrouver de nouveau seule. Je lui ai proposé de venir s'installer avec nous au Pont. Elle ne veut pas. Elle prétend que c'est pour ne pas me gêner. Je sais très bien que c'est pour ne pas me partager. Pourtant, ça n'a plus de sens qu'elle reste là. Tant que j'étais en prison, oui. Mais quand je serai au Pont, qu'est-ce qu'elle va devenir? Et je ne peux pas demander à Annick dè s'installer ici. De quoi vivrions-nous?

Ce mariage me préoccupe. Mon projet, au départ, n'était pas du tout de m'installer dans une vie normale. C'était de retrouver mon chat semeur d'échardes. Une vie normale ne m'intéresse pas. Je vais mourir d'ennui au Pont. Qu'est-ce que je vais bien pouvoir faire? Acheter des meubles? Poser des étagères? Fréquenter des camarades de travail? Ce n'est pas possible. Pourtant, il paraît que c'est ça, la vie... Je me suis engagé à reculons dans cette histoire avec Annick. Ce que je voulais, c'était donner au chat l'impression que j'étais neutralisé. C'est tout.

Je n'ai pas du tout envie de me retrouver vingt-quatre heures sur vingt-quatre avec quelqu'un, même quelqu'un comme Annick. Je la connais. Je l'aime bien. Elle est jolie, gentille, vive, intelligente. Elle a toutes les qualités. Seulement, j'ai l'impression que je me suis fait piéger. C'est comme si j'allais retourner en prison, sauf qu'en prison j'étais seul. Là, il va me falloir partager ma vie avec quelqu'un. Je n'en suis pas capable. Je ne peux pas le dire à Annick, c'est trop tard. Elle ne comprendrait pas. Je ne sais pas quoi faire.

Si le chat savait ça, il s'amuserait bien.

J'en ai parlé à Mari-Do. Quand je lui ai dit que je me mariais, elle a haussé les sourcils. Chez elle, c'est la forme suprême de l'étonnement.

Marie-Do et moi, nous appartenons à la même race. Nous sommes des solitaires. Plus le temps passe, plus je la comprends. Elle n'a besoin de personne, elle a appris à vivre avec elle-même. Personne n'a besoin d'elle. Moi, il me reste maman, et cette partie de chasse à l'homme.

Sinon, je ne demanderais rien et je n'attendrais rien. Je n'aurais pas dû me lancer dans cette histoire avec Annick. Elle ne méritait pas ça. Et là, pas question de réduction de peine. Si elle savait ce que je suis en train de penser...

Elle s'imagine que je ressens la même chose qu'elle, que je n'ai qu'une envie, ne pas la quitter. Elle ne sait qu'inventer pour me faire plaisir. Elle a pris ce premier étage dans cette vieille maison, au village, et elle en a fait un lieu très agréable. Elle a choisi les livres que je préfère. Elle m'a trouvé ce vieux fauteuil de cuir. Il ne me manque que des pantoufles brodées, Seigneur! Et elle va me faire cadeau d'un gosse. Puis nous nous installerons dans une vie nouvelle. Je n'aurai plus qu'à tracer une croix sur mon histoire.

Maman sent bien que quelque chose ne va pas. Elle est discrète. Elle ne me demande rien. Je sais qu'elle s'attend à tout. Je ne peux pas lui parler, je ne veux pas l'inquiéter.

Le père continue sa vie de limace nocturne. Je ne l'ai mis au courant de rien.

Le soleil monte très vite, en cette saison. Pas le temps de rêver. Il faudrait que j'aille herser la pièce de blé de Bornettes. Dédou a décidé d'en faire pour ses dindes. La terre est trop sèche pour le maïs, dans ce coin. Avant ça, je dois m'occuper des poules. Elles commencent à se frotter dans la poussière, maintenant qu'il fait beau. Il va bientôt falloir changer le lot, celles-ci ont fait leur temps.

Le vieux Desmichels s'est débarrassé de sa plus vieille chèvre. On lui comptait toutes les vertèbres. Une tumeur lui sortait du flanc droit, mais elle était encore bien gaillarde. Elle ne donnait plus de lait. Il la gardait parce que c'était la plus ancienne, ça lui faisait peine de s'en défaire.

Il est passé un homme qui fait tout le pays. Il récupère les carnes hors d'usage. Il travaille pour un équarrisseur. Il lui en a donné vingt francs... Elle finira dans les boîtes d'aliments pour chiens.

Le papé aurait pu se payer le luxe de la laisser mourir ici. Un jour ou l'autre, il aurait fallu se donner le mal de lui creuser un trou.

Gardénal a fait des petits à une chienne très distinguée. Coco n'en est pas peu fier. La propriétaire ne veut pas les noyer. Elle ne veut pas non plus les garder. Coco m'a demandé si j'en voulais un. Merci. Ce n'est pas le moment.

Qui sait si maman aimerait s'occuper d'une bestiole? Il vaut mieux pas. Plus tu t'attaches et plus tu pâtis.

Je suis allé prendre le tracteur. J'ai hersé. C'était la première fois que je faisais ce champ. Ce sera sans doute la dernière... J'aime bien herser. Si je deviens chauffeur de car, en roulant toute la journée, j'arriverai peut-être à tenir...

Quand je suis revenu, j'ai vu un groupe d'ouvriers en train de monter une baraque métallique dans le pré, entre le poulailler et le hangar de Leblanc. C'est l'équipe qui doit élargir et goudronner le chemin.

Le vieux m'a fait signe. Je me suis arrêté. Il voulait que je lui déménage un tas de bois qui encombre. Il est placé contre un mur qui doit sauter. Ce bois, il n'en fait rien, à quoi bon le déplacer? Ce n'est pas mon affaire, je lui ai dit d'accord.

Il m'a parlé des travaux. Ça le préoccupe. D'un côté, ce sera plus pratique. Si on veut. De l'autre, sûr que ça va attirer le monde.

Je l'ai rassuré. Qu'est-ce que les gens pourraient bien venir faire au Mas? Rien.

Le vieux n'est pas d'accord. Il dit que du moment où il y a une route, les gens roulent. Il n'aime pas ça.

Une fois, une voiture lui a écrasé une de ses chiennes, une bête de toute beauté. La voiture a embarqué le virage à toute allure, sans prévenir ni rien. Aussi bien, si tu te trouves là, elle te passe sur le ventre. Elle a même ricoché sur le mur d'en face, tu vois encore la trace de la peinture. Les bandits ont vu qu'ils avaient embouti cette chienne, tu crois qu'ils se seraient arrêtés?

Le vieux soupire :

« De toute façon, ces travaux, tu peux pas les refuser. Ils disent comme ça que c'est d'utilité publique. Tu peux pas aller contre. C'est bien pratique leur façon d'appeler les choses. Ils rasent ce qu'ils veulent, c'est pour ton bien, ni vu ni connu. Ils te traitent comme un niston... »

Il a encore soupiré, puis il est parti bricoler dans son poulailler. J'ai ramené le tracteur. Je suis allé prendre celui du vieux dans le hangar, avec sa remorque, et allons-y pour le bois.

(18)

C'est bien que les journées rallongent, comme ça, le Petit a plus de temps. Il est passé me voir. Nous avons fait quelques parties de dames. A une époque, j'étais assez fort, à ce jeu. Les échecs, non, je n'ai pas la patience. Et puis, qui va jouer à ça, ici, c'est trop compliqué.

Le Petit, je ne sais pas si c'est un champion, en tout cas, il n'a pas mis le paquet. J'ai préféré ne pas lui faire de remarques, je sens qu'il se ronge. Si je commence à lui poser des questions, il va rentrer dans sa coquille. Alors, j'attends. Quand il voudra parler, il parlera.

Je me demande bien ce qui le travaille, parce que, enfin, il va se marier avec cette Annick, qui est mignonne comme un cœur. Il aura tout ce qu'on peut demander à la vie. Franchement, quand il est revenu, je le voyais mal parti. Je trouve que ça s'est drôlement vite arrangé, pour lui. Pourtant, il ne fait pas la tête de celui qui vient de gagner le gros lot.

Je sais, je sais, il est encore secoué, il faut que tout ça cicatrise. Ça lui fera du bien d'aller ailleurs. Le Mas lui rappelle trop de mauvais souvenirs.

J'essaie de l'intéresser. Je calcule. Il fait un de ces soirs tellement beaux qu'on voudrait les retenir. Les hirondelles sont arrivées. Elles hurlent comme des démons, ces bestioles, on croirait qu'elles ont avalé une sirène.

Je lui demande si des fois ça ne lui dirait rien de voyager. Pas forcément loin, ni longtemps, juste un

205

petit tour pour se changer les idées. Je ne sais pas, moi, Venise, ou Valence, en Espagne...

Il s'arrête, il me regarde :

« Voyager pour quoi faire? Tu t'amènes quelque part, tu ne connais personne, tu as l'air de quoi? D'un touriste. »

Lui, les touristes, il ne les a jamais trouvés malins. Ce que j'en disais... C'est vrai que si, finalement, il fait chauffeur de car, il en verra, du paysage... Sûr, il dit. Toujours le même, quatre fois par jour.

Pas la peine que je me ruine l'imagination. Pour ce qu'il apprécie...

Il se lève à moitié, il se penche, il m'attrape l'épaule. Il me regarde. Inutile de parler. Il veut juste me faire comprendre qu'il comprend. D'accord. Du coup, il a poussé la moitié des pièces. Autant s'arrêter, on n'y croit pas plus l'un que l'autre.

Nous sommes dehors, devant le café. J'ai sorti trois tables et quatre chaises. Il n'y a pas encore grand monde, mais je trouve ça plus gai. Ça me donne de l'exercice. Je me débrouille très bien, avec une main. Ces tables, je les ai choisies exprès, bien carrées, juste la bonne dimension. Je le fais remarquer au Petit, mais je lui aurais parlé du vase de Soissons, ça ne l'aurait guère plus bouleversé.

A la fin, je n'en peux plus. Autant que ça sorte. Je lui demande :

« Tu ne peux pas penser à autre chose, tête de mule!

— Si. Je vais me remettre à la chasse.

— Ah! bon... »

Première nouvelle. Il va jusqu'à la voiture de GMC, et il revient avec un fusil. Il me le tend. Ce n'est pas non plus la dernière nouveauté, mais c'est quand même le bel engin. Un Manufrance.

Il a trouvé ça à Alès. Une occasion. Un client l'avait laissé à un armurier, en prenant un nouveau modèle. C'est plutôt rare de voir ça. Les vieilles armes, on aime bien se les garder, d'habitude. Mais ce type, comme il a des enfants, il préfère en laisser traîner le moins possible.

Le Petit est tombé dessus par hasard. Il avait assez d'argent? Oui, il lui en est rentré pas mal, tout le monde lui en devait peu que peu. Ça finit par faire. Seulement, les gens ne sont jamais pressés. Si tu leur rappelles qu'ils te doivent quelque chose, tu as l'air de leur faire l'affront. Sinon, GMC lui aurait fait l'avance.

C'est le père Noël, cette fille. Je n'ai pas parlé au Petit de mes idées sur son identité. Ce n'est pas la peine. J'attends d'être sûr. Puis je ne vois pas en quoi ça le concernerait.

J'examine son fusil. Il est quasiment neuf. Le type d'avant n'a pas dû crapahuter des masses avec, je remarque.

C'est ça. Il était représentant de commerce, il n'avait jamais le temps. Maintenant qu'il a pris sa retraite, il voulait s'offrir une fantaisie, un tromblon de luxe, avec le canon incrusté.

Je demande :

« Et tu comptes chasser quoi?

– La grosse bête. »

Je fais comme si c'était une plaisanterie. Je ris.

Pour deux, parce que lui, il ne rit pas. Il prend son sac de sport. Il me sort une boîte : des chevrotines.

Dans le temps, ce n'était pas son style. Il préférait le gibier léger. Je me demande s'il veut me dire quelque chose. S'il a découvert une piste... Je ne crois pas. Il a pris ce fusil parce qu'il en avait envie, et basta.

Je réfléchissais... Tourne vire, il commençait à se faire tard. Je nous ai fait une infusion de thym, c'est bon pour ce qu'on a. Le temps que ça refroidisse, je lui ai dit :

« Ecoute, je ne t'ai jamais rien demandé, tu reconnais? Mais si jamais tu fais quelque chose, tu me préviens avant, d'accord?

– D'accord, Coco, si j'ai le temps. »

Le temps? Mais quel temps? Je n'ai pas voulu me lancer dans une discussion. J'ai fait comme si cette demi-promesse me suffisait.

Il est resté encore un petit moment, puis il m'a demandé l'heure. Il avait rendez-vous avec Annick, ils vont voir un film à Saint-Ambroix.

J'ai fait comme si de rien n'était. Comme si je quittais un jeune homme qui va retrouver sa fiancée. Seulement, je ne marche pas. La dernière fois, c'est parce qu'il avait un fusil qu'on a pu lui coller l'affaire sur le dos. Là, j'ai comme l'impression qu'il se prépare à tenter n'importe quoi. Et qu'est-ce que je peux y faire? Malheureusement, il est majeur.

En parler à son Annick? Elle joue quel rôle, dans l'histoire? Si ça se trouve, c'est juste un rideau de fumée, cette fille. Elle lui permet de faire semblant d'être rangé des brancards. Et là, j'ai des doutes, parce que s'il a pris un fusil, c'est pour s'en servir.

Contre qui? Je n'en sais encore rien. Peut-être qu'il n'en sait rien lui-même. Ce que je sais, c'est que la première fois, il était comme un mouton qu'on a retiré du troupeau. Et à présent, il est comme un taureau qui attend le chiffon rouge. Le terrible, c'est que je ne peux rien lui dire. Ça ne servirait à rien. Je peux attendre, c'est tout.

Gardénal est rentré. Avec cette nouvelle chienne, il s'est fait une famille, et bon, qu'il y aille. C'est sa vie, je ne vais pas l'attacher. Lui, il n'a pas de fusil, il n'a pas de revanche à prendre. C'est malheureux de voir ce gosse – le Petit, c'est un homme, je sais, mais pour moi il reste un gosse – moins raisonnable qu'une bête...

Allez, pas la peine de me coller l'ulcère avec ce petit fada. Ce qu'il fait, je n'y peux rien. Par contre cette histoire de GMC me turlupinait.

J'ai réfléchi. Comment arriver à voir ses papiers?

Moi, je ne pouvais pas. Mais qui? N'importe qui, à condition de pouvoir les réclamer. C'est-à-dire un flic... Il n'en était pas question. Je ne me voyais pas brancher Navarin sur l'histoire. Ou un postier...

Tiens, tiens... Si par exemple GMC reçoit une lettre recommandée, elle sera obligée de montrer un papier d'identité, avec son nom de jeune fille. Au guichet des recommandés, il y a ma vieille copine Sophie. Elle est service-service. Elle a beau te connaître depuis la bataille de Marignan, faut que tu prouves qui tu es. J'ai reçu y'a pas longtemps un mandat d'un gars qui m'avait laissé une ardoise et qui s'était sans doute pris de remords. J'ai dû sortir mes papiers et elle les a épluchés.

Quand? Quand je voudrai. En ce moment, ça tomberait bien. Je sais par le Petit que GMC est absente pour deux jours. Le facteur laissera un avis, elle ira chercher sa lettre en revenant, et Sophie photographiera sa carte avec son œil de lynx.

Bon. Mais qu'est-ce que je vais lui envoyer? Une lettre en blanc? Non, ça lui mettrait la puce à l'oreille. Une publicité? C'est louche, ça ne tient pas debout. Alors? Une lettre d'amour? Pourquoi pas? Justement, dans mon bazar de papeterie, il me reste des cartes de la Saint-Valentin. C'est une combine américaine, des cartes que les amoureux s'envoient ce jour-là. GMC croira que quelqu'un s'amuse, elle ne cherchera pas plus loin.

C'est ce que j'ai fait. La carte, je l'ai postée à Vallon, pour ne pas me faire repérer. C'est la porte à côté. J'ai attendu deux jours, puis je me suis pointé à la poste vers midi, avec Gardénal. Sophie adore les chiens, et Gardénal, c'est son préféré.

A part son côté réglo un peu flic, elle est gentille, Sophie. Elle reste vieille fille, je me demande pouquoi. Elle gagne sa vie, toujours de bonne humeur, avenante... Que demande le peuple? Elle pourrait faire le bonheur d'un pauvre homme, et le sien par-dessus le marché. Seulement, je la crois un peu difficile. Des fois, elle m'en parle. Il y a Untel ou un autre qui lui tournent autour. Une fonctionnaire, ça n'est pas à dédaigner, c'est le beurre à perpétuité dans les pois chiches. Elle aurait pu se caser cinquante fois, si elle avait voulu. Seulement, elle trouve toujours quelque chose qui cloche à ses amoureux. Et si elle ne trouve rien, elle invente. Elle se plaindrait de la marque de dentifrice du bonhomme.

Je crois qu'elle préfère rêver. Elle n'a pas tellement tort. Une femme, ça n'est pas compliqué : ou elle veut faire des nistons, et il lui faut un homme. Ou elle s'en moque, alors elle peut voir venir.

Au fond, Sophie, c'est une coquette. Je l'ai raccompagnée jusque chez elle. Elle m'a invité à monter prendre un verre de muscat. Ça ne lui déplaît pas de boire un petit coup. Elle a sorti les gâteaux secs, les olives et tout.

Elle a un défaut, elle est bavarde comme l'horloge parlante. Pas la peine de lui demander quoi que ce soit. Le mieux, tu laisses couler et tu attends. Ça vient forcément.

J'en ai appris pas mal sur la poste, le village, ce qu'on peut lire dans *Marie-Claire* ce mois-ci. Ce n'était pas que du nouveau, parce que Sophie, c'est comme tout le monde, ses disques, elle ne les renouvelle pas tous les jours.

J'attendais, tranquille. A un moment, elle me dit :

« Devine qui est venu à la poste ce matin ? »

J'ai fait semblant de chercher...

« Un du Mas ?

– Oui.

– GMC ? »

C'était ça. Encerclé c'est gagné. Qu'est-ce qu'elle voulait ? C'était pour une lettre recommandée. Même qu'elle avait l'air surprise de ce qu'elle a trouvé dans l'enveloppe : une carte avec un cœur. Elle a haussé les épaules et elle est partie.

« Ah! bon! j'ai dit. Ah! bon... Crois-moi si tu veux, Sophie, mais GMC, à force de l'appeler comme ça, je ne connais même pas son nom.

– Lequel? Parce qu'elle en a deux. Son nom de femme mariée, c'est... Attends voir... Ces noms qui servent en même temps de prénom, je les confonds... Mais son nom de jeune fille, il est facile à retenir. Elle s'appelait Mlle Soleil. »

Je n'ai pas bronché. A Sophie, ça ne disait rien, bien sûr. Elle n'a pris son poste que bien après la Libération. Je suis resté encore dix minutes, par politesse. Je ne voulais pas partir en courant, comme un voleur, Sophie remarque tout.

J'ai regardé l'heure. Ce n'est pas que je m'ennuyais avec elle, mais Marie m'attendait. Je n'étais pas un cœur à prendre, moi. Il fallait que je rentre pointer à domicile, sinon je risquais d'être privé de clafoutis. Elle a ri, elle comprend la plaisanterie... Je me suis retiré, sans me presser, avec Gardénal.

Ça m'a fait un choc de savoir d'un coup d'un seul que GMC, c'était bien cette demoiselle... même si, depuis un bout de temps, j'avais fini par penser à quelque chose dans ce goût-là. Cette fille s'amène, elle reprend son ancienne maison, elle a le même âge que l'autre, et personne fait le rapprochement... Comment veux-tu? Elles n'ont rien à voir, GMC, c'est la fille de Frankenstein. Elle n'a plus d'âge.

J'arrivais mal à faire cadrer ensemble les deux images. Celle de la demoiselle que j'avais croisée voici à présent... 44 aller à 80, ça fait 36, plus un, 37 ans... Cette pauvre gosse que j'avais pu recueillir à temps. Et GMC, bon dieu, cette engeance blindée capable de tout endurer.

J'étais un peu déçu. Pas vexé, non. Mais déçu... Tout de même, j'avais été correct avec elle, à l'époque. Elle aurait pu... Quoi donc? Te baiser les pieds? Te les laver? Qu'est-ce que tu voulais qu'elle fasse? Mlle Soleil, elle l'a enterrée. Elle ne va pas la ressusciter pour te faire plaisir. Elle a trouvé une manière de te remercier, remarque. Le Petit, elle sait que tu y tiens. Elle lui a donné tout le travail possible, elle lui laisse sa voiture, elle lui avance de l'argent. Elle s'arrache, pour lui. Si elle le fait, c'est sûrement un peu à cause de toi.

Admettons. C'est vrai. J'ai calculé qu'à sa place j'aurais agi pareil. Parce que les gens d'ici, les hommes, non seulement ce sont de braves fils de putes mais il leur arrive d'être un peu lourds.

Cette histoire, quelques-uns s'en souviennent encore, même s'ils n'y ont pas trempé. On en a causé, en son temps. C'est quelque chose qui reste dans les mémoires, comme le linge sale au fond du panier. Si ça se savait que c'est elle, l'ancienne violée, il se trouverait toujours un rigolo pour lui balancer une sale plaisanterie. Je comprends qu'elle n'ait pas envie de leur rafraîchir la mémoire.

Mlle Soleil... Pauvre demoiselle... Elle aura eu encore une drôle de vie, celle-là. Après ce qui lui est arrivé, elle pouvait entrer au couvent. Ou se foutre en l'air. Les hommes, elle ne devait guère les porter dans son cœur. Elle a choisi de vivre un métier où elle pouvait mourir et voir mourir. Ceux qui l'entouraient étaient bons pour l'abattoir, ou ils en revenaient. Ceux-là, elle pouvait leur pardonner. Elle aura passé son temps au milieu de condamnés à mort. Elle ne pouvait sans doute supporter qu'eux.

Pauvre demoiselle... Elle a dû faire son possible pour laisser sa peau dans une quelconque bagarre, elle y est presque arrivée. Elle y a laissé son visage, et son passé par la même occasion... Je comprends.

Dommage. J'aimerais bien lui serrer la main, et qu'elle sache que je sais. Mais je ne veux pas l'ennuyer. Elle a eu sa part.

Je n'ai rien dit à Marie. Elle raconterait n'importe quoi. Elle voit le mal partout. Elle est capable de te sortir des trucs pas croyables. Que si tu te fais violer,

212

c'est que tu l'as bien cherché. Je ne lui veux pas de mal, mais quand j'entends des énormités pareilles, je lui souhaite de tomber un jour sur quatre Kalmouks privés de steak tartare. Elle verra s'il faut vraiment chercher pour trouver.

J'ai fait attention de ne pas sembler trop préoccupé. Sinon, c'est les questions qui commencent, et à quoi tu penses, Hortense, et pourquoi tu ne me le dis pas, Nicolas, le diable et son train.

J'ai attendu le soir, qu'elle retourne devant sa télé parce qu'il y a une question que je voulais me poser, sans que personne me dérange. Le coup qu'on a fait au Petit, et si c'était GMC? Puisqu'elle était là, à l'époque...

C'est vrai, elle était là. Depuis, voyons voir... Environ quatre ans... quand même, pourquoi aurait-elle fait ça? Ce n'est pas possible. Supposons qu'elle veuille se venger, pourquoi s'en prendre à un innocent?

Si elle avait dû en vouloir à des gens, c'est à ceux du village. Je ne connais pas ceux qui ont participé à cette saloperie. Depuis le temps, elle, elle aurait pu trouver, et s'en payer quelques-uns. Or, il n'y a rien eu. Calme plat. Pas le moindre petit accident de chasse. Alors, pourquoi est-ce qu'elle aurait été massacrer ce touriste, en faisant tout pour que l'on attribue ce crime au gosse? Alors que ce gosse, ce doit être l'une des rares pesonnes qu'elle aime? Ça ne tient pas debout...

Non, GMC, elle survit comme elle peut sur les ruines de Mlle Soleil, point.

L'assassin, il faut le chercher du côté des rigolos du Jas. Je croirais plutôt à une histoire de rivalité. Le gamin s'était bagarré, à un moment, avec un type qui vivait par là-bas, un certain Victor. Ça paraît énorme qu'un type puisse penser à un truc aussi tordu, mais maintenant, entre la télé et les romans policiers, les gens consomment du crime comme les lapins de l'herbe. Il suffit de tomber sur quelqu'un qui s'ennuie, je ne vois pas d'autre explication.

Peut-être que la même idée est venue au Petit. C'est pour ça qu'il s'est pris ce fusil. Et dans tout ça, je ne suis pas plus avancé. J'ai l'impression qu'il va arriver quelque chose. Le Petit, ce n'est pas Gardénal, je ne peux pas l'enfermer. Bon dieu de bois, on dirait qu'une fois ça ne lui a pas suffi. Si je pouvais, je lui raconterais l'histoire de GMC, pour lui montrer qu'il n'y a pas que lui à en avoir bavé.

Si seulement il pouvait attendre... Mais, GMC, elle a roulé sa bosse à des endroits où elle avait autre chose à faire qu'à ruminer ses malheurs. Le Petit, c'est juste le contraire. Ses quinze ans, il les a passés en tête-à-tête avec son idée fixe. Pas surprenant qu'il soit toujours enragé.

Qu'est-ce que je peux faire? Je me demande s'il a le droit d'avoir un fusil. Et même. S'il a envie de tuer, il peut le faire avec un caillou.

Annick devrait avoir son bébé en décembre... S'il pouvait se tenir tranquille jusque-là, ensuite il aura d'autres soucis. Il se décidera peut-être à penser aux vivants au lieu de remâcher cette vieille histoire de mort.

⑲

Et puis j'ai fouillé chez Marie-Do. Ça me gênait. Elle a confiance en moi. Elle me laisse ses clefs, quand elle n'est pas là, pour bricoler, ou si je veux écouter un disque. Dans ces condtions, je ne vois pas ce qu'elle pourrait me cacher.

J'ai quand même cherché, par acquit de conscience. Ça n'a pas été long. Marie-Do ne se ruine pas en habits. Elle n'entasse pas non plus n'importe quelles vieilleries.

Le plus intéressant, c'était une mallette remplie de photos de soldats en short, avec des bérets ou des chapeaux de brousse. Des tas de soldats. Ils avaient l'air contents. Ils posaient comme des chasseurs le jour de l'ouverture. Au dos, il y avait souvent un nom de lieu, viêtnamien ou algérien, parfois un numéro de régiment, des prénoms... Et la date. Ça devait être des copains de Marie-Do. Elle, elle n'était sur aucune photo. Elle n'avait jamais dû aimer sa tête. Les plus anciennes remontaient à 48. J'avais cinq ans, et Marie-Do faisait la guerre en Indochine. Tous ces types devaient à présent être morts ou vieux.

Une des dernières ne cadrait pas avec les autres. C'était la photo d'un tableau, un monument genre arc de triomphe, comme il y en a un peu partout. Derrière, rien. Mais dans un angle, sur la peinture, on lisait une date : 41, et des initiales. Sans doute un souvenir. Un copain artiste, peut-être.

J'ai replacé soigneusement la mallette. Je ne voulais

pas qu'il m'arrive la même histoire qu'avec le Belge. Du Belge, je m'en moque. Mais je n'aimerais pas que Marie-Do pense du mal de moi. Si j'ai regardé chez elle, c'est pour ne pas avoir de regrets. Je savais que je ne trouverais rien.

Restait le village. Je voyais mal comment faire, à moins de monter une entreprise de débarras de caves...

Je me suis fait un café, et je me suis installé sur la nouvelle terrasse. J'ai retiré ma chemise. J'ai pris le soleil. Maintenant, les gens se bronzent comme si c'était un métier. A part qu'ils paient pour ça. J'ai bu mon café. Je me suis roulé une cigarette. Marie-Do m'a appris. Elle a de ce tabac hollandais qui sent le miel.

J'ai pensé aux camarades restés à Melun. Je n'étais pas du tout détendu. J'ai essayé de me laisser aller, c'était plus fort que moi. Je me tiens comme si j'allais bondir. Allons bon... J'ai respiré à fond, calmement. Pas la peine. J'ai jeté la cigarette.

L'abricotier avait encore quelques fleurs, le figuier portait déjà de petites figues vertes. Malgré le soleil, j'ai eu l'impression d'avoir froid.

Qu'est-ce que je faisais là, inactif? D'habitude, j'aurais entrepris quelque chose. Il y avait le lierre à retirer sur le mur, près du cyprès. Je pouvais désherber, si ça me chantait. Ça ne me chantait pas. J'étais dans l'impasse. Pas la peine de retourner cette histoire dans tous les sens. L'écharde, on avait eu quatre ans pour me la prendre. Débrouille-toi avec ça.

En prison, j'avais lu pas mal de romans policiers. C'est merveilleux. Tu barbotes dans la purée de pois, puis hop! tout s'éclaire, comme dans un problème de géométrie dans l'espace, quand tu as tiré le trait voulu.

La réalité ne fonctionne pas comme ça. J'aurais bien voulu voir Agatha Christie avec mon écharde.

Finalement, je n'étais pas mal en prison. Je pouvais

espérer en sortir. Et voilà. Je suis libre. Libre de constater que rien ne rime à rien. J'avais perdu ma vie pour rien. J'étais sorti pour rien, puisque je n'arrivais pas à savoir. J'étais là, à tourner en rond sur place. Et si j'avais tant travaillé depuis mon retour, c'était pour meubler ce temps qui ne servait à rien.

Je suis allé prendre le whisky de Marie-Do. Elle achète toujours la même marque, des petites bouteilles carrées, avec une étiquette noire. Du Jack Daniel's. Elle dit que c'est le meilleur, moi je veux bien.

La grande vie. Cigarette, whisky, soleil... j'allais avoir un gosse. Plus la peine de me raconter d'histoires, ni de jouer au petit soldat. La page était tournée. C'était il y a quinze ans qu'il fallait chercher. Mais à ce moment-là j'étais incarcéré. S'il y avait eu quoi que ce soit à découvrir, Coco l'aurait fait. Un malin, Coco... Nous sommes tous très malins, et quelqu'un l'est encore plus que nous tous réunis.

J'ai repris de l'alcool. Je commençais à me détendre. Cette écharde, ce n'était pas forcément un homme. C'était peut-être un merle qui l'avait prise dans son bec pour l'installer dans son nid. Plus un merle est noir, plus il adore les échardes rouges, c'est connu. En survolant le champ du vieux, il a eu le hoquet, il l'a laissée choir. Ou alors, c'est une taupe. Elle a choisi ce morceau de bois pour s'en faire un cure-dent. Elle est ressortie dans le pré. Comme elle avait justement égaré son dentier, elle a laissé tomber. Très drôle... Je n'avais plus qu'à en faire autant. Et me secouer, parce que je dois passer voir mes beaux-parents.

Ils sont gentils, un peu vieux jeu. Lui, c'est le genre qui te juge sur tes souliers et ta coiffure. Un jour, il faudra que je me cire les cheveux, pour voir sa gueule. En attendant, je vais passer chez le coiffeur.

C'est Robert, un nouveau. Il est sûrement doué pour tondre les chiens. C'est bien assez bon pour les paysans que nous sommes. Il n'y avait pas grand monde. Juste un petit vieux qui se faisait raser.

J'ai regardé Robert manœuvrer. Il utilise de vieux Solingen. Il fait un moulinet comme s'il voulait égorger son client. Il n'y a pas plus gentil. Il en veut juste aux jeunes. Pour lui, cette mode des cheveux longs, ça ne ressemble à rien. Les gonzes, maintenant, on jurerait des gonzesses, il dit. Pas étonnant que tout aille mal...

Quand tu l'écoutes parler, tu te rends compte que tout ce que les gens réclament, c'est un dictateur. Le prochain sera coiffeur.

Robert a toujours une pile de vieux *Paris-Match* à peine gras, à force de servir. On pourrait faire des frites avec.

J'en ai feuilleté un, en attendant. J'aime bien. On n'y parle que de gens beaux et célèbres qui font tous des trucs extra. Quand tu lis ça, tu te demandes qui peut bien oser encore aller en usine.

Dans mon numéro, il y avait l'article habituel sur ces salauds de Russes. Depuis que *Paris-Match* nous les prédit, on finit par ne plus y croire. C'est là l'erreur. Quand on n'y croira plus du tout, ils vont nous tomber sur le poil. Marie-Do recommencera la Résistance, et à suivre...

Je tournais les pages. Des gens riches montraient leur fric, de belles filles leurs seins. Et puis je suis tombé sur une double page-photo. En plein cœur de Berlin, ce monument qu'on appelle la porte de Brandebourg. C'était celui qui figurait sur le tableau de Marie-Do... Elle n'avait pourtant pas commencé la Résistance à Berlin? Alors? Une coïncidence. Un de ses zouaves, rencontré en Indo, avait dû lui en faire cadeau, c'est tout.

Le vieux s'est décidé à partir. Robert a secoué sa serviette, m'a fait asseoir à sa place encore chaude. Je n'aime pas me retrouver dans la chaleur des autres, ça me gêne. Il m'a demandé comment je voulais mes cheveux. Je m'en moquais. Qu'il me fasse des couettes

s'il veut. Je n'ai pas voulu le vexer. J'ai dit : « Rafraî-
chis sur les côtés. »

On passe son temps à dire n'importe quoi pour ne
pas faire de peine. J'ai pensé à Annick. Je devrais faire
attention à mon comportement, ou elle va finir par
s'inquiéter. Elle s'imagine que nous sommes fiancés. Il
y a de ça... La fiancée du zombie.

Le piège, c'est que tu commences quelque chose en
te disant que ça n'a pas d'importance. Pour toi,
peut-être. Pour l'autre, c'est sérieux. Quand tu as
compris que ton bonhomme de neige est fondu, au lieu
d'arrêter, tu en rajoutes. De ce qui n'était au départ
qu'une erreur, tu fais une escroquerie.

Robert me parlait. J'ai fait un effort pour l'entendre.
Qu'est-ce qu'il racontait? Il allait y avoir une foire à la
brocante, en août? Ah! bon. Ça attire les touristes.
Tant mieux. Il suffit de mettre des affiches un peu
partout, quelques annonces dans la presse, les gens
font le détour.

Cette foire, se serait une fête. Il y aurait des concours
de boules, de tout, et des expositions. Nous avons des
artistes, chez nous. Prenez Langlumé, il a un joli coup
de pinceau. Et Navarin, on ne dirait pas à le voir, mais
il compose des poèmes. Et des bons. Jusqu'au Belge
qui fait des sculptures. Il compte en vendre...

Il en savait des choses, Robert. Normal. Toutes les
têtes lui passent entre les mains. Il sait tout. Sauf ce
qui m'intéresse. Je ne peux pas lui en parler. Demain,
tout le village saurait que je cherche encore la petite
bête.

Je sentais ses mains m'effleurer le crâne. Ça me
détendait. Une dame est rentrée, avec un petit garçon
pas ravi. Elle a commencé à bétifier, comme si elle
parlait à un nourrisson. Je me demande comment les
gens font pour vivre. Maintenant, avec la télé, ce n'est
plus très compliqué. Ça paraît drôle, toutes ces vies.
Tu sèmes les gens dans un coin, comme les patates. Ils
y restent. Ils germent. Ils s'activent. Ils ont une laisse

invisible. Ils refont les mêmes gestes, redisent les mêmes paroles. Ils ont l'air de trouver que c'est une vie.

Et moi? Je ne sais pas. Je n'ai pas commencé. Je n'ai pas envie de commencer. Il me tarde d'avoir mon car. Une vie, je ne sais pas comment la mener. Un car, tu n'as qu'à suivre la route.

Robert n'en finissait pas de me toucher la tête, elle ne risquait pas de s'envoler. Drôle de métier, coiffeur... Toutes ces têtes, comme des cailloux, velus... Il y a pire : dentiste. Aller fouiller au milieu d'un trou rempli de dents pourries.

Il a encore secoué sa serviette plusieurs fois. C'est une manie. Il m'a passé un miroir derrière le crâne, pour que je puisse admirer les dégâts. Il regardait si je regardais, j'ai jeté un coup d'œil. J'ai vu un type assez jeune qui avait l'air de penser à autre chose. Je me suis demandé le visage que j'aurais à présent, sans cette histoire... Je ne sais pas.

J'aurais pu faire comme Marie-Do, partir à la guerre.

Je dis n'importe quoi. Nous n'avions plus de guerre. Je ne pouvais pas laisser maman seule avec le père.

J'aurais trouvé une place dans une fabrique de meubles de la région... Je me serais marié avec la secrétaire. Nous aurions des enfants déjà grands.

Je n'ai jamais été amoureux. Au début avec Annick, j'y ai un peu cru. Ça n'a pas tenu, comme une première neige. On ne peut pas être amoureux quand on doit vivre ensemble. C'est comme si un ouvrier devait aimer son usine. Pour aimer quelqu'un, il faut qu'il te manque...

Comment faire? Si je dis à Annick que j'ai envie de respirer, que se voir une fois par semaine, ce ne serait pas si mal, elle va s'imaginer que j'en aime une autre. Ce n'est pas vrai. Une fille, c'est plus que suffisant. Elle va avoir un gosse, ça la neutralisera un moment.

Ce n'est pas facile de sortir de prison, je n'arrive pas à recoller ma vie. Elle n'est plus nulle part. Quelqu'un continue à vivre pour moi, mais je ne suis plus là. Ma vie s'est arrêtée ce matin devant chez GMC, quand les gendarmes sont venus. Je n'ai pas fait un pas de plus.

Si je retrouvais mon semeur, qu'est-ce que ça changerait? Ça me soulagerait. J'ai quelque chose en travers, pire qu'un cancer. Je ne peux le retirer. Ça ne se soigne pas. J'ai un creux à la place du cœur.

En sortant de chez Robert, il était encore tôt, je suis passé voir Coco, essayer de le rouler dans la farine. C'est notre jeu, à tous les deux. Nous jouons à qui aura l'air le plus détendu. Il n'est pas dupe. Ça le rassure de me voir. Depuis que j'ai repris un fusil, il s'inquiète.

Et si c'était lui? Stupide... Comment veux-tu qu'il tire, avec une seule main?

Au bar, j'ai trouvé sa collection habituelle de bras cassés. Quand tu les vois, tu as l'impression que le temps s'est coincé. Ils ne changent pas plus que les personnages du jeu de cartes. C'est une belle bande d'as de pique.

D'habitude, je m'amène avec le sourire, l'air content de respirer, style pastilles Valda. Là, je suis entré avec un visage de bois. Coco en a perdu le fil. Heureusement que les bouteilles de pastis ont un bouchon verseur. Il m'a demandé :

« Qu'est-ce qu'il y a? Tu en fais une tête...

– Plus tard. »

J'ai joué l'homme mystérieux. J'ai attendu qu'il ait un moment de libre. Comme un fait exprès, il y avait la femme du Belge qui se demandait si elle devait prendre *France-Dimanche* ou pas. J'ai vu le moment où Coco le lui faisait avaler.

Dès qu'il a pu, il est venu me retrouver. Je m'étais placé à l'extrémité du bar. Il s'attendait au pire.

« Alors?

– Alors, cette fois je crois bien que j'ai trouvé.

– C'est qui?

– Qui tu veux que ce soit, Coco? Il n'y a qu'un type d'assez malin ici, que personne ne peut soupçonner.

– Qui ça?

– Toi, Coco. »

Il en a ouvert la bouche de saisissement. J'y avais été un peu fort. Une chance qu'il ne soit pas cardiaque, je l'allongeais. J'ai gardé mon air sérieux. Un mur. Je le voyais changer de couleur. Il se demandait si j'étais devenu fou. Ç'a duré pas loin de dix secondes. Il a respiré un grand coup :

« Petit couillon, ne me refais jamais ça, tu entends? Plus jamais. Ou je sais pas ce que...

– Pas la peine, tu ne marcherais plus.

– C'est vrai, mais c'était quand même une fois de trop. Pourquoi tu es passé me voir? »

Pour qu'il cesse de s'inquiéter. Je laissais tomber. Fini. Cette affaire resterait un mystère. Tant pis ou tant mieux, mais j'en avais ma claque. Je n'allais pas faire comme les flics, fabriquer un coupable pour avoir une réponse à tout prix.

Coco, ça l'a rendu rudement content d'entendre ça. C'est exactement ce qu'il a envie que je lui dise, depuis le temps. Ça m'a fait plaisir de lui faire plaisir. J'avais l'air sincère. Le type qui n'en rajoute pas, qui est arrivé au bout du chemin. Terminus. Un bon numéro. Pour un peu, j'y aurais cru.

Nous avons bavardé. Dans ce village, on ne fait pas dans le détail. Ou c'est le gros drame, hors gabarit. Ou ça fonctionne dans le microscopique.

Je lui ai recommandé de faire la bise à sa veuve, et je suis parti. J'aime bien appeler sa digne épouse de cette

222

façon, rien que pour le voir tiquer. Il trouve ça déplacé. Disons que c'est prématuré.

Il m'a rappelé. Non, je ne pouvais pas monter. Pas le temps. Annick m'attendait à Pont, chez ses parents, je n'étais pas en avance. On se reverrait, je n'étais pas encore parti. Tchao.

CE n'est pas le tout de regarder les feuilles des platanes. D'accord, elles sont belles. La récolte sera bonne. Et c'est même étonnant qu'un génie comme on nous en montre tant dans leur télé n'ait pas encore eu l'idée de les utiliser. Des belles feuilles comme ça, il devrait y avoir un moyen d'en tirer quelque chose. Pour la publicité, pas de problème : LE PLATANE NOUVEAU EST ARRIVÉ.

J'aurais dû en faire, moi, de la publicité. Outre que je me serais fait des couilles en or, j'aurais secoué quelques cocotiers.

En attendant, j'ai décidé de me secouer. J'ai fait une fête. De prétexte officiel, je n'en avais pas. J'ai dit que c'était pour la Fête des Pères des Chiens, vu que Gardénal venait de procréer. La raison, en vrai, c'est que je veux changer les idées au Petit. Il me raconte que son affaire, c'est fini, qu'il n'y pense plus. Cause toujours. C'est tellement fini qu'il s'achète un fusil. Il prétend que c'est pour chasser. Chasser mon œil. S'il n'y pensait plus, ça se verrait. Il n'aurait pas besoin de le proclamer.

Tout ce que je demande, c'est qu'il s'en aille, qu'il commence une autre vie ailleurs. Parce que vivre comme un ermite au Mas, comme il l'a fait, ce n'est pas naturel pour un jeune.

Alors, voilà, je fais ce que je peux. Mais attention, je le fais bien. J'ai demandé au Gaby de me laisser occuper la place devant l'église, et tant qu'à faire d'y empêcher la circulation. Gaby, il n'était pas très chaud. Ce type, il faut tout lui dire. Je lui ai expliqué que les fêtes, c'était tout bon pour le tourisme. Si des gens s'amenaient maintenant, ils connaîtraient le chemin pour la foire à la brocante du mois d'août.

Gaby a reconnu. Ça pouvait servir de rodage, et même c'était plus prudent. J'ai le sens de la tactique. Si je n'étais pas civil, j'aurais pu faire le militaire.

Bon. J'ai eu ma place pour le samedi soir. Je pouvais commencer mon installation dès seize heures. Qu'est-ce qu'il me fallait? La boisson? Pas de problèmes. Au contraire, ça fera tourner les stocks, ils en ont bien besoin. La musique? Louer un orchestre? Ils sont un peu flagada, les orchestres à louer, dans le secteur. Il me fallait quelque chose de mieux...

J'en ai parlé à droite à gauche. Il n'y aurait pas moyen de se monter un petit orchestre, entre nous? Ça se pouvait. Nous sommes assis sur une vraie mine de talents cachés, nous autres. Gaby jouait de la flûte, Victor du tambour, Max avait appris le violon au régiment, Toine connaissait le piano, et le Belge savait faire du bouche-à-bec à un saxo.

J'ai pensé à Bastien. C'est le roi de l'accordéon. Dès qu'il lâche son volant, zoup, il attrape son engin. Je lui ai demandé s'il ne pouvait pas prendre cette fine équipe en main, histoire d'en tirer quelque chose. Quel genre? Tout, mais surtout pas les zinzins actuels. Non, les chansons de juste après la Libération, « Le petit vin blanc », « La complainte des infidèles », « Jezabel »... Les rengaines dans ce genre. Avec une banque de branquignols comme on avait, il valait mieux donner dans le rétro. Absolument.

Bastien, cette idée, ça lui a botté. Monter un orchestre, trente ans qu'il en rêve. Il s'est débrouillé pour se dégager ses soirées, il a rassemblé son monde, et en avant la musique.

Heureusement que leurs répétitions avaient lieu chez les pompiers. Sinon, je ne sais pas comment j'aurais tenu. Ce n'était pas tant le bruit, on finit par en prendre l'habitude. C'était... comment dire? Enfin, bon, c'était un vrai monstre, cet orchestre. Rétro, d'accord. Mais tout de même, un clairon avec un piano, c'est dur. Et qu'est-ce qu'on pouvait bien en faire, du Max? Parce qu'il a du souffle. Encore une chance, il savait aussi jouer de l'harmonica. Excellent, l'harmonica, en formation. Ça meuble.

Quand les gens sont bien disposés, ils font des miracles. Je ne voulais pas un truc impeccable. A ce compte-là, tu te prends un tourne-disque. Je préférais que ça reste toujours sur les franges de la catastrophe, parce que, les gens, ça les fait rire. Et puis, rien que de voir jouer des connaissances, ils adorent.

De la sono, pas question. Ce n'est pas du bruit que je voulais, c'est de la musique. Tu ne peux pas supporter ce que tu te prends par les oreilles, dans les bals d'aujourd'hui, sans devenir fondu. Si Dieu avait voulu la sono, il nous aurait fait des oreilles blindées.

Nous avons récupéré une estrade dans la salle des Fêtes, collé plein de drapeaux et de guirlandes. Puis je me suis demandé : gratuit ou payant? J'aurais préféré gratuit, c'est mon côté fils du peuple.

Bastien m'a fait remarquer, et il n'a pas tort, que quand c'est gratuit, les gens s'imaginent tout de suite que ce n'est pas bon. Ils ont besoin de donner de l'argent, ça les valorise. Moins ils ont les moyens, plus ils veulent banquer. Les riches, c'est le contraire. Un riche se débrouillera toujours pour ne pas payer. L'argent, il sait ce que c'est. Pas la peine qu'il lui fasse prendre l'air.

Zappy a trouvé la solution : ce serait payant, mais avec l'argent, on achèterait des lots pour une tombola gratuite.

Pour les lots, j'avais Karl. Je lui ai fait demander s'il ne pouvait pas me trouver quelques beaux objets pas trop chers, genre bassinoire en cuivre synthétique, des machins qui se voient de loin. Puis j'ai pensé aux dindes du Dédou. On pouvait faire une liste drôle, genre :

- Premier prix : une jambe de bois en acajou.
- Deuxième prix : une dinde.
- Troisième prix : un casque de pompier d'époque.
- Quatrième prix : une dinde.

Tous les prix pairs, rien que des dindes... Les autres dindons, ils ont trouvé l'idée super.

Dédou, pour les dindes, il était d'accord, vu qu'à Noël dernier des rigolos lui en ont commandé, puis n'en ont plus voulu au dernier moment. Il s'est retrouvé avec un stock de dindes sur les bras, et qui commençaient à monter en graine.

Marie nous a fait quelques affiches au dos des cartons-réclame, pour les journaux. Elle a mis plein de dessins artistiques, des danseurs, des amoureux, de tout. Marie, elle est douée. Quand elle veut. Les femmes, c'est une mine qu'on n'a pas assez creusée. Quand on voudra s'y mettre, on en tirera ce qu'on voudra.

Ces affiches, Bastien s'est chargé de les répandre dans la région. Ici, j'en ai juste posé trois ou quatre pour les distraits, parce que tout le monde est au courant, et vogue la galère.

C'était une bonne idée, cette fête. Ça s'est bien passé. L'orchestre a fait un malheur. C'est fou ce qu'aux gens ça leur plaît de retrouver les airs de quand ils étaient jeunes. Ça les remuait, pas qu'un peu. J'en voyais qui avaient les larmes aux yeux. Vous me direz que c'est rien de rare, avec l'âge, tout le monde en vient là, peu que peu. Pas si sûr ! Pour faire pleurer nos crocodiles, il faut déjà se lever matin.

Non, je crois pas que l'âge ait à voir. Je pense que c'est l'époque. Parce que la Libération, c'était tout de même différent. Il y avait quelque chose dans l'air. On a cru que le monde pouvait changer. On ne l'a pas cru longtemps. Mais ça vous marque... Moi le premier. D'entendre *Les feuilles mortes*, ça m'a fait de l'effet.

Les gens se régalaient. Ils fredonnaient les vieux airs, ils en redemandaient, ce brave orchestre dérapait en fanfare. On lui a fait un triomphe. Tout le monde était content. Il s'est amené du peuple d'un peu partout. Il y en a même qui voulaient savoir si on pouvait louer la formation...

Nous étions bien, sous les platanes. Ceux qui voulaient danser, dansaient. Ceux qui préféraient causer tranquillement pouvaient causer. Marie avait préparé une lessiveuse de sangria. Elle a filé comme du petit lait.

Le Petit était venu, avec sa fiancée. Ils ont dansé. Ils formaient un beau couple. Très beau, même, parce que lui, il est beau pour deux.

Il a profité d'un moment où nos musiciens se rafraîchissaient pour venir échanger deux mots :

« Comme ça, tu fais la fête, Coco ?

– Comme tu vois.

– C'est la première année que tu organises ça ?

– Il faut bien un début aux traditions. »

Il a souri. Il m'a serré l'épaule. Il a drôlement pris de la poigne. Il m'a dit : « Tu es le plus brave. »

Il est reparti retrouver son Annick.

Ça s'est très bien passé. Il s'est pointé quelques touristes, pas trop, ce n'est pas encore la saison. Tant qu'ils ne sont pas en force, ça se supporte. Par ici, nous n'avons pas d'histoires de bandes de jeunes qui viennent tout casser. Les jeunes, nous n'en fabriquons pas des masses. Ils ne sont pas élevés au jus de béton, ils ne veulent de mal à personne.

Les modes nous arrivent avec un gros retard. Nos jeunes ont bien une génération de décalage avec ceux de Paris. Ils ne vont pas tarder à découvrir Johnny Hallyday.

228

Tout le village était là. Les plus vieux avaient l'impression de retrouver leur fameux bon vieux temps. Je crois que c'était un temps de merde, le bon vieux temps. Ce qu'il y a de sûr, c'est que les gens se pratiquaient davantage. Bien obligé. Leurs distractions, il fallait qu'ils se les inventent. Je ne vais pas repartir sur cette balançoire, mais pour un soir, le programme, c'était notre programme, personne ne nous l'avait préparé à Paris ou ailleurs. Ce n'est peut-être pas énorme, comme exploit, seulement, quand tu en as perdu l'habitude, tout prend des proportions.

Du Mas, il était venu Dédou et GMC. Elle avait mis une robe pour l'occasion. Oh! pas un truc à franfreluches, juste une robe beige, toute simple, avec un col blanc. Elle paraissait une pensionnaire. Elle a gardé une silhouette jeune, cette femme. Elle a dansé avec des étrangers. Les gens d'ici, elle les intimide.

Il n'était pas loin de deux heures du matin quand le monde a commencé à s'éclaircir. Nous sommes des lève-tôt, parce que nous ne nous couchons jamais trop tard. Deux heures, c'est l'orgie.

Il ne restait rien à boire. Je suis retourné dans mon bar, j'ai invité les derniers acharnés à venir prendre un verre. Nous nous sommes retrouvés une petite bande, quelques habitués, et des gens des environs, des têtes qu'on voit rarement. Quelques-uns avaient du plomb dans l'aile. Ils trouvaient que c'était dommage d'arrêter si tôt, pour une fois qu'il y avait la bonne ambiance.

Zappy est allé chercher son magnétophone. Ils te font des engins petits, maintenant, avec des bandes qui durent des éternités. Il s'est installé à la terrasse, il nous en a passé une d'Yves Montand. Ses premières chansons...

Petit à petit, le bar s'est rempli. La fête reprenait

chez moi, j'ai laissé faire. Plusieurs se sont mis à chanter en chœur, avec Montand. Difficile d'affirmer que c'était une réussite. Le Français, pour la pêche à la baleine, d'accord. Mais le chant choral, on ne peut pas dire que c'est vraiment sa voie.

Le Petit était encore là. J'ai aperçu GMC. J'ai demandé à Zappy de ne pas mettre trop fort, pas la peine de réveiller les Navarin.

Gaby rayonnait. A présent que ç'avait marché, c'était bien sûr son idée. Je l'ai félicité. Il a accepté sans broncher. Gaby, c'est un chef. Je commençais à me tenir un bon petit coup de pompe. Mais pas les autres. Ils étaient excités comme des papous.

J'ai reconnu *Le chant des partisans*. Pour mieux écouter, je suis passé sur la terrasse. Cette berceuse, on ne la ressort plus si souvent. A un moment, en arrière-fond, tu entends des bruits de bottes, et les Allemands chanter « Alli-allo... ».

A la table du Zappy, ç'avait l'air de drôlement les intéresser, « Alli-allo... ». Ils se filaient des coups de coude.

Je me suis approché mine de rien, en essuyant un verre. J'y arrive très bien. Je cale le tout avec mon avant-bras droit, et j'essuie de la main gauche. Question d'habitude.

A cette table, outre Zappy, il y avait Serpolet et des types que je ne connais pas trop, parce que je ne circule guère. J'étais dans l'ombre, et eux trop partis pour faire bien cas. J'ai entendu un gros, un rougeaud, lancer au garagiste :

« Tu te souviens pas de cet Allemand? Sans cette fille, celle en noir qui est venue nous chercher, on le ratait. »

Un autre a dit :

« Une chance qu'on soit tombé dessus, c'était quasiment le dernier. Le pire, c'est que cet imbécile était en civil. Il se serait mis un brassard de F.F.I., on le laissait passer... »

Ça les a fait rire. Le rougeaud a voulu savoir si la fille était encore là, depuis le temps. Zé a répondu que oui. Et que cet Allemand, ce n'était quand même pas bien de l'avoir brûlé.

Ils avaient beau être beurrés, ça a jeté un froid. Zé s'est pris un coup de pied dans les chevilles, de la part du rougeaud. Je les ai vus regarder tout autour, mais personne n'a bronché. Je m'étais appuyé contre le tronc du platane, je faisais le mort.

Zé, le coup de pied, ça ne lui a pas plu. Il a protesté.

« Oh! ça va pas? Qu'est-ce qui vous prend? »

Un type lui a jeté :

« Ça suffit. Arrête tes conneries. »

Zé n'est pas contrariant. Il s'est écrasé. Ils ont parlé d'autre chose.

Je n'ai toujours pas bougé. Un moment plus tard, j'ai vu quelqu'un partir, d'une table pas trop loin. C'était GMC. Elle avait jeté une veste foncée sur ses épaules, dans l'ombre tu ne la distinguais pas.

Je suis resté un moment, ils n'ont pas repris ce sujet. Puis j'ai fermé mon bar, je suis allé me coucher.

J'avais de quoi réfléchir. C'était drôle, cette vieille bulle qui remontait du passé pour crever à ma terrasse, juste ce soir. Jusqu'ici, j'avais refusé de me mêler de ces histoires. Qu'est-ce que j'en savais, exactement? Pas grand-chose. Que la bande, qui avait violé la demoiselle à la Libération, l'accusait d'être sortie avec un Allemand. Bon. Je connaissais aussi une vague histoire d'Allemand liquidé au Mas, à ce moment-là. Je n'avais jamais fait de rapport entre les deux.

On racontait tellement d'exploits à cette époque... Moi, je préférais laisser pisser, et rester à l'écart. Là, j'étais bien obligé de m'interroger. Parce qu'au fond, des Allemands, il n'avait pas dû en venir des masses, dans notre secteur...

D'un coup, j'ai compris. Celui dont mes ivrognes parlaient, et celui de GMC, l'homme au tableau, c'était probablement le même. Il avait dû monter au dernier moment, essayer de la rejoindre, et il s'était fait intercepter par les salopards qui montaient chez Mlle Soleil.

D'après Zé, ils l'avaient brûlé. Qu'est-ce que ça voulait dire? Nous ne sommes pas au Moyen Age. On ne brûle plus les gens comme ça... Zé avait dû forcer sur le sirop d'orgeat. Ou alors j'avais mal compris. Comment savoir?

Interroger Zé? Si ça n'avait tenu qu'à moi, j'aurais laissé tomber. Mais l'ami Karl voulait savoir ce que ce peintre était devenu. Qu'est-ce que j'allais lui dire?

Malheureusement, Zé, on ne peut rien en tirer. Si je commence à lui parler, il risque de prendre peur et de se bloquer. A quoi bon? Ces Allemands n'avaient qu'à s'imaginer que leur cousin vivait quelque part. Leur expliquer qu'on en avait fait un méchoui à la Libération, quel intérêt? Autant qu'ils rêvent... J'ai eu l'impression d'avoir soulevé une plaque de ciment prête à tomber, comme on en voit sur les vieux murs dont le crépi fout le camp. Une de ces plaques sous lesquelles s'abritent des cloportes et des scorpions. Mais quoi... Pas la peine de dramatiser. C'était juste une histoire qui ressortait, parce que les types avaient un verre dans le nez.

㉑

Je ne savais pas... Mon amour, je ne savais pas... Tant
de temps, j'attends depuis tant de temps, il a fallu
quelques mots échappés à des ivrognes pour qu'enfin
je sache...

Je n'avais gardé aucun souvenir de ces hommes, sauf
de leur chef. Je ne l'ai jamais revu. Je n'ai retrouvé
qu'elle, cette femme éternellement en noir, qui les a
guidés chez moi. Quand ils sont arrivés, je ne savais
pas qu'ils venaient de te tuer.

Je ne me souvenais pas de ce boiteux. Quant à leur
idiot de village, celui qu'ils nomment Zé, il devait être
bien gamin à l'époque. A mon retour, j'ai eu souvent
l'occasion de l'approcher. Il tournait autour de ma
maison. Il n'était pas méchant. Je lui ai fait faire des
courses, pour l'occuper, lui donner un peu d'argent. Je
lui ai confié de menues tâches, couper du bois, ramasser des fagots... J'avais toujours un verre de vin, un
morceau de fromage ou un reste de plat à sa disposition. Il me faisait penser à un bon chien, affectueux,
désireux de plaire. Il n'exagérait pas. Il partait quand
je le lui demandais.

Il me racontait à sa façon la chronique du village,
des riens sans importance. Il savait enregistrer les
rumeurs. Si on avait raconté quoi que ce soit sur mon
compte, il me l'aurait dit. On ne m'a jamais soupçon-
née.

Il a espacé ses visites, une fois sa curiosité satisfaite.
L'hiver, ce n'est pas facile de monter ici, et l'été, il doit

s'intéresser aux estivantes... C'est un curieux petit homme, avec un rapport au temps incertain. Quand il lui arrive de vouloir quelque chose, il le veut tout de suite. Il ne parvient pas à évaluer l'épaisseur de durée qui l'en sépare. S'il désire une émission de télé, il s'imagine qu'il lui suffit de mettre le poste en marche pour l'avoir. Il possède une mémoire étonnante, sans perspectives. Son passé est un fourre-tout.

Je ne l'avais jamais interrogé sur ce qui m'est arrivé à la Libération. Je pensais qu'il n'en savait rien.

Le lendemain du bal, je suis descendue au village, dans l'après-midi. Je n'ai pas eu grand mal à le trouver. Je lui ai demandé s'il pouvait monter, me rendre un service. Bien sûr... Il est toujours ravi de se savoir utile.

Je lui ai fait déplacer un tas de pierres qui me restait, près du bassin, un travail parfaitement inutile. Je l'ai invité à s'asseoir sur la terrasse. Je lui avais préparé un casse-croûte. Nous avons bu ensemble. Je voulais qu'il se sente en confiance. Je ne savais pas si les autres lui avaient fait la leçon.

Je n'ai pas eu à aborder le sujet, il avait envie d'en parler. Il m'a suffi de mentionner la fête. Ah! la fête lui avait bien plu. Les gens étaient gentils, pas vrai? Mais pas toujours... Les gens faisaient des choses, et après lui disaient qu'il ne fallait pas le dire, et alors pourquoi ils les faisaient?

Je l'ai approuvé. Quand on a fait quelque chose, on peut en parler. Il était bien d'accord. Surtout que lui n'avait rien fait. Il les avait juste accompagnés, ce jour-là...

Je lui ai resservi un verre de vin. Je me suis gardée de lui poser des questions. Je sentais qu'il allait parler. Il avait besoin que je l'approuve.

Il m'a tout raconté :

« C'était la fête au village parce qu'on avait gagné la guerre. Les maquisards étaient arrivés, et ils voulaient punir les méchants. La Noire savait où trouver une

234

méchante. Il y en avait une, au Mas. En montant, les autres ont attrapé un Allemand qui arrivait en voiture. Cet Allemand il n'avait pas l'air d'un soldat, il n'avait pas l'habit vert. Mais c'en était un quand même. Alors ils l'ont frappé. Il n'a rien dit, comme si ça ne lui faisait pas mal. Ou alors, peut-être que les Allemands ne sentent rien. Et puis ils ne savaient pas ce qu'il fallait lui faire. Il y en a qui voulaient le clouer contre la grange des Desmichels. Mais ça, c'était vilain. On cloue des chardons ou des chouettes, contre les portes, pas des gens, même si c'est des Allemands, pas vrai? Comme il faisait nuit, il y en a un qui a allumé du feu, parce qu'on n'y voyait pas bien... Ils l'ont jeté dans le feu. Ça, je sais que ça se fait parce qu'on l'a déjà fait à Jeanne d'Arc, on me l'a raconté au catéchisme. Et maintenant Jeanne d'Arc elle est au ciel. Peut-être que l'Allemand aussi est au ciel? Ils l'ont laissé griller un moment, et puis ils ont brûlé la voiture. Elle a sauté, ça a fait boum. C'était dommage de la brûler, une voiture ça peut toujours servir... Maintenant, elle est toute rouillée, elle est dans le gros tas de ronces, en dessous de la maison des Desmichels.

Je serais bien resté près du feu, parce qu'un feu avec une voiture et un Allemand, on n'en voit pas souvent. Mais les autres voulaient attraper la méchante, et ils ont continué. Je les ai suivis... Elle, c'était pareil. L'Allemand n'avait pas l'air d'en être un, et la méchante n'avait pas l'air méchant. Je ne l'ai guère vue. C'est une fille qui habitait juste cette maison où vous habitez. Elle était jeune et drôlement jolie. Je n'ai pas compris comment elle pouvait être méchante. Les méchants ne sont pas beaux. On le voit bien dans l'église, sur les images du chemin de croix. Les méchants qui font du mal au Petit Jésus, ils ont tous de vilaines têtes... »

Je l'écoutais bêtifier. J'ai de nouveau rempli son verre. Il a bu. Il a attendu un moment. Ses mains s'ouvraient et se fermaient machinalement. Je lui ai souri. Il a continué :

« Alors cette fille ils l'ont frappée. Moi, ça ne m'a pas plu. Je suis redescendu regarder le feu, mais il était presque éteint. On voyait l'Allemand tout tordu tout noir comme un tronc d'arbre. Alors je suis reparti au village. Après, les gens, cette histoire, ils ne voulaient plus en parler. Alors pourquoi ils avaient commencé par dire que c'était bien de tuer les méchants? La fille, peut-être qu'ils l'ont tuée, comme l'Allemand. Mais ils n'ont pas dû la brûler, parce que je n'ai pas trouvé de restes de feu pour elle quand je suis remonté voir. Il n'y avait plus non plus de restes de l'Allemand.

– L'Allemand a dit quelque chose quand les maquisards l'ont arrêté?

– Non, il n'a rien dit. Il n'avait pas l'air d'avoir peur. Les autres ont su que c'en était un parce que c'était marqué sur ses papiers. Comme il n'était pas habillé en vert, ils ont cru que c'était un espion.

– Est-ce qu'il était vivant quand ils l'ont jeté dans le feu?

– Sûrement, oui. Mais ils venaient de le frapper, alors il ne bougeait plus. Pourquoi vous me posez ces questions?

– Pour savoir si c'est une histoire vraie, ou si tu l'as inventée. »

Il s'est presque fâché. Il s'est mis à bredouiller que jamais il ne me raconterait des histoires pas vraies, parce que j'étais gentille. Et en plus, il ne savait pas inventer, alors... Jamais il ne me dirait des mensonges. Si je ne le croyais pas, je n'avais qu'à demander aux autres, à la Noire. Elle n'habitait pas loin, la Noire. Je n'avais qu'à y aller.

Je lui ai dit que je le croyais, que je plaisantais, que ce n'était pas la peine de rien demander. C'était une vieille histoire qui ne m'intéressait pas tellement, parce que je n'étais pas là quand ça s'était passé.

Il a voulu savoir si c'était méchant d'avoir fait ça,

brûlé l'Allemand et le reste. Je lui ai répondu que je ne savais pas. Parfois les méchants ont l'air gentils, comme dans les films ou dans des histoires pour rire. Lui, en tout cas, il n'avait pas fait de méchancetés. Et puis, tout ça, c'était très loin, une vieille histoire, et quand une histoire est vieille, même si elle est méchante, ça n'a plus d'importance. Sinon, il y aurait trop d'histoires entre les gens. Alors, les choses du passé, c'est comme si elles étaient mortes...

Ça l'a rassuré. Son inquiétude s'est envolée. Il pouvait penser à autre chose. Je ne lui ai pas demandé de garder le secret, à quoi bon? J'ai continué de le faire boire. Il est reparti, à la fraîcheur.

Je pensais à tout ce temps, mon amour... Tout ce temps où je t'attendais malgré tout, où je t'ai attendu, année après année. Je ne savais plus rien de toi. Tu avais disparu à la fin de la guerre. Tu avais peut-être survécu... Un jour, tu penserais à la jeune fille rencontrée dans ce pays qui était aussi le tien. Tu reviendrais...

Je suis revenue la première. J'avais traversé d'autres guerres. J'ai côtoyé la mort au milieu de gens qui mouraient. Je ne pouvais respirer que dans l'incertitude du lendemain.

J'ai vu mourir beaucoup d'hommes, beaucoup de camarades. La mort était notre compagne. Elle n'a pas voulu de moi...

J'attendais un miracle. Il ne me restait rien d'autre. J'allais te retrouver un jour dans les rizières ou sur les Hauts Plateaux. Quelqu'un me parlerait de toi. Puisque j'étais là, pourquoi pas toi?

Il n'y a pas eu de miracle. L'Indochine française est morte. Mon tour a failli venir. C'était en Kabylie, dans la région de Tizi-Ouzou. Notre petit coucou a encaissé une rafale. Nous volions trop bas. Nous étions là pour ça. C'était trop tard pour sauter en parachute. J'ai attendu le choc. Le monde a explosé.

Quand je me suis réveillée, je n'y voyais plus. J'avais

le visage entièrement bandé, sans compter quelques fractures des membres. J'ai éprouvé un énorme sentiment de lassitude. Ça n'en finirait donc jamais!

On m'a rassurée... Je ne resterais pas aveugle. Inutile qu'ils s'inquiètent, il n'en était en aucun cas question. Aveugle, je me supprimais.

Le chirurgien m'a parlé, gentiment. Ils allaient me refaire un visage. Ce serait long et pénible. Il faudrait beaucoup de greffes... Qu'ils prennent leur temps, j'en avais à revendre.

L'Algérie française est morte à son tour, entre deux greffes. Je vivais encore. J'allais avoir une autre face. Je la voyais se dégager peu à peu, comme un visage de momie à travers les bandelettes que l'on déroule. Cette face me convenait. Elle me ressemblait enfin. C'était le visage mort de la morte que j'étais devenue. Ce masque allait me permettre de recommencer une vie. J'étais méconnaissable. Je n'avais jamais envisagé cette éventualité. Je pensais à toi, mon amour. Je n'ai jamais pensé qu'à toi. Tu ne m'avais peut-être pas oubliée. Pendant que je t'attendais à l'autre bout du monde, toi, tu étais peut-être revenu au Mas, ou tu y reviendrais...

Je pouvais y retourner, à présent. Ma mère elle-même ne m'aurait pas reconnue. Il ne restait de mon passé que mon état civil. Il me fallait prendre un autre nom.

Pendant ma convalescence, j'ai lié connaissance, au Val-de-Grâce, avec un capitaine. Nous avions le même passé. Nous pouvions sympathiser. Nous nous retrouvions pour tisonner ensemble les cendres de ces feux mal éteints. Ce qui fut notre vie basculait dans l'oubli.

J'appréciais ce camarade. Il parlait sans amertume. Ce n'est qu'incidemment que j'ai appris qu'il était condamné : une leucémie à évolution rapide... Il ne l'ignorait pas.

Je lui ai demandé, comme un service, de bien

vouloir me laisser son nom. J'avais besoin d'en changer, pour retourner dans la vie civile. Est-ce que cela le gênait? En aucune façon. Son nom lui survivrait. Je crois qu'il m'aimait bien. Nous nous sommes mariés. Un mois plus tard, il mourait.

Mes parents venaient de disparaître dans un accident d'auto. Cette guerre civile imbécile qui se livre au hasard des week-ends me laissait seule, avec un héritage confortable. Je suis revenue à Malaveil dans la peau d'une retraitée qui cherche un coin tranquille. Je me suis gardée de brûler les étapes. Il fallait d'abord que les gens me voient, qu'ils sachent que je cherchais une maison dans la région, qu'ils ruminent la nouvelle.

Je les ai laissés marcher à leur rythme. Je savais parfaitement quelle maison je voulais.

Elle appartenait à présent au vieux Leblanc. Il ne demandait qu'à s'en défaire, à condition que le nouvel acquéreur lui convienne en tant que voisin. Qui aurait pu lui convenir davantage? J'avais l'intention de rester sur place. Je redonnerais un peu de vie à son Mas qui en avait bien besoin. L'affaire s'est faite. Je me suis installée. La maison n'avait pas changé. Ce serait l'observatoire d'où j'attendrais ton retour.

Tu n'es pas revenu. Pourtant, je t'ai attendu... Je t'ai attendu comme on attend la pluie, année après année, dans les confins sahariens. Chaque fois qu'une voiture inconnue passait, mon cœur battait plus vite. Les jours de brume, je croyais voir ta silhouette, près du calvaire des Hauts.

Je t'ai attendu... A force de t'attendre, j'allais te faire revenir. Je savais que je te reconnaîtrais, malgré les années. Je t'ai attendu...

Je vivais. Mon état se rapprochait du bonheur autant qu'il est possible. J'avais le calme, la solitude, la paix, après des années de tourment. Les premières nuits, le silence m'empêchait de dormir, tant j'étais habituée, dans les campagnes, à entendre l'aboiement sec du canon. Je m'y suis faite. J'ai appris à apprivoiser le silence.

Je lisais beaucoup. Des Mémoires, des Correspondances surtout. Flaubert, Marie Bashkirtseff. Je marchais. J'ai réappris ce pays. J'ai même retrouvé un vieux numéro d'un journal que la jeune fille qui m'avait précédée dans ma peau avait abandonné un jour, dans une cabane en pierre. Je l'ai parcouru. J'ai tourné ses pages cassantes et jaunies. Les Allemands piétinaient sur le front de l'Est. Ce front de l'Est d'où pourtant tu étais revenu.

Quand j'avais laissé ce journal, je ne t'avais pas encore rencontré. Maintenant, je ne t'avais pas encore retrouvé. Je m'installais dans ton absence.

Les saisons se succédaient. L'espoir restait. Au Mas, rien ne changeait. Je ne songeais pas à me venger, Seigneur, non! Je n'y connaissais personne. J'avais tourné la page.

Celle qu'ils appellent la Noire était toujours là, toujours aussi dure, toujours aussi à l'écart. Je ne l'avais pas oubliée. Elle n'était pas seule. Elle avait un fils qui grandissait, qui devenait un beau jeune homme. Elle qui avait brisé ma vie voyait la sienne se prolonger.

Ça ne m'a pas pris tout de suite. Je pensais être revenue de tout, de très loin, d'assez loin pour que plus rien ne m'importe. Je pensais le passé mort. Au début, il l'était. Et puis je me suis aperçue au fil des jours que cette femme me bouchait l'horizon. Elle était là, avec son bonheur. Elle me narguait par sa présence. Elle avait livré par bêtise ma jeunesse à des brutes. Rien ne s'était passé. Je n'avais jamais existé. Elle continuait sa vie.

Je n'étais pas revenue pour elle. Je ne me souvenais même plus de l'existence de son gosse. J'ai vu ce gamin se transformer, devenir un adolescent. L'avenir lui appartenait. Il quitterait le Mas. Il justifierait la vie de cette femme qui avait dévasté la mienne. Je n'avais échappé à la mort que pour tomber sur cette dérision. Ce n'était pas possible...

Ce jeune homme, je ne lui en voulais nullement. A elle, si. Ma haine s'éveillait. Il n'était pas trop tard pour régler notre vieux compte. Elle m'avait écrasée sans que je sache pourquoi. Je rêvais de la frapper à mon tour, sans qu'elle puisse deviner d'où partait le coup.

J'ai réfléchi... La tuer? Surtout pas. La mort de l'ennemi vous retire votre vengeance. Je voulais qu'elle se sente mourir longtemps, que chaque journée soit pour elle une journée d'horreur. Qu'elle connaisse ce que j'avais connu. Si tu étais revenu, j'aurais pu l'oublier. Il était trop tard. Je ne te reverrais pas. Pendant que je le pouvais, il fallait que je l'atteigne. Comment faire?

Le hasard a décidé pour moi.

Noël possédait un vieux fusil qu'il trimbalait partout. Un jour qu'il travaillait dans mon jardin, il a pris ma voiture pour descendre à Vallon, acheter des matériaux. Il a laissé son fusil sur la terrasse. Je l'ai pris machinalement. Cela faisait beau temps que je n'avais pas touché une arme. Sans réfléchir, je suis descendue à travers champs, vers le village, comme si une force me tirait. La nuit tombait.

Près de la route, quelqu'un m'a hélée. Un touriste. J'ai vu sa voiture installée dans un champ. Il m'appelait, de derrière le muret. Je me suis approchée :

« Vous désirez?

– Je vous avais prise pour un chasseur.

– Personne n'est parfait.

– Allons, allons, je plaisante... Je me demande... Il n'y a pas un endroit où on peut un peu rigoler, dans ce bled?

– Je crains bien que non.

– J'ai du café froid, dans un thermos. Ça vous dit?

– Pourquoi pas? »

Il avait même tendu une bâche, en écran. Je l'ai soulevée. Je me suis approchée, sans méfiance. Une fois près de lui, j'ai pilé net. Il empestait le vin. C'était un homme trapu, sanguin, ruisselant de vulgarité. Il s'est dirigé droit sur moi en se dandinant.

« Dites, tous les deux, on pourrait peut-être faire affaire? Hein? Hein? »

Allons bon... J'ai pensé qu'il plaisantait. Il m'avait sans doute mal regardée. Je n'ai pas bougé. Il a balancé sa grosse patte en direction de mes seins.

J'ai reculé, trébuché. Je tenais le fusil à deux mains, canon baissé. Le coup est parti.

Quand je me suis relevée, le type gisait, foudroyé, baignant dans son sang. J'ai jeté le fusil. Je me suis agenouillée près de lui. Il n'y avait plus rien à faire. Il se vidait.

Le bruit de la détonation m'avait paru formidable. Et pourtant ça n'avait attiré personne. Tout le monde chasse, plus personne ne fait attention à un coup de feu.

Je me suis redressée. Une lumière froide me baignait. Je savais...

J'ai repris le fusil. Une écharde rouge venait de sauter de la crosse. Du pied, je l'ai repoussée dans l'herbe, près du tronc où il avait fixé sa bâche. J'ai récupéré les papiers du mort, dans la boîte à gants. Je suis remontée au Mas, l'arme dissimulée sous ma veste. Le gosse n'était pas rentré. J'ai maquillé la crosse grossièrement. Il ne s'en apercevrait pas.

Où laisser le fusil? Chez moi? Mieux valait pas. Je savais le Petit distrait. J'ai mis ma vieille cape brune de berger. J'ai déposé le fusil sous le hangar du père Leblanc. Le gamin le laissait souvent là, quand il vaquait à ses poules... Je suis rentrée. J'ai attendu...

Il est rentré tard. Il était tombé en panne sèche, et

avait dû marcher plus d'une heure pour trouver une station. Il finirait son travail demain.

En sortant, je l'ai vu chercher du regard son arme. Il n'a rien demandé. Je l'ai raccompagné un moment.

« A demain, donc, Noël.

– A demain, Marie-Do. »

Je l'ai vu entrer dans le hangar, prendre le fusil. Je suis revenue chez moi. C'était fait. Un vide étrange m'a envahie. Quelque chose qui ressemblait à la paix.

Je n'avais rien prémédité. Je tenais ma vengeance mais le gamin aurait sa chance. Ils étaient deux hommes, après tout, dans cette maison. On pouvait accuser aussi bien l'un que l'autre. Le hasard trancherait. D'autant que le père jouissait d'une réputation assez mauvaise pour justifier tous les soupçons. J'ai laissé sa chance au destin.

Dès le lendemain, la machine judiciaire s'est mise en branle.

Ils ont d'abord arrêté le père. Je me suis demandé, un peu tard, si je n'avais pas misé à côté de la plaque. Ce Pivolo n'était qu'un déchet. Sa disparition ne paraissait pas bouleverser sa femme... Oui, mais elle atteindrait son fils, et j'obtiendrais quand même le résultat cherché, par ricochet.

Le vieux s'en est tiré. On a arrêté le jeune. Je ne voulais pas sa mort. Je voulais qu'il manque assez longtemps pour que sa mère regrette de vivre.

J'ai été étonnée de l'ampleur prise par cette affaire. J'avais l'habitude de voir faire moins d'histoires pour un cadavre... Peu importe, j'avais atteint mon but. Le malheur s'était installé chez la Noire. Pour la première fois, nous partagions quelque chose. Elle n'en savait rien. Je l'ai vue se dessécher, jour après jour. Pour moi, elle redevenait humaine. Le gosse a été condamné à mort.

C'était une affaire réglée. Il y a eu pourtant des conséquences que je n'avais pas voulues. La douleur du seul homme qui avait eu pitié de moi, ce manchot, parrain du gosse, m'a troublée. Tant pis. Il n'y a pas de justice sans injustice.

Le jeune homme s'en est tiré. On a commué sa peine, on l'a réduite. Il est revenu. Très bien. J'étais suffisamment vengée. Il avait passé en prison le même nombre d'années que j'avais vécu loin du Mas. Cette comptabilité n'a pas grand sens, je sais. En tout cas, il n'était pas vieux, il pouvait refaire sa vie. Avec sa mère, nous étions quittes.

Je le croyais. Je l'ai cru jusqu'à hier soir. Je l'ai cru jusqu'à ce que j'entende la voix de cet ivrogne m'annoncer ta mort. Jusque-là, je pouvais encore t'espérer vivant. Même si tu ne devais pas revenir. Même si tu étais mort dans la débâcle de ton pays, je pouvais l'admettre. Tu vivais dans mon souvenir. Je t'attendais, comme ces femmes qui attendent sur le rivage ces navires dont plus personne n'a de nouvelles. Je t'attendais... Mort ou vivant, je te veillais. Nous étions ensemble, là où je t'avais rencontré pour la première fois, mon amour. Mort ou vivant, je te berçais dans mon souvenir...

Maintenant, je sais. Ils t'ont tué. A toi, ils n'ont laissé aucune chance. Tu n'es pas mort au combat. Tu n'étais pas au milieu des tiens. Tu as été massacré, seul, par une bande de lâches. Ils t'ont abattu comme un animal. Ils t'ont tué avant de me souiller. Ils t'ont tué alors que tu accourais vers moi, et c'est elle qui les guidait. Tu venais me retrouver, mon amour. Tu es mort, et j'ai vu de loin le reflet des flammes qui te dévoraient, et je ne savais pas. Et c'est elle qui m'a désignée à tes assassins. Je croyais m'être vengée. Tout est à refaire.

Ce coup-ci, je crois bien que c'est terminé. Je touche du bois. Parce qu'il est marié. Ce mariage, ça me tardait plus qu'à lui... Enfin, c'est fait.

Pour la messe, la grosse affaire, tout le tralala, ça s'est passé à Pont, chez les parents de son Annick. J'y suis allé avec la Noire. J'ai remplacé le père. Pivolo, pas moyen de mettre la main dessus. En plus, il n'est pas sortable.

Marie m'avait accompagné, je me suis fait beau. J'ai acheté un costume exprès, pour ne pas marquer trop mal. Ce n'est pas tous les jours que je lui ferai prendre l'air. On m'enterrera avec.

Marie s'était fait faire une belle robe. Belle si l'on veut. D'après moi, vu la couleur, elle avait plus l'air d'un pruneau que d'une pâquerette, mais je ne vais pas me lancer dans des débats sur les fanfreluches.

N'empêche, elle a parfois de drôles d'idées. Elle aurait voulu que je cire ma main artificielle. Et pourquoi pas la faire nickeler, pendant qu'elle y était? Je n'avais pas envie de me faire remarquer. Ma main, elle est bien comme elle est.

Ça s'est très bien passé. Annick était belle comme tout, en robe blanche. Peut-être un peu rondelette, mais ça lui allait bien. Le Petit était magnifique, bien bronzé. Je me dis toujours que c'est dommage qu'il n'ait pas fait de cinéma. Il n'aurait jamais pu, il est bien trop sauvage. Les filles le badaient drôlement. Elles ouvraient des yeux comme des soucoupes.

245

Ça faisait un brave moment que je n'avais pas mis les pieds dans une église. Les curés ont tout chamboulé. Maintenant, la messe, ils te la disent en français, tu n'y comprends plus rien. Ils se tournent vers toi, tu les vois faire leur micmac, à quoi ça rime? Je trouve que c'est dommage.

Le latin, c'était beau, tu te régalais. Ça semblait quelque chose. Ce coup de tutoyer Dieu, je n'admets pas. Dieu, ce n'est pas un copain. Si c'est pour te retrouver à l'église comme tu serais n'importe où, ce n'est pas la peine. Autant rester chez soi.

Dommage que ce soit un peu tard pour entamer des études, sinon, le latin, je l'apprenais. Dans mon bar, je n'aurais parlé que comme ça : Et unum pastissum, amen...

Aux curés, ça ne leur portera pas bonheur. Ce n'est pas un vrai changement, c'est du bricolage. Le vrai changement, ce serait que les curés se marient, et que l'Église arrête de regarder les histoires de cul comme si c'était le diable. Ils préfèrent crever que d'en entendre parler.

N'empêche, c'était le beau mariage. Probable que les parents de la petite auraient préféré un autre gendre, c'était fait, c'était fait... Puis de la récupérer avec eux, ça les arrangeait.

Annick, tu l'aurais crue éclairée de l'intérieur, tellement elle rayonnait. Les femmes, j'ai constaté, ça peut changer du tout au tout, c'est pas croyable.

Je voulais marquer le coup, pour le Petit. D'accord, la cérémonie, ils la faisaient à Pont. Le repas de midi aussi. Mais après, le soir, c'était convenu qu'on se retrouverait au Mas. En ce moment, on peut s'installer dehors, c'est agréable. Au village, non, il y a déjà trop de trafic.

Devant chez la Noire, j'ai monté des tréteaux, des planches, de quoi installer deux tables. Nous avons préparé un buffet froid, tout bien installé, avec des fleurs. Ça et les Cévennes en face, ça valait n'importe quel restaurant.

J'ai demandé à GMC de me donner la main. Elle a du goût pour ces choses-là. Elle a porté le champagne au frais chez elle. On s'est demandé s'il fallait de la musique. Pour quoi faire? La musique, nous n'en sommes pas privés, elle nous sort par les narines. Tu commences à voir des jeunes qui se collent des écouteurs toute la journée. Je me demande s'ils les retirent pour dormir.

Pas de musique. Les poules du vieux s'en chargeront.

Tous les gens du Mas étaient là, ensemble. C'était peut-être la première fois que ça se produisait.

Annick avait gardé sa robe blanche, mais le Petit ne tenait plus. Il s'est mis en tous les jours, ça faisait drôle de les voir ensemble. Lui, il peut porter n'importe quoi, tout lui va.

Les parents d'Annick n'étaient pas montés. Ils ont dit qu'ils ne voulaient pas accaparer. Ils avaient des affaires à préparer, des bricoles pour le futur appartement des mariés. C'était aussi bien, on se retrouvait entre nous.

Ça s'est bien passé, et ce n'était pas évident, quand on connaît ceux du Mas. A force de vivre seuls, les gens finissent par devenir différents, comme s'ils habitaient une autre planète. Ceux qui n'ont pas vécu ça ne peuvent pas comprendre. Ça ne s'explique pas. Tu as l'impression que les solitaires vivent avec eux-mêmes comme s'ils étaient à côté de quelqu'un d'autre. Comme s'il y avait une frontière entre eux et les autres. Ils ne te laissent pas entrer comme ça, et ils ont du mal à sortir... Dès qu'ils ne sont plus seuls, ils ont l'air en visite. Ce sont des gens qui savent écouter, et les vraies questions, ils les voient.

Ceux du Mas ont offert des petits cadeaux. Les Desmichels se sont fendus de leur fameux miel aux pattes d'abeilles, dans des pots de Nescafé. Le Poulag avait tordu le cou à deux de ses pondeuses de course. Il présentait bien, ce vieux, tout droit, avec ses poules à la main. GMC est venue avec un bel album pour mettre les photos.

On n'avait invité personne du village. Autant ne pas faire de jaloux. C'est aussi bien de se trouver juste à quelques-uns.

Pivolo, personne ne tenait à le voir. Il ne s'est pas montré. Si ça se trouve, il nous observait, planqué dans un coin.

Les gens, de boire, ça les dégèle. Nous avons bien bu. Le Poulag a raconté ses histoires de quand il était prisonnier, il regrette toujours de n'y être pas retourné, en Autriche. Ils devaient l'avoir belle, les prisonniers, dans les fermes. Pendant que Fritz jouait au bonhomme de neige du côté de Leningrad, Toto s'amusait à papa-maman avec Gretchen. La guerre, gross malheur. Espère...

Les types ne déplorent qu'une chose, c'est qu'elle soit finie, tous autant qu'ils sont. Parce que pendant la guerre, tout ce que tu vis, c'est historique. Tu bouffes une patate, elle est peut-être gelée, mais c'est du gelé historique. Tu ramasses des mégots, même chose. Et si tu es cocu, c'est pour la patrie, ce qui change tout. La guerre, gagné, perdu, c'est pareil. Ça te fait du profit dans tous les cas. Quarante ans après, tu peux la ressortir, elle n'a pas pris une ride, elle est bien la seule.

C'est ça la supériorité de l'homme sur la vache. Jamais une vache ne pourra ruminer aussi longtemps.

Pendant que le vieux parlait, je regardais les autres. Le Petit était assis entre sa mère et Annick, entre une vieille en noir, et une jeune en blanc. On aurait dit un tableau, ces tableaux de dans le temps, qui se donnaient la peine de raconter des histoires, avec plein de sentiments gros comme des mammouths. Ça m'a fait une drôle d'impression. J'ai cru le voir entre la vie et la mort. Il a posé sa main sur celle de sa mère, elle a souri, ça m'a rappelé quand elle était jeune et qu'elle était si belle...

Toute cette jeunesse et cette beauté, elle les avait jetées aux orties, Dieu sait pourquoi... D'un coup, j'ai eu la larme à l'œil. Marie s'en est aperçue, elle m'a viré un coup de coude. Elle s'imaginait que j'avais trop bu. Pauvres de nous! Ce n'est pas le champagne qui me piquait les yeux. C'est toutes ces vies gâchées. Je ne voulais pas me donner en spectacle un jour pareil. J'étais drôlement soulagé. Le Petit revenait de loin. On s'est regardé, avec GMC. J'ai eu l'impression qu'elle pensait la même chose.

J'ai plaisanté Dédou gentiment. Alors, quand est-ce qu'il se décidait à nous ramener une petite?

« Et où je la prends? » il disait avec un mouvement des mains comiques.

Je lui ai expliqué qu'il se débrouillait mal. Maintenant, les filles, ça s'importait comme les ananas ou les bananes. J'ai lu dans le journal qu'en Corrèze ou en Bretagne, je ne sais pas trop où, des paysans qui ne trouvaient pas de femmes en avaient fait venir d'une île – attends, ça va me revenir... l'île Maurice.

C'est une île qui a été française dans le temps, ce qui fait que ces femmes, elles parlent français. Et c'est des belles femmes, drôlement bien roulées, juste un peu noires... Pourquoi il ne se renseignait pas?

Dédou, il n'aurait pas dit non. Mais sa mère, il fallait voir. Une négresse? Au Mas? A son fils? Pour qu'elle ait des petits-enfants tout noirs? Dieu garde... Je lui ai demandé ce qu'elle préférait : des petits-enfants café-au-lait, ou pas de petits-enfants du tout. Elle préfère rien. Je ne suis pas raciste envers les races inférieures, elle a dit, mais des petits Noirs ici, ils seraient malheureux. Les autres les montreraient du doigt, ils ne pourraient pas s'habituer. Déjà que la vie n'est pas facile tous les jours quand tu as la bonne couleur... Si en plus tu encapes d'être foncé, où tu vas?

Tout le monde riait de voir la tête qu'elle faisait, mais il m'a semblé que le Dédou, il avait du mal à rire. Ils ont parlé de la seule affaire qui les intéresse, leur travail. Ils ne vivent que pour ça. Ce n'est même pas tant pour le profit. C'est que leur vie, c'est une histoire entre leur terre et eux. C'est leur seule affaire d'amour.

Cette année, les lavandes, ils en avaient moins planté. Dès qu'une culture rapporte, tout le monde s'y met. Total, la lavande, plus personne n'en veut. Presque, on te la prend pour te rendre service. En plus, les Américains venaient d'inventer un parfum artificiel. Ces cocos-là feraient mieux d'inventer la machine à se croiser les bras. Avec leurs saletés chimiques, toi, ta terre, qu'est-ce que tu en fais? Dans le temps, tu pouvais t'en sortir en produisant pour toi. Maintenant, il y a les traites qui tombent tous les mois. Tu ne peux plus arrêter, une fois que tu as commencé. Le tracteur, dès que tu as eu fini de le payer, il est bon pour la ferraille. Finalement, tu travailles pour le Crédit agricole.

Pour ceux des banques, ça marche. Ils ouvrent des bureaux partout, et attention les yeux, tu sens que le pognon, ils ne savent plus quoi en faire. Des hectares de moquette, mon ami, des grandes vitres, des tas de secrétaires... plus ça change, plus c'est pareil. La terre n'a jamais rapporté à ceux qui la travaillent.

Enfin voilà... Tu peux les lâcher sur ce genre de rengaine, tu es sûr qu'ils ne vont pas s'ennuyer. Ils y croient, ils ne sont pas fonctionnaires. Leur travail, ce n'est pas le genre de travail que tu comptes les heures. Ça ne leur viendrait même pas à l'idée. Ils travaillent dix fois plus que n'importe qui, et ils ne changeraient leur place avec personne. Les gens qui les prennent pour des malheureux ne se sont pas regardés.

Ils se sont rappelé qu'ils n'étaient pas là pour

discuter de leurs affaires, surtout devant la petite qui n'est pas d'ici. Ils ont bu encore une fois à la santé des mariés. Ce mariage leur plaisait bien. Le Petit a su se faire estimer, en peu de temps. Ça n'était pas gagné au départ. Du coup, ça leur fait le cœur gros de le voir s'en aller. Il va leur manquer. Les hommes, au Mas, tu les comptes sur les doigts d'un manchot. Ce n'est pas demain la veille qu'il va en venir d'autres, pas la peine de rêver.

C'est quand même drôle, la façon dont tout change. Avant, la terre, elle existait. Il y avait des paysans. Maintenant, c'est en train de devenir un décor. Ça s'est fait en un rien de temps. Je ne sais pas si les livres de classe ont suivi, tellement ç'a été rapide. Puis ce sera pareil pour les ouvriers. Un jour, on se retrouvera tous chômeurs, il faudra juste changer les mentalités, pour expliquer aux gens que c'est très bien de ne rien faire. C'est ça qui sera le plus difficile...

Le Petit va me manquer, mais je préfère le savoir à Pont-Saint-Esprit, ce n'est quand même pas la Sibérie, plutôt que de le voir traîner ici comme s'il était à l'affût. Annick, nous lui devons une fière chandelle. Plus la peine de s'en faire, ils vont avoir un enfant. Quand tu as des gosses, le temps des couillonnades est passé. Fini de jouer à Tarzan. Tes histoires, si tu en as, tu les remises. Les gosses passent avant.

A un moment, il est arrivé trois types, de ceux qui doivent élargir le chemin. On les a invités à venir prendre un verre. Alors, où ils en étaient? Ça marche. Ils ont commencé à débroussailler, à dégager à la main le plus gros des pierres des murets, c'est tellement étroit, un engin ne pourrait pas manœuvrer là-dedans. En plus, il y a d'énormes blocs, ils n'en viendront pas à bout comme ça. Ils ne sont pas pressés. Là ou ailleurs, du moment qu'ils sont payés...

A part le chef d'équipe qui parlait pas mal français, les autres baragouinaient comme ils pouvaient. Ils venaient d'où? De Yougoslavie. Et c'était comment, la

Yougoslavie? C'était bien. Un beau pays. Seulement, le travail n'y poussait pas sur les arbres.

Ils nous ont prévenus de ne pas nous effrayer, ils comptaient tirer quelques mines, demain ou après-demain. Tiens donc. Je leur ai dit : Achtung Minen... J'ai montré ma main. Du coup, ils ont eu l'air intéressé. Quand tu fais la même chose, tu n'es plus un étranger.

Un d'eux a demandé : mariage? Oui, mariage. Ils ont sorti leurs portefeuilles, montré des photos, écorché des prénoms. Un autre a dit : Minute. Il a couru jusqu'à leur baraque. Il en est revenu avec deux amis à lui, qui portaient des guitares et des bouteilles de gnole.

Pas mauvaise, leur gnole. C'était de l'eau-de-vie de prunes de leur pays, elle avait bien le goût de fruit.

Ils se sont mis à jouer de la guitare et à chanter des chansons de chez eux en tapant du pied comme de beaux diables. Pour finir, de la musique, on en avait, et de la bonne. Ils ont invité toutes nos femmes à danser. Dans l'herbe, ce n'est pas très commode, ils sont allés sur la route, et c'était bien, c'était gai. On finissait par avoir une vraie noce, grâce à ces types venus de l'autre bout de l'Europe pour élargir un chemin où il ne passerait jamais personne.

Je suis allé danser aussi. Ce n'est pas mon genre, mais une occasion pareille, pas question de la rater.

On n'a pas vu passer le temps. Nous nous sommes arrêtés pour regarder le coucher du soleil. Une barre de nuages coupait le ciel, avec des couleurs écarlates, tu aurais juré un drapeau rouge. Le drapeau a été mangé par du mauve, des gris, il s'est défait. Les Yougos ont repris leurs guitares. Cette fois, ils nous ont joué des airs plus tristes. Pas besoin des paroles. Tu devinais que c'étaient des histoires d'amour qui finissaient mal. Dans les chansons, elles finissent toujours mal. Dans la vie, c'est pire. Quand ça finit bien, ça veut dire que les amoureux vont avoir quarante ans devant eux pour mourir d'ennui.

La page était tournée. Le Petit entamait, à trente-sept ans, la vie qu'il aurait dû commencer à vingt. Aucune importance. Ta vie, tu te la commences à l'âge que tu peux.

C'est Noël qui raconte

QUAND je me suis réveillé, Annick dormait encore. Elle ronflait légèrement. Je me suis levé doucement, je suis allé prendre un café chez Coco.

Annick, qu'elle se repose. Je l'ai prévenue hier soir que j'irais au Mas, chercher les affaires de mon parrain, et aider ma mère à tout ranger.

Mon alliance me serrait. Je ne suis pas habitué à porter des bagues. Si je l'enlève, Annick va se demander à quoi je joue... Je n'arrive pas à me faire à l'idée que je suis marié. Ça ne veut rien dire. Il m'est arrivé de passer quelques nuits avec Annick, mais pas tellement. J'ai du mal à dormir dans le même lit que quelqu'un. A Pont, nous aurons des lits jumeaux.

Annick quitte la poste fin juillet. Je commencerai en septembre, un chauffeur prend sa retraite. D'ici là, j'aurai le permis. Je me suis exercé chez mon beau-père, avec un de ses cars. Ce n'est pas sorcier.

Pas fameux, le café. Je réfléchis, en tournant ma petite cuiller dans la tasse. J'ai l'air de m'occuper, Coco ne se demande pas ce que je calcule.

Il n'y a rien à calculer. J'ai l'impression de m'être fait avoir. Pas par Annick. Si je lui parlais, si je lui disais que je suis malheureux et que je veux partir, elle ne me retiendrait pas.

Il n'y a pas de raisons. Je ne pourrais jamais lui dire ça. Je ne suis pas malheureux. Pas heureux non plus. Je ne comprends pas ce qui s'est passé.

Quand je suis sorti de Melun, je voulais une chose,

254

une seule, et je la voulais très fort. Aujourd'hui, je suis embringué dans une autre. Si je prends les événements en détail, je comprends bien. Je vois tout ce qui s'est passé. Si je fais l'addition, je ne comprends plus.

Coco a fini par me demander à quoi je pensais. A Hitler, j'ai dit. Ça l'a achevé. Un jeune marié, le propre jour de ses noces, tu lui demandes à quoi il pense, et il te répond : à Hitler! On aura tout vu, il a dit.

J'ai essayé de lui expliquer. Hitler, je croyais que c'était un chef d'Etat. J'ai lu sa biographie, une fois, je me suis aperçu que c'était un voyou. Dans le livre, tout ce qui s'était produit était là, bien à plat, bien expliqué. Pourtant, l'ensemble ne passait pas. Les parties étaient vraies, pas le tout. Ça restait impensable que ce minable ait pu aller si loin.

« C'est quoi au juste qui ne passe pas, mon petit? »

Coco n'est pas fou. J'ai fait celui qui ne comprend pas.

Ça m'ennuie de quitter Malaveil. Coco, je l'aime bien. Je reviendrai, pour la retraite. Je prendrai un bar, je l'appellerai : « CHEZ COCO ». Le pauvre sucera probablement des pissenlits.

Je suis monté à pied, au Mas. Les alouettes partaient comme des fusées. J'ai entendu les premières cigales. Je me suis demandé si je ne confondais pas avec le grésillement de la ligne à haute tension, mais non, c'était bien les cigales. Je n'en avais plus entendu depuis tout ce temps.

Je cherchais toujours à comprendre. Simple : tu as voulu trop bien faire. J'ai essayé de jouer le type normal, gentil, rangé des brancards. Total, je n'étais ni plus normal, ni plus gentil, mais question de se ranger, j'avais gagné le gros lot. Si mon semeur d'échardes me veut, il faudra qu'il vienne me chercher au Pont.

Le thym était en fleur. J'en ai ramassé quelques belles touffes pour maman. Elle n'y pense jamais.

L'hiver, une infusion de thym, c'est bon. Avec ça, tu ne t'enrhumes jamais. Ça m'allait bien de réfléchir sur les infusions.

En arrivant au Mas, j'ai vu remuer, près du roncier. Sans doute le père qui allait inspecter ses réserves. J'ai pris la voiture de Marie-Do. Un voyage suffirait pour emporter la vaisselle de Coco, et ses tréteaux. Marie-Do m'a dit que si je voulais rester je pouvais. Elle, il fallait qu'elle descende voir Coco. Donc, elle se chargerait des bricoles. Coco se sentait un peu patraque, ces derniers temps. Elle allait le mener à Vallon, pour des analyses. Ils seraient rentrés avant midi. Que je fasse comme ça m'arrangeait.

Parfait. J'ai préféré rester. Je suis passé voir maman. Et bon, à peine j'arrive, la voilà qui se met à pleurer. Je la prends dans mes bras, elle s'écarte. J'ai essayé de lui expliquer une fois de plus que je ne serai pas loin. Pont, c'est à deux pas. Je viendrai toutes les semaines. Qu'est-ce qu'il y a? Elle veut me dire quelque chose? Elle fait signe que non. Qu'elle ne peut pas parler.

Bien. J'ai fait du beau travail. Une malheureuse ici. Et l'autre qui ne va pas tarder à se demander pourquoi je tire cette gueule. Je gagne sur tous les tableaux.

Autant aller faire un tour. Marcher dans les bois me calmera. Je prends le fusil? Non, la chasse est fermée. Ça ne me gêne pas, d'habitude, il n'y a pas de temps pour la chasse, chez nous. Mais, ce matin, je ne supporterais pas qu'on me fasse une remarque. Pas de fusil.

En montant vers le calvaire, je m'aperçois que les casseurs de chemin ont fait des tas de pierres. Ce sont ces belles dalles plates des murets, qui sont là depuis des siècles. De grandes dalles grises, avec des mousses, et des taches orange. Coco me disait que ce chemin, il devait y avoir une combine. La combine, la voilà. L'entrepreneur ne va sûrement pas les porter à la décharge. Et à qui appartiennent ces pierres, en vrai? Au paysage.

J'ai marché comme un fou, deux bonnes heures. Ça m'a fait du bien. J'ai pensé à maman. Elle avait du chagrin, mais qu'est-ce que j'y pouvais? Me marier avec elle? Il m'aurait fallu trois vies, une pour elle, une pour Annick, une pour mon semeur d'échardes.

Celui-là, j'aimerais bien savoir ce qu'il pense. Il ne devrait pas être ravi de me voir démarrer une vie nouvelle. J'ai beau essayer de raisonner en me mettant à sa place, ça ne m'avance guère. Peut-être que de sa place on ne raisonne pas à ma façon.

J'étais bien, dans mes bois. J'y serais resté volontiers. Je suis revenu en passant par la plantation de cèdres de la route d'Orgnac. J'ai fait un crochet pour éviter le camping. Plus ça va, moins j'encaisse les gens. Pour un futur chauffeur de transports en commun, ça promet. Même pas. Les gens, dans ton car, tu ne dois plus les voir.

Je commençais à me détendre. Je me suis allongé au soleil, dans une clairière, dans l'odeur du thym chauffé. Je suis un solitaire. Bravo. Juste temps de t'en apercevoir.

Midi approchait. Il fallait que le solitaire retrouve le troupeau. D'autant que sa compagne légitime doit se languir.

J'ai piqué droit sur le Mas, par une de ces sentes pare-feu, ouvertes au bull. Ils ont éventré les bois sur vingt mètres de large, et des kilomètres de long.

J'ai vu le cyprès de Marie-Do, j'ai coupé à travers une friche. Des ruches s'alignaient au pied d'un mur. Je me suis retrouvé sur le chemin des Hauts.

Pas la peine de m'affoler, Marie-Do n'était pas encore revenue, je ne voyais pas sa voiture. Je comptais la lui emprunter pour redescendre. J'aurais pu revenir avec Annick, pour manger avec maman, mais avec la mine d'enterrement qu'elle fait...

Les gens disent qu'ils vous aiment. L'amour, ce n'est pas un cadeau.

Je me suis arrêté au débouché du chemin qu'ils sont

en train de démolir. Joli travail. Ça ne ressemblera plus à rien, une fois fini. On ne pouvait pas le deviner. Et même, qu'est-ce qu'on aurait pu faire? Les chemins, ça ne nous regarde pas. Les gens qui décident peuvent saloper tant qu'ils veulent, tu ne peux pas te mettre en travers. Celui-là, une fois bien goudronné, les jeunes qui font de la moto ou de la Mob gonflée vont s'en servir comme piste. Un jour ou l'autre, ils renverseront le vieux Poulag. Un ou deux jeunes s'enverront en l'air dans le décor, et après?

J'étais marié d'hier, il me semblait que ça faisait des siècles. L'idée de retrouver Annick commençait à me faire la même impression que celle de devoir aller à l'école quand j'étais gosse. Pauvre Annick. Elle n'avait pas mérité ça. Qui mérite quoi? C'est vrai, c'était hier. J'avais bien joué mon numéro. Jeune marié timide en visite chez sa mère. Je n'avais plus envie de jouer.

J'ai pensé aux Yougoslaves. Ils se débrouillaient drôlement bien, à la guitare. Si j'essayais de m'y mettre? Ce n'est pas une gondole que tu vas piloter, c'est un car. N'empêche, gratter une guitare, ça occupe, quand on a un moment de libre. J'avais envie de voir la marque de leur instrument.

Ils étaient où, ces zèbres? Sans doute plus bas, en train de bousiller ce qui restait. Je suis parti à leur rencontre. Au virage suivant, j'en ai vu deux arriver en courant. Ils venaient de poser une mine.

Nous nous sommes accroupis dans un renfoncement, à l'abri d'un tas de souches. Une explosion sourde, des débris de roche et de terre ont fusé à une belle hauteur, et sont retombés en pluie. J'ai fait signe, du pouce : Une seule? Ils m'ont dit que oui. On pouvait aller voir le résultat.

Ils venaient de faire sauter un énorme rocher, massif comme une molaire, tout fissuré, qui surplombait le sentier, et l'obligeait à faire un détour. Un arbuste poussait à son sommet. Quand j'étais gosse, des guêpes en avaient fait leur repère, il avait fallu les enfumer, elles devenaient agressives.

Terminé. Il avait éclaté comme un crâne. Je me suis baissé pour ramasser un éclat. C'était blanchâtre, friable et coupant. J'ai pensé à Coco, à sa pauvre vieille caboche torturée, j'aimerais lui faire plaisir, mais le moyen? J'allais remonter, quand quelque chose m'a tiré l'œil, quelque chose d'allongé qui ne devait pas être un caillou. Ni une branche non plus, c'était trop gros... J'ai réalisé. Je me suis approché de l'objet. Depuis le temps que mon ivrogne de père cherchait son étui de masque à gaz! Il avait dû le planquer dans une fente de ce rocher, et l'oublier. J'allais le lui déposer dans son gourbi, ça lui ferait une surprise.

J'ai ramassé l'étui. Sous le choc, le couvercle avait sauté. Tiens, c'était lourd... De la boue, sans doute. Je l'ai retourné, en le secouant, pour le vider. Un tampon de papier journal s'est détaché. Puis, pêle-mêle, des débris de verre, des billets en liasses, un portefeuille, une gourmette, un passeport, des photos. J'ai reconnu le visage du touriste. J'ai senti un grand vide froid. J'ai laissé tomber la boîte. Je suis remonté vers le chemin en évitant le groupe des Yougoslaves.

Le chef d'équipe m'a salué de la main, en souriant. Il a eu l'air surpris. On n'était plus copains ou quoi?

Il m'a dit :

« Où tu vas?

– A la chasse. »

été

ELLE est bien complaisante, GMC. Il suffit que tu lui
demandes un service, elle te le rend. J'aurais pu aller à
Vallon avec le car, seulement ça me faisait arriver trop
tôt. Pour revenir, c'est pareil, il faut attendre le soir,
ou demander à quelqu'un de te ramener. Les gens,
rouler des heures pour rien, d'accord. Ils amortissent
leur voiture. Mais dépanner quelqu'un, houlà! C'est
déjà la grosse question. Et moi, je n'ai pas envie de
leur arracher le cœur.

Y aller en vélo? Merci bien. Je ne m'en sentais pas,
j'avais les jambes cassées.

GMC m'a laissé devant le labo. Elle allait se choisir
des livres. Ils ont une librairie drôlement organisée, à
Vallon. Ils vendent tous les poches que tu peux
imaginer. Ils ont goupillé un système de rayonnages
qui glissent, comme ça ils peuvent en présenter deux
fois plus. Avec les touristes du camping, ils ont la
vente assurée. Au village, j'aurais ce système, qu'est-ce
que je vendrais de mieux? Ça finirait de me grignoter
mon temps libre. En plus, tu dois avoir l'œil sans arrêt,
avec les faucheurs. Merci bien.

Au labo, ils m'ont mis en perce, ils m'ont tiré un
peu de tout, du pipi, du sang. Ils m'ont tapoté partout.
Ils m'ont regardé les dents, le fond de l'œil et le reste.
Ça, ils m'ont inspecté. Si je meurs, ils sauront de
quoi.

Je me demande s'il ne leur arrive pas de s'embrouil-

260

ler, avec tous leurs flacons. D'ici à ce qu'ils me disent que je suis enceinte de trois mois...

J'avais l'impression d'être un cobaye. Je ne dis pas que ce n'est pas sérieux, ce qu'ils font, mais ce n'est pas humain. Ils te mesurent, ils ne t'écoutent plus. Avant, le docteur, c'était ton docteur, il te connaissait. Il savait que si tu avais un coup de barre à la saison des fraises, c'est parce que c'était à ce moment-là que tu avais perdu ta pauvre mère. Il discutait un peu avec toi, tu te sentais mieux. C'était de la médecine de sauvage. On n'a plus le temps. C'est ton cholestérol qui les intéresse, pas tes états d'âme.

Marie trouve que le labo, c'est drôlement bien. Elle, un docteur lui dirait de sauter par la fenêtre, elle le ferait. Plutôt que de l'entendre soupirer, je préfère encore y aller. Résultats dans huit jours. Ce n'est pas à moi qu'ils les envoient, c'est au nouveau docteur d'ici. Ce monsieur, je n'arrive toujours pas à le prendre au sérieux, c'est plus fort que moi. Ce n'est pas d'un docteur comme ça que j'ai besoin, c'est d'un remontant.

J'aurais eu aussi besoin d'un remontant au moment de l'addition. Ils n'y vont pas avec le dos de la matraque. J'en connais qui vivraient trois mois, avec le prix d'une séance comme ça. Une chance, j'ai une assurance-maladie, une idée de Marie. Elle prévoit toujours le pire. Un jour ou l'autre, elle finit par avoir raison.

J'ai retrouvé GMC à la librairie, comme convenu. Elle m'a montré ce qu'elle avait pris, un bouquin de Victor Hugo, *Choses vues*. Et un d'une Australienne, *Les oiseaux se cachent pour mourir*. Je ne savais pas qu'elle s'intéressait aux oiseaux. Puis elle avait acheté un tas de romans policiers, avec des titres bizarres. Je me demande pourquoi elle lit des trucs pareils. Des meurtres, tu en as plein les journaux, en plus ils sont vrais. Elle dit que ce n'est pas la vérité qui l'intéresse, c'est l'action. Quelle action? Moi je préfère les gens.

Avant de remonter, nous avons fait quelques courses. Vallon est mieux achalandé que Malaveil. On trouve des charcuteries extra, trois supermarchés, des marchands de vin avec toutes les marques d'alcool que tu peux imaginer. Ils ont des magasins dix fois trop grands pour eux. L'hiver, ils nagent dedans. Mais à la saison, pardon, ça défile. Avec le pognon qu'ils se ramassent, ils pourraient leur offrir une pissoire en or massif, à leurs touristes. Tout ça à cause des gorges de l'Ardèche...

Nous avons repris la voiture. GMC, je ne sais jamais trop que lui dire. Alors, je parlote un peu, pour meubler. Je remarque par exemple trois corbeaux en train de tourner au-dessus d'un secteur. Je prends le pari qu'il doit y avoir une charogne par là. Qu'est-ce que tu veux qu'elle réponde? Je ne lui demande pas s'il y avait des corbeaux en Indochine. Du moment qu'il y avait la guerre, on en trouvait sûrement. Elles ne chôment pas, ces bestioles, là-bas. Ça vit cent ans, un corbeau... Imagine un peu, un vieux corbeau, tout ce qu'il a dû picorer comme barbaques différentes, depuis la venue des Français.

J'ai demandé à GMC de me monter au Mas, tant que j'y étais. J'en profiterai pour prendre des œufs chez Poulag, et parler un peu avec la Noire, voir comment elle va... Nous avons évité Malaveil.

Avant d'arriver, il m'a semblé entendre une explosion. Ça venait sûrement de l'équipe en train de trafiquer le chemin. Ils devaient poser des mines. S'il y a un bruit que je reconnais, c'est celui-là. J'ai dressé l'oreille, pour écouter s'il n'y en avait pas d'autres. Non.

Ce chemin, dommage qu'ils en fassent une route. Il était beau. Gaby laisse tout faire. Si ça continue, des chemins pareils, il faudra en importer pour les touristes, parce qu'on n'en trouvera plus. C'est logique. Avant de construire quelque chose, il faut d'abord démolir ce qu'il y avait avant. Si les Américains n'avaient pas rasé toutes nos villes à la Libération, on aurait eu du mal à les rebâtir après.

GMC a ralenti, avant le raccourci. Elle a raison, dans ce coin la visibilité est nulle. Que quelqu'un s'amène, et tu risques de l'emplafonner, même s'il ne va pas vite.

Un peu plus loin, nous sommes tombés sur Pivolo. Il sortait du pré où il y a ce grand roncier. Il devait en cuver une bonne, il tenait toute la route, l'animal. Il tenait aussi une bouteille à la main. GMC a préféré s'arrêter, attendre qu'il dégage. Pivolo, si tu le klaxonnes, c'est le genre à t'envoyer sa bouteille dans le pare-brise.

Je me suis demandé s'il n'allait pas profiter du départ du Petit pour ennuyer la Noire. Elle n'avait pas besoin de ça en ce moment, pauvre femme. Autant lui en parler. Peut-être qu'elle accepterait de vivre au village, en septembre?

GMC a profité de la pause pour s'allumer une cigarette. Elle n'a pas râlé, elle n'a rien dit. Elle, pour la contrarier, je me demande ce qu'il faudrait.

Pivolo prenait son temps. Il s'arrêtait, il se dandinait un coup, il penchait, comme s'il allait tomber. Puis non, il repartait. Je ne l'avais jamais vu dans cet état. A cette allure, il n'était pas encore rendu.

Il avait bien fait cent mètres quand j'ai vu quelqu'un sortir de chez la Noire. Sur le coup, je n'ai pas reconnu le Petit, ce n'était pas sa démarche habituelle. Tu aurais dit qu'il volait. Il ne courait pas, non, il semblait comme soulevé.

Il tenait son fusil à bout de bras. Il a marché droit sur son père, il s'est mis à tirer, sans épauler, en tenant le fusil à deux mains. Il a tiré deux fois. Le vieux est tombé à la renverse. J'ai entendu le bruit de la bouteille qui se cassait. J'étais figé, bouche ouverte. GMC ne bougeait pas, les mains crispées sur le volant.

Le Petit s'est arrêté devant Pivolo. Il a pris une cartouche, a rechargé, tiré en plein visage. J'ai vu la tête de Pivolo gicler comme un fruit qui s'écrase. Le Petit a regardé cette bouillie un moment. Puis il a escaladé le muret du champ, il est parti tout droit, en direction des bois, à travers les lavandes. Il avait toujours cette allure spéciale, comme si quelque chose le soutenait. Nous l'avons perdu de vue presque tout de suite.

Le Dédou est sorti de chez lui. Nous sommes montés à sa rencontre. Nous sommes arrivés ensemble devant Pivolo. Sa tête, c'était du hachis, avec de la matière blanche écrasée. Un ruisselet de sang partait de dessous son corps, et se mélangeait au pastis. Ça puait l'anis.

Dédou a demandé :

« Qu'est-ce qui s'est passé ? »

J'ai dit :

« Un malheur, tu vois bien. Un malheur... »

Les Desmichels sont apparus. Elle, elle avait tout vu, par la fenêtre. Elle ne savait que répéter :

« Mais pourquoi il a fait ça ? Mais pourquoi il a fait ça ? »

Je leur ai dit que j'allais prévenir la Noire. Dédou m'a arrêté. Pas la peine, elle était à son travail. Ah !... Elle aurait pourtant dû être chez elle, ce matin. C'est vrai, mais Dédou l'avait croisée vers les dix heures, qui descendait au village.

Il est venu, le vieux Poulag. Il n'a pas posé de questions. Il ne semblait pas étonné. Au Mas, plus rien ne peut les surprendre.

Nous sommes restés un moment immobiles autour du corps. Pivolo causait plus d'emmerdements mort que vivant. Des mouches commençaient à bourdonner autour. Quelques-unes se sont posées sur la flaque qui poissait l'herbe du bas-côté. Dédou a proposé :

« Si on le tirait à l'ombre ? »

J'ai dit :

« Il vaut mieux pas, tant que les gendarmes ne sont pas venus voir. »

Il a hoché la tête. C'est vrai, les gendarmes... GMC est partie les chercher. D'ici à ce qu'ils arrivent, le Petit serait loin.

Comme elle venait de démarrer, nous avons vu s'amener les ouvriers yougos, ils ont regardé à leur tour. Si ça se trouve, Pivolo, ils ne l'avaient jamais vu. Ça n'a pas eu l'air de leur faire plaisir. Pas forcément par charité chrétienne. Mais parce que les étrangers comme eux, dès qu'il se produit quelque chose quelque part, ils sont aux premières loges, question police. Ils n'avaient pas à s'en faire. Le crime avait eu lieu à la face du ciel.

Ils se sont tenus un moment, immobiles, un peu gênés, comme des gens qui se trouvent dans un musée, devant un tableau, et qui n'ont pas l'habitude. Puis le chef d'équipe a dit :

« On a ramassé ça. »

Il a sorti un étui de masque à gaz de sa musette. Ça tombait bien, mais juste un peu tard. Pivolo n'en profiterait plus.

Le type a ajouté :

« Dedans, on a trouvé plein de... »

Il nous a tendu la musette, en la maintenant ouverte. Au fond, il y avait un mélange de billets, de photos, de papiers...

Les Desmichels se sont regardés. Ce cadavre, à leurs pieds, c'était le point final d'une vieille histoire.

Pas pour moi... C'était très clair aussi. Mais ce n'était pas la même histoire.

c'est coco qui parle

Le calme est revenu. Il revient toujours, c'est une question de temps. Je viens de monter au Mas, porter des fleurs au cimetière. Si ce n'était que pour les fleurs, je pourrais m'épargner le dérangement, elles ne manquent pas.

Ce cimetière, il faut le connaître. Il est à l'écart, après la maison de GMC. On prend un petit chemin. A droite, on tombe sur les ruines d'une ancienne chapelle. Il y a un enclos. C'est là. C'est grand comme un mouchoir de poche, exposé au levant, avec juste une poignée de tombes.

Les noms sont effacés sur la plupart. Les croix de pierre se sont éboulées. On voit aussi quelques croix de bois, avec des cœurs en émail blanc, portant des inscriptions noires, un nom, une date, et des regrets éternels.

Drôle d'éternité. Personne ne sait plus qui a bien pu déposer ces cœurs. Sur l'un d'eux, un coin d'émail a sauté, ça forme un trou noir, comme une carie. Le temps... Ou alors, la pierre d'un gamin. Mais les gamins, au Mas...

Je viens. Je m'assieds sur une tombe. Je fume une pipe. Je me suis remis à fumer, ça me tient compagnie. Et la pipe, ça vous tient chaud à la main.

Le mur n'est pas très haut. Gardénal peut le sauter facilement. Je le laisse vagabonder. Je sais que les chiens sont interdits dans les cimetières, mais ici ça ne choque personne.

C'est un bon coin pour être mort. C'est calme. En se plaçant bien sur la gauche, on voit la pointe du cyprès de GMC. Le Mas, d'ici, on l'aperçoit mal. Le hangar du Poulag en mange la moitié. Par contre, on devine les Cévennes...

Ça fait des années que je me dis que je devrais y aller à l'automne. Sans voiture, ce n'est pas bien commode. En plus, je n'ai guère le temps. Il faut que je traîne dans mon bar, je ne suis pas fonctionnaire, moi, je n'ai pas la retraite, et tant mieux. Si je n'avais pas eu ce bar pour m'occuper, je ne sais pas si j'aurais tenu.

C'est calme. On n'entend plus les poules du Poulag. Il s'en est défait. Il en avait assez de se remuer pour quoi, pour qui, cet homme ? Il a perdu le goût de vivre d'un coup. La dernière histoire l'a achevé. Il a placé ses terres en viager à une grosse société qui en fera un domaine, un de ces endroits pour riches où on fait du cheval, de la piscine. Les riches, je ne les critique pas. Ce ne doit pas être amusant d'avoir trop de temps, trop d'argent, trop de tout, et juste pas assez d'envie.

Je porte toujours un journal. Pas pour lire, pour m'asseoir dessus. La pierre est froide. Je regarde les ombres s'allonger sur les montagnes. De temps en temps, je me déplace pour rester bien au soleil. Ce soin me plaît. Je vais m'arranger pour y trouver une place. J'en ai déjà une au village, mais, en bas, le cimetière est trop près de la route. J'ai assez entendu de voitures dans ma vie. Je ne souhaite pas que ça continue pendant une éternité.

Marie ? Elle fera comme elle voudra. Si elle n'est pas contente, elle n'aura qu'à divorcer après ma mort.

Ici, on peut se poser où on veut. Il n'y a plus d'amateurs. Le Mas dépend du village. Je demanderai au Gaby de m'arranger ça.

On entend toujours des coups de fusil. Ces régions qui meurent, ça fait l'affaire des chasseurs. Gardénal aboie, mais il n'est pas téméraire, ce chien. Il ne va pas voir. Sinon il faudrait que je l'attache, ou on me le flinguerait. J'espère qu'il mourra avant moi. Les vieux chiens, ç'a du mal à se refaire des habitudes.

Je pense à la mort. Ce n'est pas triste. C'est la bonne solution. Je n'aurais pas envie de recommencer. Une fois, c'est suffisant. J'en ai pris plein le cœur, plus que ma part.

Il m'aura fallu du temps pour comprendre. Quand j'ai eu compris, c'était trop tard.

Je revois ce moment où les Yougos sont arrivés, avec l'étui de Pivolo. Le pauvre diable trempait dans son jus, et le Petit venait de s'en aller le diable sait où. Puis GMC est remontée avec les gendarmes. Le cirque a recommencé, les journalistes, la justice... Mais cette fois, c'était la bonne. Suite et fin. Tout paraissait clair.

Seize ans après le meurtre du touriste, on tenait enfin le véritable assassin. On avait les preuves et le mobile. En plus, il était mort, il ne risquait pas de semer des embrouilles et de se rétracter. Si le Petit était revenu, on ne lui aurait collé qu'une peine de principe. Il avait largement payé à l'avance. Le Petit n'est pas revenu.

Pour le chercher, ils l'ont cherché. Ils ont bien fait les choses. Ils ont envoyé des chiens, sur sa piste chaude, des drôles de clébards, des Rintintin, des vedettes. Ils se sont cassé le nez sur la route d'Orgnac. On a eu beau leur faire flairer les accotements sur des kilomètres, macache. Plus de piste.

Alors, ils ont fait une battue monumentale. Ils avaient même déplacé un escadron de gendarmerie mobile, et des soldats. Ils ont encerclé un territoire énorme, en prenant comme limites d'un côté la route d'Aubenas à Alès, entre Joyeuse et Saint-Ambroix, de l'autre les gorges de la Baume jusqu'à Vallon. De là, il s'appuyaient sur la départementale, jusqu'à Barjac, et ils rejoignaient Saint-Ambroix. Ils ont eu vite fait pour boucler le secteur. Ils ont même envoyé un hélicoptère qui a quadrillé durant des heures. On aurait dit la guerre.

Ils ont maintenu leur dispositif trois jours, puis ils ont abandonné. Le Petit avait eu le temps soit de gagner les Cévennes, soit de feinter tout le monde, en revenant sur ses pas, pour rejoindre Avignon ou Pont, va savoir. Bien sûr, il y avait des contrôles dans les gares, mais il devait s'en douter.

A mon idée, il n'était pas retourné dans une ville. Il devait être enragé de solitude. Il allait pouvoir s'en payer.

On n'en a plus entendu parler. Deux ou trois fois, des chasseurs, du côté de Florac, sont venus dire aux gendarmes qu'ils avaient vu quelqu'un filer dans les bois. Comme il y a plus de braconniers que de gibier, ça ne signifiait pas grand-chose.

Si seulement il s'était rendu. S'il était revenu, il serait libre, à l'heure qu'il est. Mais on lui en a trop fait voir la première fois. Il préférait crever que se retrouver en prison.

Pivolo, personne ne l'a regretté. Ce qui me tirait souci, c'était la Noire. Avant que GMC s'en revienne, je suis descendu la prévenir. Je lui ai dit :

« Rassure-toi, le Petit n'a rien, mais il est arrivé un malheur... »

Du moment que son petit vivait, tous les Pivolo de la création pouvaient bien disparaître. Simplement, d'un coup, elle s'est refermée. Elle s'est installée dans l'attente. Elle n'a plus rien dit. Sauf quand il a été question d'enterrer Pivolo au Mas. Alors, là, non. Si on faisait ça, elle a juré qu'elle le déterrerait, autant de fois qu'il faudrait.

Au village non plus, ils n'étaient pas très chauds pour le garder. Pour une fois, Gaby a montré de l'autorité. Peut-être que de son vivant, il ne se respectait pas, ce n'est pas une raison pour ne pas le respecter une fois mort. Voilà ce qu'il a déclaré, Gaby. Les gens ont trouvé qu'il avait bien parlé. Les beaux discours, ça leur plaît, ce pauvre bougre de Pivolo s'est enfin retrouvé à l'abri pour un bout de temps.

J'attendais. Je ne disais rien. Nous n'étions que deux à savoir que Pivolo n'était pas coupable, l'assassin et moi. Et l'assassin, je ne savais toujours pas qui c'était. Je le soupçonnais, je n'en étais pas sûr.

Parce que enfin, l'étui de masque à gaz de Pivolo on venait de le retrouver un peu trop miraculeusement. Aussi miraculeusement que l'écharde rouge. Ça faisait beaucoup de miracles à mon gré. Pour l'écharde, je ne savais rien. Pour l'étui, oui.

Quand la première affaire avait commencé, en 64 donc, les flics avaient arrêté mon Pivolo. Puis ils étaient venus prendre le Petit, et c'est vers ce moment-là que Pivolo a dit, à qui voulait l'entendre, que son masque avait disparu... C'est Zé qui le lui avait fauché. Ce qui l'intéressait, c'était le pastis. Il a profité du ramdam qu'il y avait au Mas pour chiper l'objet. Il s'est soûlé avec ce qui restait dans la bouteille, il a jeté l'étui dans un coin, ni vu ni connu.

L'ennui, avec Zé, c'est le temps. Il sait qu'il a fait des choses, mais quand, c'est une autre histoire. Un jour, GMC a dû être spécialement gentille avec lui, elle l'aura régalé d'un bon repas, ou d'une paire de bottes en caoutchouc. Alors, Zé, histoire de lui faire un cadeau à son tour, lui a donné cet étui.

Il me l'a raconté bien plus tard, après ce bal que j'avais organisé. Je le sentais inquiet, impossible de savoir pourquoi. Il voulait que je le tranquillise, que je lui dise qu'il n'était pas méchant. Je l'ai calmé. Il m'a dit que j'étais gentil, le plus gentil de tous, et que s'il avait su, c'est à moi qu'il aurait donné la boîte du Pivolo, pas à GMC...

Donc, GMC l'a eue, cette boîte, en dernier. Qui peut le prouver? Si on accusait GMC, ce serait sa

270

parole contre le bavardage d'un idiot de village. GMC, ce n'est pas n'importe qui, elle a la Légion d'honneur. C'est con, mais ça compte. Puis, même si elle admet que Zé la lui a remise, elle peut toujours prétendre l'avoir balancée ensuite.

Supposons l'étui dans la nature. L'assassin, quel qu'il soit, le retrouve, y fourre son butin, et le place dans le gros rocher du chemin, avant qu'on le fasse sauter... Et qui était sur place, pour savoir tout ça? GMC. Ou Poulag. Ou Dédou. On prend les mêmes et on recommence. Surtout, je ne voyais toujours pas de motif. Vraiment?

Si, je le voyais. Ça faisait même un moment, mais je refusais d'en convenir, parce que ça ne passait pas, ça ne cadrait pas. Dès que j'essayais de réfléchir sur cette question, c'était comme si je devenais stupide d'un coup, comme si tout se brouillait.

J'ai essayé de comprendre. Il fallait repartir de la Libération. Nos héros imbibés sont là. Ces glorieux soldats de l'ombre voudraient bien faire au moins un exploit avant d'y retourner. Cet exploit, quelqu'un va le leur indiquer. C'est la Noire. C'est elle dont Serpolet parlait le soir du bal. Elle veut les conduire chez Mlle Soleil. Et c'est ici que je ne comprends pas. Pourquoi ça? Elles ne se connaissaient pas, ne se fréquentaient pas, n'avaient rien à voir. Et pourtant, c'est ce qui s'est passé. En chemin, ils rencontrent un Allemand, probablement celui que voyait la demoiselle, s'il faut en croire la rumeur. D'après Zé, ils l'auraient brûlé. Ensuite, ils sont venus violer cette pauvre fille. Ça, je le sais. J'ai vu le paysage après la bataille, le lendemain.

Donc, si tout ceci est exact, la demoiselle, quand elle est revenue avec une autre tête et un autre nom, avait toutes les raisons du monde de se venger de la Noire, et seulement d'elle. C'est là que ça ne colle plus. Si elle veut atteindre la Noire, pourquoi ne pas la viser directement? Pourquoi massacrer un Parisien qui n'y est pour rien?

Nom de dieu, ça crevait les yeux... Pour qu'il arrive exactement ce qui est arrivé. Pour qu'on accuse le Petit. Pour atteindre la Noire dans sa chair!

Ce n'était pas pensable, c'était trop. Tu crois... Trop quoi? Trop horrible? Pas plus que ce qui était arrivé à la demoiselle, dans le temps de ses dix-huit ans. La Noire ne l'avait pas ratée. Mais ça, je n'arrivais pas à le tirer au clair. Qu'est-ce que ça pouvait bien lui faire, à la Noire, à l'époque, que la demoiselle sorte avec un Allemand? Au Mas, au village, dans notre région, le patriotisme, il ne va pas si loin que l'horizon. Il tient dans un bout de vallée. Il suit tes traces et tes traces ne s'écartent jamais beaucoup. Le mal, ici, de tout temps, nous est venu des Français, pas des Allemands, des Belges ou des Chinois.

Elle commençait à se tenir, mon histoire. Elle expliquait un bout de la réalité. Mais elle ne reposait sur rien. Inutile de raconter ce roman aux policiers. D'une, ce n'était pas mon genre. Puis, ça ne les ferait même pas rire.

Je ne suis pas spécialement lent, mais il m'a fallu un moment pour tout agencer, pour que ça colle à peu près. J'étais content d'y voir un peu plus clair. Je me suis bien gardé d'en parler. Pour quoi faire? Pivolo était mort. Il faisait un coupable sur mesure. Le Petit avait disparu, on pouvait le croire vivant. Un jour, il donnerait de ses nouvelles. En attendant, je ne voulais pas relancer la guerre entre ces deux femmes folles.

Folle, il fallait que GMC le soit, pour avoir fait rebelote. Pour avoir imaginé de coller ce vieil étui pourri, avec les affaires du touriste, dans ce rocher. Elle savait que, dès qu'on le découvrirait, on accuserait Pivolo. Est-ce qu'elle pouvait prévoir que le Petit lui ferait la peau? Sûrement pas. S'il avait été à Pont, par exemple, ce jour-là, les gendarmes seraient arrivés les premiers et auraient collé Pivolo à l'abri. Donc, ce n'était pas joué. Cet ivrogne avait sa chance. Exactement comme la première fois. Dans tous les cas, le Petit, ça l'aurait rendu fou, et la Noire avec, et GMC tenait sa vengeance.

Drôle de femme, la bonne dame du Mas, celle qui faisait du bien aux enfants perdus du village. Un drôle de monstre, mais je la comprenais. Le destin ne lui avait pas fait de cadeau. Seulement, d'habitude, le destin, c'est personne. Ici, il avait pris figure, celle de la Noire. Et elle lui avait rendu destin pour destin.

Pour la demoiselle, tout s'était joué l'espace d'une soirée, d'une nuit, la mort de son Allemand, la mort de sa fierté de jeune fille. Du travail d'amateur. Pour la Noire, chapeau. Ça, c'était de la belle ouvrage. Son fils en prison quinze ans, et quand il en ressort, c'est pour tuer son père et disparaître dans la nature.

J'ai mis du temps à compléter le puzzle. Le chagrin me brouillait l'entendement. Je voulais retrouver le Petit, le revoir vivant. Ça d'abord.

Je suis resté aux écoutes. Je me collais à la radio, pour les informations régionales. J'allais au Mas, si des fois il avait envoyé un mot à sa mère.

Elle faisait peine à voir. Elle semblait plus noire que jamais. Elle sortait, elle guettait, parfois elle prenait un chemin, comme si un brusque appel la tirait d'un côté. Puis, elle s'en revenait en courant, crainte qu'il ne soit arrivé des nouvelles en son absence. Mais elle espérait, elle se cramponnait.

J'essayais de lui parler. Dès qu'elle voyait que je n'avais rien à lui apprendre, elle rentrait en elle-même. Je lui montais des provisions, je lui laissais un peu d'argent. Elle ne mangeait pas. L'argent, elle n'y touchait pas. Alors, je lui faisais la soupe, je restais avec elle, elle en prenait un peu, comme une mécanique, je me retenais pour ne pas pleurer.

Elle n'avait jamais été bien grosse. Là, ce n'était plus

rien. Elle n'avait plus de corps, juste cette silhouette noire et ce regard creux. Elle ne devait plus dormir. J'ai demandé de quoi au pharmacien de Vallon. De temps en temps, je lui mettais une bonne dose de somnifères dans sa nourriture, histoire de l'assommer.

Elle tenait sur les nerfs. Elle n'allait plus à son travail. Elle ne voulait pas quitter le Mas. Elle attendait.

Nous attendions tous. Ce Petit, tant qu'il était là, les gens ne l'avaient pas vraiment accepté. Il restait un doute. C'est l'éternelle histoire du feu et de la fumée. Si vous avez fait de la prison, vous restez un repris de justice, et même si vous n'êtes pas que ça, vous êtes d'abord ça. Je ne dis pas que les gens n'ont pas été gentils. Ils l'ont été, j'ai presque envie de dire hélas. Souvent, ils l'étaient un rien trop. Le Petit leur faisait peur. Certains devaient se demander s'il n'était pas un peu fou. Un fou, il vaut mieux ne pas le contrarier.

Ici, nous avons des idées encore simples. Malgré la télé en permanence et les touristes par épisodes, nous sommes restés des gens à principes. Nous n'avons pas évolué. C'est très bien que les touristes repartent, une fois qu'ils ont eu leur dose de coups de soleil. Nous ne pourrions pas vivre ensemble. Nous ne sommes pas de la même époque. Je le sais, je les ai entendus causer, nos envahisseurs.

Le Petit, donc, pour le village, restait l'ancien prisonnier. Ça ne veut pas dire que les gens ne le plaignaient pas. Sûr qu'ils le plaignaient. Nous n'aimons pas le gâchis, et cette vie passée derrière des murs, ça ne plaisait à personne. Seulement, il restait cette idée que si tu paies, c'est pour quelque chose.

Peut-être qu'il aurait dû demeurer à Paris. Là, cocagne, tu peux avoir tué père et mère trente-six fois, les gens ne s'occupent pas de toi, il paraît. Personne ne connaît personne, tu es plus seul dans la foule que dans un bois. Mais voilà, le Petit est rentré, pour attendre, pour guetter, pour se venger. Comme GMC avait guetté la Noire. Et comme la Noire guettait le retour de son enfant.

Le jour n'en a plus pour longtemps. Il va falloir redescendre, Gardénal, tu entends, ma vieille? Je repense au Petit. Chaque soir, pendant sa fuite, j'ai regardé le soleil disparaître derrière les Cévennes. Je me demandais s'il était par là-bas. Ça ne me paraissait pas possible. Comment veux-tu te débrouiller, dans ces coins sauvages? Les camisards l'avaient bien fait, eux. C'est vrai...

L'été a passé, puis l'automne, et quand l'hiver est venu, je me suis dit qu'il était sûrement parti. Un jour, je recevrais une carte d'un pays étranger. Juste une carte, pas besoin de détails. Je n'en demandais pas plus. Seulement son écriture, que je sache qu'il est vivant et qu'il pense encore à nous.

L'hiver est passé. Le Petit, on l'a retrouvé au printemps, au-dessus de l'Hôpital, en plein mont Lozère. C'est une ancienne léproserie. Des gens du parc national qui faisaient une randonnée avec des chiens, ont cherché un abri pour se protéger de la pluie, le temps de déjeuner. Ils se sont réfugiés sous un gros rocher en surplomb. C'est là qu'ils l'ont découvert. Les renards étaient arrivés avant eux, il ne restait que le squelette, des lambeaux de vêtements, et un fusil. Dans un porte-cartes en plastique, ils ont trouvé son nom, sur un morceau de papier, avec son adresse. C'était tout. Comme une étiquette pour un colis. Il était recroquevillé, comme le petit dans le ventre de sa mère. Ou comme quelqu'un qui a très froid.

Les gendarmes de Pont-de-Monvert sont venus le

livrer à leurs collègues de Malaveil. Langlumé s'est rendu chez moi :

« Coco, pour le corps de ton filleul, enfin, ce qu'il en reste, tu devrais venir... »

Je l'ai accompagné. Ils ont déroulé une bâche. De voir ce squelette, ça m'a fait un choc. J'ai reconnu ses cheveux. Il restait des traces de chair boucanée par le gel, des tendons. Ça ressemblait à une momie mangée vive. J'ai dit :

« On ne peut pas le laisser comme ça. Attendez-moi, je vais lui trouver des habits. »

J'ai été récupérer des frusques à la maison, je suis revenu, Langlumé m'a aidé à le préparer. On a fait ce qu'on a pu. Cette fois, il avait l'air d'un épouvantail. Enfin, c'était fait, c'était fait. On n'allait pas le redéshabiller.

Je suis retourné au Mas, avec les gendarmes. Au bruit de la fourgonnette, la Noire est venue sur le pas de sa porte. Elle a compris tout de suite. A des moments comme ça, tu ne te sens pas tellement fier.

J'ai aidé ces messieurs à tirer la bâche. Nous l'avons posée sur l'herbe. La Noire s'est approchée. Elle n'a rien dit. Elle s'est penchée en avant, elle a regardé cette tête de mort, les yeux secs, puis elle a commencé à se griffer le visage.

Navarin a voulu l'arrêter. Elle s'est jetée sur lui, elle l'a renversé, puis elle s'est empoignée avec Langlumé. Navarin s'est relevé. Ils ont eu du mal à la maîtriser. Ils ont dû lui passer les menottes. Alors, elle a poussé un hurlement de bête à vous geler les sangs.

Ils n'étaient pas contents, nos gendarmes. Langlumé avait écopé un solide coup de griffe qui lui avait balafré la joue. Navarin était tombé dans les orties. Ils parlaient de coffrer la Noire. Il s'agissait bien de ça. Je leur ai crié :

« Vous ne voyez pas dans quel état elle est ? Vous ne voyez pas qu'elle n'a plus sa raison ? »

D'un coup, elle s'est tue. Elle s'est mise à se

balancer, d'avant en arrière, comme ces vieux très vieux qui hochent la tête à n'en plus finir.

Ils ont décidé de l'emmener à Alès, à l'hôpital. Là-bas, on l'examinerait.

« Et lui? s'est inquiété Langlumé. Déjà qu'on n'aurait jamais dû le monter... »

Lui, c'était le cadavre du Petit. J'ai dit :

« Il ne s'envolera plus. C'est un chrétien, laissez-le-moi, je m'en occupe. »

L'idée de le transbahuter encore ne les enchantait guère. Ils me l'ont laissé. Ils pensaient peut-être que j'allais juste le remiser à l'abri. Je l'ai enveloppé dans sa bâche, je l'ai pris dans mes bras, il était léger, je l'ai porté jusqu'au cimetière. Puis je suis allé chercher des outils chez Poulag. Il se fait un peu sourd, heureusement ses chiennes lui servent de sonnette. Il est venu. Lui aussi, il prenait une tête de mort, il m'a semblé. Je lui ai demandé une pelle et une pioche.

« Pour quoi c'est faire?

— Pour le Petit »

Il a compris. Il ne pouvait pas venir m'aider, à cause de son poignet. En plus, il se sentait patraque. J'aimais autant être seul.

A ce moment-là, le cimetière n'était pas bien dégagé, comme il l'est à présent. Des orties poussaient un peu partout, et de grands plants de roses trémières. J'ai choisi un coin, juste entre le mur et une dalle, et j'ai commencé à creuser. Je n'avais pas tellement le choix, à vrai dire. C'était le seul endroit à peu près accessible.

Ça m'a pris du temps, d'un seul bras. Heureusement, la terre était tendre comme du pain de mie, une bonne terre bien reposée. J'étais content de voir que j'arrivais à me débrouiller tout seul.

Au bout d'un moment, j'ai senti que je butais dans quelque chose. Allons bon... C'était déjà occupé ou quoi? Ma pioche a accroché un bout de tissu. C'était de cette toile camouflée, du genre que les Allemands utilisaient, pendant la guerre, pour leurs tenues ou leurs tentes. Je me suis dit : Encore un colis...

Doucement, peu que peu, j'ai dégagé un paquet à peu près du même format que le mien.

Une fois la toile dépliée, une souche noirâtre m'est apparue, les restes d'un homme carbonisé. Dans la masse sombre de la tête, les dents éclataient de blancheur, comme un rire. Des fibres d'habit collaient encore aux membres.

Ainsi, c'était bien vrai, ils l'avaient brûlé... Je me suis accroupi, pour mieux l'examiner. Il aurait pu avoir gardé un ceinturon, une plaque d'immatriculation. Rien. Ou alors, une bague?

Ses bras étaient pliés derrière son dos. Je l'ai retourné. Il avait les poignets croisés l'un sur l'autre. A la main gauche, il portait une chevalière, et un anneau. J'ai gratté de l'ongle la surface noircie de la chevalière. J'ai pu lire deux initiales : F M.

L'anneau, je le connaissais bien. C'est un de ces bijoux d'argent, sans grande valeur, que l'on fabriquait avant-guerre, avec la tête de la bonne Mère en émail bleu. L'émail avait éclaté sous la chaleur, mais on devinait encore le profil de la Vierge.

Cet anneau, je l'avais donné à la Noire sans le lui offrir. J'étais amoureux d'elle, et pas moyen de lui faire un cadeau. Je devais avoir vingt ans. J'avais le cœur plus rempli que le porte-monnaie. Alors, j'avais acheté ce petit souvenir, et je l'avais laissé sur le chemin, à l'endroit où elle passait nécessairement avec ses moutons, quand elle allait garder après le calvaire. Elle ne l'a pas trouvé du premier coup. Je le déplaçais, comme on déplace un collet.

Un jour, il a disparu. La Noire ne l'a porté qu'un mois plus tard. Ça me faisait plaisir de savoir qu'elle portait cette bague, même si elle ne savait pas qu'elle venait de moi.

Elle l'a gardée environ deux ans, elle l'a trouvée en 40. Début 43, elle ne la portait plus. Et c'est maintenant que je la retrouvais... Cette bague, ce n'était sûrement pas un porte-bonheur.

J'ai aligné quelques dates, dans ma tête. Elles s'ajustaient comme des doigts dans un gant. J'ai rêvé un bon moment, à genoux entre mes deux camarades.

Bon, qu'est-ce que je faisais? Creuser un autre trou? Pour quoi faire? Ils n'allaient pas se battre. J'ai juste élargi la fosse. A présent, les deux corps y tenaient à l'aise, côte à côte. Le père et le fils.

Je suis allé casser un rameau de chêne vert. Je l'ai posé sur eux, et puis j'ai rebouché, proprement. J'ai rapporté ses outils au vieux.

Voilà, c'était fait. J'ai attendu quelques jours, histoire de voir comment les choses allaient tourner. Puis Langlumé est passé me voir, au bar. La Noire? Elle n'avait plus sa tête. On venait de l'enfermer à l'asile d'Alès. Maintenant, ils appellent ça une maison de repos.

Il m'a demandé ce que j'avais fait du corps. Je le lui ai dit. Ce corps, je l'avais enterré proprement, au Mas. Personne ne le réclamerait. L'Annick, sa femme? Qu'il soit là ou ailleurs, ça ne changeait pas grand-chose pour elle. Et puis ça évitait des frais.

Langlumé s'est demandé si c'était bien régulier. Je pense bien, je lui ai dit. Je suis son parrain, à ce mort. je vais faire poser une pierre, à l'endroit où je l'ai placé. Avec une flèche. Comme ça, chaque fois que vous voudrez le déterrer, vous saurez où le trouver. Il m'a dit :

« Coco, ne te fâche pas, tu es toujours aussi vif!

– Et toi toujours aussi con. »

Il l'a bien pris. Langlumé, il se bonifie, en vieillissant, ce n'est pas donné à tout le monde.

J'ai sorti une bouteille. Nous avons trinqué. Finalement, il était bien content que toute cette affaire soit réglée, parce que c'était quelque chose qui leur était resté en travers, à la brigade. Il a reconnu qu'ils n'avaient pas eu de chance. Les gens du Mas, sans vouloir en dire du mal, ce sont de drôles de citoyens.

Il fallait que Langlumé soit vraiment soulagé, parce qu'il a payé la tournée. Et en uniforme.

Zappy a remarqué :

« C'est l'orgie! »

Et Max a rectifié :

« Non, c'est Byzance... »

On finit par prendre du vocabulaire, dans ce pays.

Je n'avais pas le cœur à plaisanter, mais j'étais soulagé aussi. Puis j'ai calculé que notre brigadier allait probablement avoir de l'avancement. Je le lui ai dit. Il n'a pas démenti : il a rougi. Si c'était comme ça, il allait nous quitter, non?

« C'est toujours les bons qui s'en vont en premier, a lancé Zappy.

– Des fois, ils y mettent le temps, a remarqué Max.

Cette fois, Langlumé s'est demandé comment il fallait le prendre, mais Toine a payé une autre tournée. Ça s'est arrangé.

L'après-midi, j'ai cassé ma tirelire, et je suis allé commander une pierre à Saint-Ambroix. Je connais un vieux tailleur qui n'en fait pas des masses, mais il les taille rudement bien. Il prend du granit du pays, et il s'arrange de façon à ce que ça ressemble à un rocher qui ressemblerait à une pierre tombale. Ce qu'il fallait mettre dessus?

Noël Roux

1943-1981

C'était tout? Non, j'ai dit. Dans le coin, en bas, à droite, tu ajouteras deux initiales : F.M.

Mon tailleur n'a pas posé de questions. Ce serait prêt dans combien de temps? Il fallait compter un bon mois.

Quand je suis rentré à la maison, Marie n'était pas

spécialement contente. Tu n'as pas l'air de t'occuper souvent de tes affaires, elle m'a envoyé... Houlà! Je lui ai conseillé de s'occuper de ses fesses, parce que j'avais envie de tout, sauf de discuter pour ne rien dire. Alors, elle m'a offert une séance de grandes eaux. Maman... Comme je ne me sentais pas d'avoir cette fois une morte de chagrin sur les bras, je lui ai expliqué que j'allais faire mettre une pierre sur la tombe de mon filleul. C'était ça, l'affaire qui m'occupait. Et que je devais retourner au Mas, fermer proprement la maison de la Noire. Tant qu'elle resterait à l'asile, cette maison, personne n'y toucherait.

Chez la Noire, j'ai tout bien rangé, j'ai tout bouclé, puis je suis allé trouver GMC.

Elle m'a vu venir. Elle est descendue à ma rencontre, sur le chemin. Je l'observais... Elle ne vieillit pas, c'est ce que je me dis chaque fois que je la revois. Je me suis demandé si elle allait quitter le Mas...

Nous nous sommes regardés un moment. Je revoyais la demoiselle des années de guerre, celle qui s'était crue en paix dans nos collines. Elle m'a proposé un café, nous sommes remontés chez elle. Nous nous sommes installés sur sa terrasse. C'est vrai qu'il travaillait bien, le Petit.

Nous avons bu notre café. Elle le fait très bon, très fort. Elle fait bien tout ce qu'elle fait, GMC... J'avais le temps. C'était à elle d'ouvrir le feu. Elle m'a un peu parlé de son jardin. Cause toujours, ma belle. Puis elle m'a dit :

« J'ai vu où tu avais enterré le Petit. C'est un bel endroit... »

Nous y étions. En effet, l'endroit était bien agréable. La preuve, c'est qu'il était déjà occupé.

Elle ne m'a pas posé de questions. Elle a maintenu vers moi son visage immobile. Ses yeux ne bronchaient pas.

Est-ce qu'elle se souvenait de Karl, l'ancien légionnaire que je lui avais fait rencontrer? Eh bien, Karl, son métier l'amenait à croiser toutes sortes de gens, aussi bien des étrangers. Il avait rencontré des Allemands qui cherchaient un parent à eux, disparu peut-être dans la région, à la Libération. Un peintre.

Je me suis arrêté. J'ai fixé GMC en silence. Elle demeurait impassible. Cette fille, c'est un roc.

J'ai continué. Elle qui n'était pas de la région, elle ne pouvait pas savoir qu'à la Libération nous avons connu des temps difficiles. Les gens d'ici préfèrent ne pas en parler. J'avais tout de même entendu de vagues rumeurs au sujet d'un Allemand auquel il serait arrivé malheur, à l'époque. Je n'en savais pas davantage.

En creusant la fosse du Petit, j'étais tombé sur un corps. Comme il était enveloppé dans un morceau de toile camouflée, j'ai pensé qu'il pouvait s'agir d'un corps de quelqu'un mort pendant la guerre. Ce corps portait une bague, avec des initiales. Celles de l'Allemand que cherchait Karl. Ce n'était peut-être qu'une coïncidence... Je me demandais si ça valait la peine de déterrer cette vieille histoire. Ça aboutirait à quoi? On déplacerait ce cadavre, on l'emmènerait quelque part en Allemagne. Ici, les gens se poseraient des questions. A quoi bon? Qu'est-ce qu'elle en pensait?

Comme moi. Qu'il valait mieux le calme.

Je lui ai dit que j'avais fait graver les initiales de l'homme sur la pierre du Petit, puisqu'ils allaient voisiner.

J'ai attendu. Au bout d'un moment, elle m'a demandé si je reprenais du café. Très volontiers.

Nous étions bien, au soleil. J'ai remarqué :

« On est bien, au soleil... »

Elle a dit oui.

Nous sommes restés encore un moment, sans parler. J'avais allumé ma pipe. La demoiselle, je l'avais rattrapée. Elle avait toujours su qui j'étais, dès le début. Moi, il m'avait fallu tâtonner dans le noir toutes ces années. A présent, elle devait se douter que j'étais au courant. Mais jusqu'à quel point? J'en savais bien plus long qu'elle ne pouvait l'imaginer. C'est pour cela que je ne voulais rien faire contre elle. Elle croyait avoir vengé son amant. C'est vrai. Elle l'avait vengé. En poussant à la mort l'enfant du seul homme qu'elle avait aimé.

Ça, elle ne le savait pas. Je ne voulais pas le lui apprendre, ça ne ressusciterait personne.

Le Petit, mon Petit, j'ai beaucoup de chagrin pour lui. J'en aurai toujours. Mais j'en ai eu aussi toute ma vie pour cette demoiselle. Il ne me restait plus qu'à les confondre. J'étais fatigué. A quoi bon provoquer encore du mal? Elle en avait eu sa part, la demoiselle.

J'ai dit :

« Vous avez eu votre part. »

Je me suis levé. Je l'ai remerciée pour le café. Je suis parti. Gardénal m'attendait devant la porte. Quand il me cherche, il sait où me trouver. Il n'a qu'à monter au Mas.

ton neutre

La pierre a été posée un mois après, recta. Elle est très belle, très simple. C'est sur elle que je suis assis en ce moment. C'est sous elle que je vais demander qu'on me place, plus tard.

J'y viens souvent, dès que je peux laisser le bar. Je bavarde avec le Petit. Parfois, j'ai comme l'impression de me rendre visite à l'avance. Quand je serai là, à domicile, ce sera pareil. Peut-être que quelqu'un viendra, avec un chien, regarder le crépuscule.

A présent, la demoiselle ne partira plus. Elle a entièrement nettoyé le cimetière. Elle vient de planter un petit cyprès, à l'angle de la murette et du mur d'enceinte. Elle a mis un rosier grimpant à la tête de la

283

tombe. Elle passe chaque jour. Chaque jour, elle change l'eau des fleurs. Elle vient pour les deux. Ça ne la dérangera pas de prendre soin de moi.

Cette fois, le soleil est couché pour de bon. Ça n'est pas grave. Je peux redescendre dans le noir. Je connais bien le chemin.

DU MÊME AUTEUR

Chez le même éditeur :

Retour à Malaveil.
Le Chemin de repentance.

Chez d'autres éditeurs :

La vie finira bien par commencer, *Gallimard*.
La Soupe chinoise, *Gallimard*.
Chroniques pour un cochon malade, *Gallimard*.
N'oubliez pas la lutte des classes, *Gallimard*.
Les Matins célibataires, *Gallimard*.
Avec des cœurs acharnés, *Gallimard*.
Les Américains sont de grands enfants, *Flammarion*.
Demain la veille, *Denoël*.